51개
주제로
정리하는

한입
경제
상식
사전

51개 주제로 정리하는
한입 경제 상식사전

초판 1쇄 발행 2022년 5월 27일
제1개정판 1쇄 발행 2023년 12월 10일
제1개정판 2쇄 발행 2024년 9월 13일

지은이 장민제 김태헌

편집 윤소연 **디자인** 유어텍스트
마케팅 임동건 **마케팅지원** 안보라 **경영지원** 이지원
출판총괄 송준기 **펴낸곳** 파지트 **펴낸이** 최익성

출판등록 제2021-000049호
주소 경기도 화성시 동탄원천로 354-28 **전화** 070-7672-1001
이메일 pazit.book@gmail.com **인스타** @pazit.book

ISBN 979-11-7152-013-8(03320)

THE STORY FILLS YOU
책으로 펴내고 싶은 이야기가 있다면, 원고를 메일로 보내주세요.
파지트는 당신의 이야기를 기다리고 있습니다.

51개 주제로 정리하는

한입
경제
상식
사전

장민제 김태헌 지음

pazit

〈한입 경제 상식사전〉의 초판을 낸 지 벌써 1년이 지났습니다. 1년 동안 세계 경제는 물론 우리나라 경제에도 정말 많은 일이 있었습니다. 코로나19 이후 인플레이션이 심해지며 미국을 비롯한 세계 각국이 예상치 못한 빠른 속도로 금리를 올렸습니다. 금리가 오르며 주식과 가상자산을 비롯한 각종 자산 가격이 급락했고, 심지어 주요 가상자산 거래소가 문을 닫는 일도 벌어졌습니다. 워낙 급박하게 변하는 흐름 속에서 〈한입 경제 상식사전〉에도 변화가 필요하다고 생각했습니다.

이번 개정판에선 코로나19 팬데믹 이후 세계 경제와 자산 시장의 변화를 반영했습니다. 초판에서는 코로나19 사태로 인한 경제적 변화를 설명하는 데 집중했었습니다. 팬데믹 국면에서 각국 정부가 경제를 살리기 위해 무슨 조치를 취했는지, 자산 가격은 어떻게 변했는지에 많은 지면을 할애했습니다.

하지만 백신의 등장과 지속된 변이로 코로나19의 힘이 크게 약해지면서 문제는 다른 곳으로 옮아갔습니다. 팬데믹 기간 시행된 경기 부양책과 악화한 공급망 위기가 자산가격 거품과 인플레이션의 씨앗이 됐습니다. 결국 코로나19의 종식이 다가오자마자 전 세계는 인플레이션을 어떻게 잡을 것인지 또 경제를 어떻게 회복시킬지에 주목했습니다. 개정판에선 이런 흐름을 본문에 적극적으로 반영하고자 했습니다.

개정판의 구체적인 변경 내용은 다음과 같습니다. 먼저, 본문의 개념을 설명하는 데 사용한 예시를 최신 사례로 교체했습니다. 두 번째로, 팬데믹 이후의 경제적 변화에 관한 내용을 추가했습니다. 미국이 팬데믹으로 인한 경제 위기에 어떻게 대응했는지 설명하는 장에선 2022년부터 시작된 미국의 급속한 금리 인상과 테이퍼링에 관한 내용을 더 자세하게 담았습니다. 마지막으로, 가상자산 시장의 현황과 위기에 관한 내용을 추가했습니다. 2022년 발생한 테라-루나 사태, FTX 거래소 파산 사태, 위메이드 상장폐지 사태까지 가상자산 시장을 뒤흔든 일련의 충격적인 사건의 원인과 결과를 설명했습니다.

이번 개정판 발간을 통해 보다 많은 독자분들이 경제 이슈를 좀 더 쉽게 받아들였으면 하는 마음입니다. 경제 공부는 항상 어렵습니다. 많은 분들이 '경제'라는 말만 들어도 고개를 젓곤 합니다. 어려운 개념이나 용어가 발목을 잡기 때문입니다. 〈한입 경제 상식사전〉 개정판은 더욱 풍부한 개념 설명과 사례를 통해 각종 경제 상식을 쉽게 해설하기 위해 노력했습니다. 이 책이 독자 분들의 경제 공부 부담을 조금이라도 덜어줄 수 있다면, 그것으로 역할을 다 했다고 해도 과언이 아닙니다. 취업과 재테크, 상식 공부 등 경제 공부가 필요한 모든 곳에서

이 책이 시발점 역할을 할 수 있길 바랍니다.

　마지막으로 개정판 출간을 제안해주신 플랜비디자인 최익성 대표님, 파지트 송준기 대표님, 개정 작업을 물심양면으로 도와주신 윤소연 편집자님, 그리고 〈한입 경제 상식사전〉을 열심히 읽어주신 데일리바이트**Daily Byte** 구독자님들께 이 자리를 빌려 감사의 인사를 올립니다.

프롤로그

'세상 돌아가는 것을 알려면 경제를 봐야 한다'라는 이야기가 있습니다. 현대 사회에서 경제의 역할이 그만큼 중요하기 때문입니다. 신문 기사를 봐도 경제에 대한 내용들이 항상 비중 있게 다뤄지곤 합니다. 그런데 경제 기사를 봐도 선뜻 이해하기 어려운 용어나 개념들이 많이 등장해 답답한 경우가 많습니다. 세상 돌아가는 것을 좀 알고 싶어도, 쉽게 알 수가 없는 것이죠.

'미국 연방준비제도가 기준금리를 인상했다' '우리나라의 경상수지가 적자를 기록했다' '특정 기업의 주식이 블록딜 됐다' '특금법 시행으로 가상자산이 제도권으로 들어왔다' 같은 이야기를 들으면, '그래서 뭐가 어쨌다고?'라는 생각부터 듭니다.

〈한입 경제 상식사전〉은 이런 문제를 해결하기 위해 쓴 책입니다. 어디서 많이 들어보긴 했지만 막상 접하면 무슨 뜻인지 와닿지 않는 용어와 개념들을 최신 이슈와 함께 최대한 쉽게 해설했습니다. 시중에 있는 경제 관련 책들 대부분은 경제 교과서 순서대로 여러 이론을 쉽게 설명하고 있습니다.

하지만 〈한입 경제 상식사전〉은 이런 책들과는 조금 다릅니다. '수요와 공급' 같은 이론적인 설명보다는 뉴스에 많이 나오고, 실생활에 쉽게 적용될 수 있는 개념과 이슈를 중심으로 내용이 구성되어 있죠. 개념 그 자체에 대한 설명보다는 개념이 실제 현실 속에서 어떻게 적용되는지 보여드리는 데 주안점을 두었습니다.

그래서 〈한입 경제 상식사전〉은 엄밀한 경제 이론서라기보다는 '경제 기사 사용 설명서'에 가깝습니다. 이론이나 개념을 정확하고 자세하게 설명하는 것보다 '어떻게 하면 어렵고 생소한 개념을 누구나 이해할 수 있게 전달할까'에 초점을 맞쳤습니다. 경제 기사를 읽을 때 필요한 핵심적인 개념과 배경 지식을 50개 주제로 정리해, 누구나 빠르게 술술 읽을 수 있도록 서술했습니다. 따라서 경제 지식이 많은 독자분께서 이 책을 보신다면, 책에 등장하는 개념의 정의 또는 공식의 적용이 다소 덜 엄밀하다고 생각하실 수도 있겠습니다. 그렇지만 경제를 처음 접하는 분들, 취업이나 시험 준비를 위해 급히 경제 공부를 시작하신 분들께 〈한입 경제 상식사전〉은 분명 큰 힘이 될 수 있을 것입니다.

이 책을 통해 기본적인 경제 개념과 용어를 어느 정도 숙지하셨다면, BYTE의 무료 뉴스레터도 함께 구독해 보시는 것을 추천합니다.

BYTE의 비즈니스·경제 뉴스레터 DAILY BYTE를 구독하시면, 매일 아침 6시마다 최신 경제, 경영, 기술 소식을 해설하는 이메일 뉴스레터를 받아 보실 수 있습니다. 책 날개에 있는 QR코드를 통해 BYTE의 웹사이트에 접속하시면 뉴스레터도 무료로 구독이 가능합니다.

이 책과 뉴스레터를 함께 보신다면 각종 경제 개념은 물론 최신 이슈까지 한 번에 숙지할 수 있겠죠? 〈한입 경제 상식사전〉 그리고 DAILY BYTE와 함께 경제 뉴스를 술술 읽어 나가는 그날까지, BYTE가 여러분을 응원할게요!

2022년 5월
BYTE 팀

차례

PART 1

거시경제

PART 2

주식&금융

PART 3
가상자산

PART 1

거시
경제

51개 주제로 정리하는
한입 경제 상식사전

최근 경제 뉴스에 가장 많이 나오는 단어가 인플레이션과 금리 인상일 정도로 물가와 금리에 대한 관심이 높아지고 있습니다. 2020년 코로나19 팬데믹이 발발하면서 전 세계적인 경기침체가 찾아왔는데요. 이런 위기를 극복하기 위해 세계 각국의 중앙은행은 기준금리를 낮추고, 금융자산을 매입해 시중에 많은 돈을 풀었습니다. 하지만 경기가 빠르게 회복되고, 각종 원자재 부족 현상이 심화되면서 물가가 크게 오르는 인플레이션이 찾아왔는데요. 인플레이션을 극복하고자 중앙은행들은 다시 기준금리를 높이고, 금융자산 매입을 줄여 물가 안정을 도모하고 있습니다.

'거시경제' 파트에서는 각종 경제 이슈를 이해하는 데 반드시 필요한 필수 개념들을 자세하게 해설했습니다. 환율과 경상수지처럼 한 나라의 경제 성적을 좌우하는 지표는 물론, 인플레이션과 기준금리, 테이퍼링과 같이 최근 이슈가 되는 물가 상승에 관한 개념들까지 쉽게 정리했습니다. 개념과 함께 최신 이슈도 정리했으니 '거시경제' 파트를 읽고 나면 어려워 보이는 경제 기사들도 잘 이해하실 수 있을 거예요!

우리나라 경제 성적을 좌우하는
환율

환율은 외국 화폐와 원화 간의 교환 비율을 뜻하며, 환율 변동은 국내 경제에 큰 영향을 미칩니다.

환율이란?

환율이 오르고 내릴 때마다 뉴스에 대문짝만하게 보도가 되곤 합니다. 환율이 변하면 경제에도 많은 변화가 일어나게 됩니다. 환율은 **외국 화폐와 우리 화폐 간의 교환 비율**을 뜻합니다. 만약 환율이 1,200원/달러에서 1,300원/달러로 오르면 어떻게 될까요? 원화로 1달러를 사기 위해 100원이 더 필요하겠죠. 그래서 **환율이 오른다는 것은 곧 원화의 가치가 떨어진다는 것이고, 반대로 달러화의 가치는 올라간다는 것입니다.** 일반적으로 환율 상승＝원화가치 하락, 환율 하락＝원화가치 상승이라는 공식이 성립하는 것이죠. 즉 환율과 원화가치는

> **환율 상승 =** 원화가치 하락 = 달러가치 상승 → 수입물가 상승 &
> 수출물가 하락 → 수출기업 호조
> **환율 하락 =** 원화가치 상승 = 달러가치 하락 → 수입물가 하락 &
> 수출물가 상승 → 수출기업 부진

반대로 움직이는 것입니다.

환율이 결정되는 시장을 외환시장이라고 합니다. 가격이 수요와 공급에 의해 결정되듯, 환율도 마찬가지입니다. 우리나라의 외환시장에서 달러에 대한 수요가 많아지면 그만큼 달러의 가치가 상승하니 환율이 올라갑니다. 반대로 달러에 대한 수요가 적어지면 달러가치가 하락하고 환율도 떨어집니다. 또한 달러 공급이 많아지면 달러가치가 떨어져 환율이 떨어지고, 달러 공급이 줄어들면 달러가치가 올라가 환율이 상승하게 됩니다. 주의해야 할 것은 달러의 수요와 공급에 영향을 미치는 요인이 한두 가지가 아니라는 것입니다. 달러의 수요와 공급은 금리와 통화가치 변동, 정치 상황 등 다양한 요인의 영향을 받습니다.

환율이 낮으면 어떤 문제가 생길까요?

얼핏 보면 '환율이 낮으면 우리나라 돈의 가치가 높으니 좋은 것 아닌가?'라고 생각할 수 있습니다. 해외여행을 갈 때도

한입 경제 상식사전

환율이 낮으면 같은 돈으로 더 많은 외화를 바꿀 수 있으니 유리하겠죠. 하지만 **환율이 낮아지면 수출 중심의 우리나라 경제에 빨간불**이 켜집니다. 수출 기업들에겐 환율이 매우 중요한 사업상의 변수입니다. 환율이 낮아지면 수출에 어려움이 생기는데, 200만 원짜리 TV를 미국으로 수출한다고 생각해 보겠습니다. 만약 환율이 2,000원/달러라면 미국에서 TV의 가격은 1,000달러가 되겠죠. 그런데 환율이 1,000원/달러로 반 토막 나면 TV의 달러 가격은 2,000달러가 됩니다. 이렇게 갑자기 환율이 낮아지면 다른 나라의 TV보다 우리나라 TV의 가격이 높아진 것처럼 느껴지기에 우리나라 TV의 가격 경쟁력이 떨어지게 됩니다. 그러면 우리나라 TV가 잘 안 팔리게 될 것이고 수출 기업들의 실적도 나빠지겠죠.

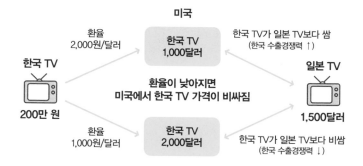

환율 변동에 따른 수출 가격 변화

문제는 또 있습니다. **환율이 낮아지면 수출 기업의 실적이 쪼그라듭니다.** 한 기업이 해외에서 2만 달러짜리 계약을 수주했다고 가정해 보겠습니다. 만약 환율이 2,000원/달러라면 이 기업의 원화 표시 실적은 4,000만 원이 됩니다. 그런데 환율이 1,000원/달러로 낮아지면 원화 표시 실적은 2,000만 원이 되어 버립니다. 같은 실적을 올릴지라도, 우리나라 돈으로 따졌을 때 손해를 보게 되는 셈이죠. 그래서 환율이 낮아지면 수출 기업들은 어려움을 겪게 됩니다. 실제로 코로나19 팬데믹 확산 이후인 2020년 4~5월 올랐던 환율이 크게 떨어지면서 우리 기업들의 실적이 악화되기도 했습니다.

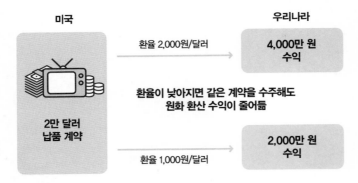

환율 변동에 따른 기업 실적 변화

환율이 올라가면 어떤 일이 벌어질까요?

환율이 오른다는 것은 곧 원화의 가치가 떨어지고, 달러의 가치가 높아진다는 것입니다. **환율이 올라가면 수출 기업들에 게는 유리하지만, 국민 경제의 부담은 커지게 됩니다.**

먼저, 환율이 올라가면 우리나라 **수출 기업들의 가격 경 쟁력이 높아집니다.** 앞의 예시를 반대로 생각해 보면 되는데 요. 200만 원짜리 TV를 수출하는데, 환율이 1,000원/달러에서 2,000원/달러로 2배 오르면 TV의 달러 표시 가격이 1/2로 낮 아지게 됩니다. 2,000달러 하던 TV가 1,000달러가 되니 외국 사람들이 더 많이 살 것이고, 수출 기업들의 실적도 좋아지겠 죠. 또 기업의 실적 역시 환율이 낮을 때보다 좋아집니다. 기 업이 해외에서 2만 달러를 벌었을 때, 환율이 1,000원/달러에 서 2,000원/달러로 오르면 원화 표시 실적도 2,000만 원에서 4,000만 원으로 높아지기 때문입니다.

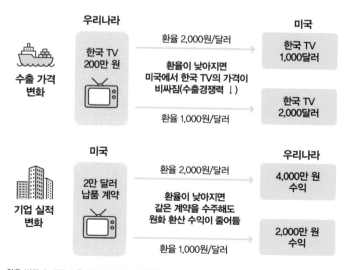

환율 변동에 따른 수출 가격 & 기업 실적 변화

그런데 환율이 올라가면 우리나라가 **다른 나라에서 수입해 오는 물건의 가격이 올라가게 됩니다.** 미국산 소고기 한 근의 가격이 10달러라고 해보겠습니다. 만약 환율이 1,000원에서 2,000원으로 올라가면 미국산 소고기 가격이 만 원에서 2만 원으로 올라가겠죠. 우리나라는 곡물과 과일, 육류 등 식량의 많은 부분을 수입해 오기에 수입 물가가 올라가면 국민 경제에 악영향이 발생합니다. 이렇게 환율이 높아지면 수출기업들에게는 유리하지만 국내 경제의 물가 부담이 커질 수 있습니다.

환율이 높아질 때와 낮아질 때 우리 경제에 어떤 일이 생기는지 알아봤는데요. 하지만 주의해야 할 것은 앞서 살펴본 내용들이 일반적 경향성에 대한 것이지 절대적인 공식은 아니라는 것입니다. 최근에는 환율과 수출 기업의 실적 간의 상관관계가 그리 크지 않다는 연구도 나오고 있는 만큼 각각의 이슈별로 환율이 어떤 영향을 미치는지 따져 보는 것이 중요하겠죠?

핵심만 콕콕

- 환율은 우리나라 화폐와 외국 화폐 간의 교환 비율을 뜻합니다.
- 환율이 낮아지면 원화의 가치가 올라가고, 수출기업들이 어려움을 겪게 됩니다.
- 환율이 올라가면 수출기업들에게는 유리하지만, 수입 물가가 올라 국민 경제에 부담이 커집니다.

한입 경제 상식사전

2 | 기름값이 물가를 쥐락펴락
국제 유가

국제 유가는 몇 개의 벤치마크 오일 가격을 기준으로 결정하며, 거시경제에 큰 영향을 미칩니다.

국제 유가란?

유가는 석유가 거래되는 가격을 말합니다. 일반적으로 국제 유가는 다른 원유들의 가격 설정에 기준이 되는 3개의 석유(벤치마크 오일)의 가격을 일컫는데요. 벤치마크 오일에는 WTI, 브렌트유, 두바이유가 있습니다.

- **WTI**|West Texas Intermediate: 서부 텍사스 중질유로, 미국에서 생산되는 석유입니다. 벤치마크 오일 중 가장 품질이 우수하며, 거래량도 가장 많습니다. WTI의 가격은 뉴욕상업거래소에서 매일 발표하는데, WTI의 가격을 기준으로 다른 석유들의 가격이 결정되기에 '기준 of 기준' 석유라고 할 수 있습니다.
- **브렌트유**Brent Crude Oil: 북해에서 생산되는 석유로, WTI보다는 조

국제 유가는 배럴**bbl**을 기준으로 책정합니다. 1배럴은 약 159리터 정도를 나타내는 부피 단위입니다. 국제 유가는 앞서 소개드린 3개의 벤치마크 오일의 가격을 통칭하는 단어인데요. 우리가 흔히 접하는 휘발유나 경유의 가격은 국제 유가를 바탕으로 국내 석유 사업자들이 자율적으로 정한 가격이며, 국제 유가에 영향을 받긴 하지만 항상 국제 유가와 같은 방향으로 움직이는 것은 아닙니다.

유가는 왜 변할까

국제 유가가 매일 변동하는 이유는 당연히 **수요와 공급** 때문입니다. **석유의 공급이 줄어들고 수요가 늘어나면 유가는 상승**하게 되는데, 예를 들어 볼까요? 산유국이 갑자기 석유 생산을 줄이겠다고 발표한다면, 석유의 공급이 줄어들기 때문에 유가는 상승합니다. 석유의 공급을 조절할 수 있는 주요 산유국으로는 미국, 러시아, 사우디아라비아 등이 있죠. 또 기업들

국가	일일 생산량(단위: 백만 배럴)	생산 비중(전 세계 기준)
미국	17.85	18%
사우디아라비아	10.53	10%
러시아	11.09	11%
캐나다	5.76	5.7%
이라크	4.45	4.5%
중국	4.18	4.2%
UAE	3.32	3.3%
브라질	3.12	3.1%
쿠웨이트	2.70	2.7%
이란	2.55	2.5%

2022년 국가별 석유 생산량 및 생산 비중   [출처: IEA]

이 생산량을 늘리고 공장 가동을 늘리면 석유가 많이 필요하겠죠? 이 경우 석유의 수요가 늘어나기 때문에 유가가 상승하게 됩니다. 2020년 중·후반부터 코로나19로 침체되었던 경기가 되살아나며 많은 기업들이 생산을 늘렸고, 이로 인해 유가가 크게 올랐습니다.

반대로 **석유의 공급이 늘어나거나 수요가 줄어들면 유가는 하락합니다.** 과거 중동 산유국들은 시추 비용이 높은 미국 석유 회사들의 수익성을 떨어뜨리기 위해 석유 생산량을 대폭 늘려 가격을 낮춘 적이 있었는데, 이때 시중에 유통되는 석유량이 폭증하면서 유가가 크게 하락했었죠. 또한 코로나19 팬데믹 시작 직후에는 많은 기업들이 제품 생산을 줄이면서 석유 수요가 줄었고, 국제 유가도 크게 내렸습니다. 국제 유가의 상승과 하락에는 이렇게 기본적으로 수요와 공급의 원리가 작동합니다. 원유의 수요와 공급에는 산유국들의 생산 상황, 정치적 리스크, 세계 경제 상황, 기상 이변 등 여러 변수들이 영향을 미칩니다. 최근에는 친환경 에너지로 전환하려는 움직임이 활발해지며 석유 수요가 장기적으로 줄어들 것이라는 전망도 있습니다.

유가를 움직이는 세력들

먼저 OPEC**Organization of the Petroleum Exporting Countries**은 1960년 만들어진 석유수출국기구로, 사우디아라비아와 UAE 같은 중동 국가들과 알제리 등 아프리카 국가들, 그리고 베네수엘라 같은 남미의 산유국 등으로 구성되어 있습니다. OPEC 회원국들은 정기적인 회의를 거쳐 각자의 석유 생산량을 결정해 유가를 적정 수준으로 조절합니다. 2000년대, OPEC 회원국은 아니지만 산유국인 일부 국가들도 석유 생산량을 합의하는 논의에 참여하기 시작했습니다. 러시아나 멕시코 같은 비OPEC 국가들까지 함께 회의를 진행하게 되면서 이들을 포함한 협의체를 OPEC+라고 부르기 시작했습니다. OPEC은 1970년대부터 불과 몇 년 전까지만 해도 굉장히 강력한 원유 가격 결정권을 가진 기구였습니다.

하지만 2010년부터 미국이 '셰일 혁명'에 힘입어 강력한 산유국으로 등극하며 OPEC의 영향력이 다소 약해졌습니다. 미국은 과거 기술적인 문제로 토양에 대량 매장된 셰일 오일**Shale Oil**을 시추하지 못했습니다. 하지만 2000년대 중반 미국은 셰일 오일을 싼값에 시추할 수 있는 기술을 개발했고, 결국 엄청난 양의 천연가스와 원유 생산국으로 등극하게 됩니다. 그래서 미국은 종종 OPEC+의 협상 중재에 나서기도 하죠.

전략비축유는 또 뭐야?

전략비축유**SPR, Strategic Petroleum Reserve**는 비상 상황을 대비해 국가가 비축해 둔 여분의 석유입니다. 국제에너지기구**IEA, International Energy Agency**의 회원국들은 90일치 원유 수입분에 해당하는 양의 석유를 비상용으로 비축해 둬야 하는데요. 미국은 세계 최대의 원유 비축국으로 수억 배럴에 달하는 비축유를 보유하고 있으며, 우리나라도 비축유를 보유하고 있습니다.

전략비축유는 때로 **유가를 조절하기 위한 수단**으로 사용됩니다. 유가가 너무 오를 때, 미국과 같은 국가는 전략비축유를 시중에 풀어 공급량을 늘리고 유가를 안정화합니다. 하지만 OPEC+와 같이 산유국 모임에 속한 국가들은 일부 국가들이 전략비축유를 풀어 유가를 조절하는 것을 마땅치 않아 합니다. 따라서 전략비축유는 유가를 내리려는 국가들과 유가를 높은 수준으로 유지하려는 OPEC+ 사이에서 **전략적인 협상**

수단으로 사용되기도 합니다.

2021년 하반기 미국과 중국은 코로나 이전의 경제 규모 (GDP 기준)를 거의 회복했고, 따라서 원유 수요 역시 매우 높게 유지됐습니다. 게다가 북반구의 겨울철이 다가오면서 원유 수요는 점점 증가했지만, 2020년 4월 '역대급 감산'을 결정한 OPEC+가 가격 유지를 위해 공급을 충분히 늘리지 않으면서 유가는 계속해서 오름세를 보였습니다. 결국 2020년 11월 유가 상승으로 인해 미국 내 인플레이션이 심해지고 바이든 대통령의 지지율까지 하락하자, 바이든 대통령은 OPEC+에 증산을 강력히 요구했죠.

하지만 사우디아라비아가 이끄는 OPEC+가 바이든 대통령의 증산 요구를 거부하자 바이든 대통령은 전략비축유 방출을 시사했고, 국제 유가는 일시적으로 60달러대까지 떨어지며 안정을 찾는 듯 보였습니다. 그러나 바이든 대통령이 제시한 전략비축유 방출량이 충분치 않다는 여론이 컸고, 실제로 방출이 시작되면 OPEC+가 생산량을 조절할 것이라는 예상까지 나오면서 유가는 다시 급등했습니다. 이렇듯 전략비축유는 비상시뿐만 아니라 유가가 너무 높을 때 가격 안정의 수단으로 활용되기도 합니다.

유가와 경제는 무슨 상관이지?

유가와 달러의 관계

일반적으로 **유가와 달러가치는 반대로 움직입니다.** 달러 가치가 상승하면 유가가 하락하는 식이죠. 이는 대부분 **원유 거래가 달러로 이루어지기 때문**인데요. 달러의 가치가 올라가면 1달러로 더 많은 원유를 구매할 수 있게 됩니다. 그러면 상대적으로 원유의 가치가 떨어지며, 유가가 하락하는 것입니다.

유가와 물가의 관계

유가가 상승하는 경우, 석유에서 생산하는 제품을 만들기 위한 비용이 증가합니다. 게다가 물류비도 늘어나게 되니 자연스럽게 물가가 오릅니다. 물가가 과도하게 오르면 중앙은행은 금리를 올려 과도한 물가 상승을 막으려고 하는데요. 따라서 **유가 상승은 물가를 오르게** 하고, **금리도 오르게 하는 효과**가 있습니다.

유가와 한국 경제의 관계

유가가 하락하면 기름값이 싸지니 더욱 저렴한 비용에 제품을 만들 수 있고, 기업 입장에서는 수익이 늘어나서 좋을 것만 같은데요. 그러나 대부분의 경우 **유가 하락은 수출 중심의**

우리나라 경제에 좋지 않은 영향을 끼칩니다. 유가가 하락한 이유가 석유 수요 감소인 경우, 많은 국가들이 경기가 안 좋아 생산을 줄였고 그래서 석유를 많이 필요로 하지 않는다는 뜻입니다. 이 경우 경기가 안 좋은 여러 국가들이 수입을 줄이기 때문에 **우리나라 기업들의 수출 실적이 악화**됩니다. 물론, 지나친 유가 상승 역시 우리 경제에 악영향을 줍니다. 유가가 오르면 생산 비용이 증가해 물가가 오르기 때문입니다. 따라서 유가가 적절한 수준으로 유지될 때 우리 경제도 안정적으로 성장할 수 있습니다.

유가는 세계적인 경제 흐름을 보여 주는 지표이기도 합니다. 따라서 세계 경제의 흐름을 읽으려면 국제 유가를 살펴보는 것이 좋습니다. 국제 유가를 다루는 뉴스, 이제 조금 더 관심이 생기시나요?

핵심만 콕콕

- 국제 유가는 WTI, 브렌트유, 두바이유 등 벤치마크 오일의 가격을 통칭하는 말입니다.
- 국제 유가는 석유의 수요와 공급에 의해 결정되며, 미국과 OPEC 등이 국제 유가에 강력한 영향을 미칩니다.
- 국제 유가를 보면 세계 경제가 어떻게 움직이는지 알 수 있습니다.

참고 문헌 | "원유가격은 어떻게 형성되나? (2)", 〈에너지코리아뉴스〉, 2015.01.08.

3 | 물가가 오르락내리락
인플레이션과
디플레이션

인플레이션은 물가가 지속적으로 상승하는 현상을, 디플레이션은 물가가 지속적으로 하락하는 현상을 의미합니다.

인플레이션이란?

인플레이션Inflation은 일정 기간 동안 상품이나 서비스의 가격이 지속적으로 상승하는 것을 말합니다. 한마디로 '물가 상승'인데요. 인플레이션이 일어나면 화폐의 가치가 낮아져 같은 돈으로 살 수 있는 물건의 양이 줄어듭니다. 인플레이션은 가격 상승이 장기적이어야 하며, 대부분의 상품과 재화 가격이 동시에 올라 상승 흐름을 만들어야 합니다.

인플레이션은 외부에서 공급 충격이 발생하거나 경제가 성장할 때 일어납니다. 먼저 **경제가 성장하는 과정**에서 수요가 늘어 인플레이션이 발생할 수 있습니다. 경제가 성장하면 물건을 사려는 수요가 많아지고 가격이 자연스럽게 오르게 됩니다. 이렇게 가격이 오르면 사람들은 앞으로 물건 가격이 더 오를 것으로 예상해 지금 물건을 더 많이 사두게 되고, 물가가 지속적으로 상승하는 흐름이 만들어지죠. 이런 인플레이션을 '수요견인 인플레이션'이라고 부르는데, 이는 '좋은 인플레이션'으로 불리기도 합니다. 물가가 오르면서 경제도 같이 좋아지기 때문이죠.

또 경제에 공급 충격이 발생했을 때 물가가 크게 오를 수 있는데요. 코로나19 팬데믹 당시 글로벌 공급망 대란으로 전 세계적인 인플레이션이 발생한 것이 대표적인 사례입니다. 코로나19 확산 이후 원자재 생산과 공장 운영에 차질이 빚어지면서 원자재와 각종 부품들이 부족해지는 현상이 지속되었습니다. 이로 인해 원유와 철강 등 원자재 가격이 크게 올랐고, 반도체가 부족해지면서 자동차 공장이 가동을 멈추기도 했었죠. 이렇게 공급 충격이 발생하면 생산 비용이 높아지면서 물가가 오르는데, 이런 인플레이션을 '비용인상 인플레이션'이라고 부릅니다. 비용인상 인플레이션이 발생하면 경제성장률이 낮아지고 실업이 늘어나는 등 거시경제가 흔들리게 되어 '나쁜 인플레이션'이라고 부르기도 합니다.

디플레이션이란?

디플레이션Deflation은 인플레이션의 반대입니다. 일정 기간 동안 상품이나 재화의 가격이 하락하는 '물가 하락'을 의미하죠. 단순히 생각해 보면, 물가가 지속적으로 하락할 경우 화폐의 가치가 높아지고, 같은 돈으로 더 많은 물건을 살 수 있으니 좋은 것이 아닐까 싶기도 한데요. 하지만 디플레이션에는 꽤나 부정적인 측면이 많습니다.

디플레이션은 인플레이션과 달리 **경제 활동을 둔화**시키고, **수요를 감소**시킵니다. 디플레이션이 발생했을 때 사람들은 앞으로 물가가 더 떨어질 것으로 예상해 소비를 줄이게 됩니다. 기업들 역시 물가가 더 떨어질 때를 기다려 설비 투자를 미루죠. 디플레이션이 오면 부동산이나 기계 등의 가격도 계속 떨어져, 굳이 지금 투자를 집행할 필요가 없기 때문입니다. 소비와 투자가 줄면 기업들의 생산 실적도 자연스럽게 악화되고, 이는 임금하락과 고용침체로 이어집니다. 기업에 고용된 노동자들은 곧 소비자이기도 하기 때문에 고용이 악화되고 임금이 내려가면 다시 소비가 감소하고, 물가는 더 내려가게 됩니다. 이렇게 디플레이션은 '**소비 감소 → 기업실적 악화 → 임금 하락 → 소비 감소 → 물가 하락**'의 구조로 이어지며 또 다른 디플레이션을 낳습니다. 한 번 디플레이션에 빠지면 헤어 나오기 쉽지 않은 이유가 이 때문이죠.

실제로 1929년 대공황 이후 미국에서 발생한 디플레이션은 엄청난 경제 침체와 함께 실업률 증가 등의 부작용을 가져왔습니다. 2008년 금융위기 이후에도 전 세계에서 디플레이션과 함께 경기침체가 지속되면서 많은 나라의 경제 성장률이 둔화되곤 했죠. 각국의 중앙은행은 디플레이션에서 탈출하고자 막대한 돈을 시장에 풀어 소비자와 기업들의 수요를 진작하기 위해 노력했습니다. 이처럼 한번 디플레이션이 찾아오면 극복이 쉽지 않고, 경기는 오랜 기간 침체기를 맞게 됩니다.

인플레이션·디플레이션과 부채가 관련 있다고?

인플레이션 때는 돈을 빌린 사람이, 디플레이션 때는 돈을 빌려준 사람이 유리하다는 말, 들어 보셨나요? 앞서 인플레이션은 화폐의 가치가 떨어지는 것, 디플레이션은 화폐의 가치가 높아지는 것이라고 이야기했습니다. 화폐 가치가 떨어지면 돈을 빌린 사람이 실질적으로 갚아야 할 돈은 줄어들고, 화폐 가치가 올라가면 돈을 빌린 사람이 실질적으로 갚아야 할 돈이 늘어납니다.

A가 B에게 연이율 5%(단리)로 1,000만 원을 2년간 빌렸다고 가정해 보겠습니다. 그러면 A는 B에게 매년 50만 원의 이자를 지급하고, 만기 때 1,000만 원을 되돌려 줘야겠죠. 그런데 인플레이션이 와서 매년 물가가 2배씩 상승한다고 가정해

한입 경제 상식사전

볼까요? 물가가 2배 상승한다는 것은 곧 화폐 가치가 반토막 난다는 것과 같기 때문에 B가 첫해에 A에게 받는 이자의 가치는 사실상 지금 기준으로 25만 원 수준밖에 되지 않습니다. 그다음 해에도 물가가 2배 오르면, B가 이듬해 받는 이자의 가치는 지금 기준으로 12만 5천 원, 원금의 가치 역시 지금 기준으로는 250만 원 수준밖에 안 되겠죠. 이처럼 **인플레이션이 발생하면 돈을 빌린 채무자의 부담은 줄고, 돈을 빌려준 채권자의 부담은 늘어나게 됩니다.**

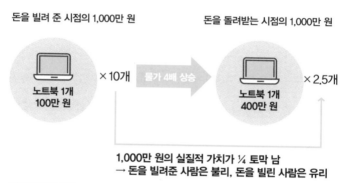

인플레이션과 채무

만약 물가가 계속 하락하는 디플레이션이 온다면 어떨까요? 디플레이션이 와서 매년 물가가 1/2씩 하락한다고 가정해 보겠습니다. 물가가 반토막 난다는 것은 곧 화폐 가치가 두 배가 된다는 것과 같은데요. 그러면 B가 첫해에 A에게 받는 이

돈을 빌려 준 시점의 1,000만 원   돈을 돌려받는 시점의 1,000만 원

×10개   물가 4배 하락   ×40개

노트북 1개
100만 원

노트북 1개
25만 원

1,000만 원의 실질적 가치가 4배가 됨
→ 돈을 빌려준 사람은 유리, 돈을 빌린 사람은 불리

디플레이션과 채무

자의 가치는 사실상 지금 기준으로 100만 원 수준에 달하겠
죠. 그다음 해도 물가가 반토막 나면, B가 이듬해 받는 이자의
가치는 지금 기준으로 200만 원 수준에 원금의 가치는 4,000
만 원 수준에 달하게 됩니다. 이렇게 **디플레이션이 발생하면
돈을 빌린 채무자의 부담은 늘고, 돈을 빌려준 채권자의 부담
은 줄어들게 됩니다.**

그런데 이런 상황은 **인플레이션이나 디플레이션이 예상치
못하게 찾아왔을 때 발생**합니다. 만약 돈을 빌려주는 사람이
인플레이션이 와서 본인이 미래에 돌려받게 될 돈이 줄어들
것이라고 예상한다면, 예상 인플레이션율만큼 이자를 더 많
이 받을 것입니다. 연이율 5%로 돈을 빌려준다고 할 때, 매년
물가가 두 배씩 오를 것으로 예상한다면 이를 반영해 이자율
을 105%로 설정하겠죠. 이처럼 인플레이션이나 디플레이션

이 예상 가능한 수준이라면, **이자율을 사전에 조정해 화폐 가치 하락 또는 상승에 대응**할 수 있습니다. 하지만 인플레이션이나 디플레이션이 예상치 못하게 크게 나타난다면, 앞서 언급한 것처럼 채무 부담이 줄거나 느는 현상이 발생할 수 있습니다.

코로나19 이후의 물가 추이는?

코로나19 확산 직후 3~4개월 동안 물가는 지속적으로 하락했습니다. 코로나19로 외식과 소비가 줄어들면서 재화와 서비스에 대한 수요가 감소했기 때문입니다. 기업들이 생산을 줄일 것으로 예상되면서 원자재 가격도 크게 내렸죠. 이렇게 경기가 침체되면서 세계 각국의 중앙은행은 돈을 찍어 경기부양에 나섰습니다. 각국 정부 역시 많은 돈을 풀어 경기를 활성화시키기 위해 노력했습니다. '재난지원금'이 대표적인 사례입니다. 사람들의 수중에 돈이 생기면 뭐라도 사게 되고, 그러면 경기도 좋아지게 되니까요.

그런데 본격적인 경기회복의 시기가 오면서 상황이 달라졌습니다. 2020년 6~7월부터 세계적으로 경제가 살아나기 시작했고, 2020년 말 백신 보급이 시작되면서 경기가 빠른 속도로 회복되었습니다. 그러자 물가가 빠르게 상승하기 시작했죠. 코로나19 위기 극복을 위해 중앙은행과 정부가 시중에 막대한 돈을 풀었는데, 이것이 화폐 가치를 떨어뜨렸기 때문입니다. 이뿐만 아니라 원자재 가격 상승과 글로벌 공급망 리스크도 물가를 끌어올리는 데 일조했습니다. 2021년 10월 미국 소비자물가 상승률은 30년 만에 6%를 넘어섰고, 우리나라 소비자물가 상승률은 10년 만에 3%를 넘어섰습니다.

이렇게 물가가 빠르게 상승하면 국민 경제에도 어려움이 생깁니다. 물가가 올라도 임금은 그만큼 빠르게 오르지 않기 때문인데요. 물가가 매달 5%씩 오른다고 해도 보통 임금 계약은 매달 갱신되지 않기 때문에 똑같이 일을 해도 살 수 있는 물건의 양이 줄어들게 됩니다. 또 인플레이션이 찾아오면 사회 불평등도 심화될 수 있는데요. 물가가 오르면 부동산이나 주식 같은 자산 가격도 함께 올라 자산가들의 소득은 늘어나지만, 자산이 없는 임금노동자들의 소득은 줄어드는 효과가 나타납니다. 결국 인플레이션은 장기적인 경제 성장을 방해하는 요소가 될 수 있습니다.

인플레이션이 찾아오면 각국의 중앙은행들은 기준금리를 높이고, 신규 자산 매입을 중단**Tapering**(테이퍼링)해 물가를 안정시키기 위해 노력합니다. 기준금리 인상과 테이퍼링이 어떻게 물가를 낮추는지는 12장과 14장에서 자세히 알아보겠습니다.

한입 경제 상식사전

핵심만 콕콕

- 인플레이션은 물가가 지속적으로 상승하는 현상을 뜻하며, 경기 회복의 신호이기도, 경기 둔화의 신호이기도 합니다.
- 디플레이션은 물가가 지속적으로 하락하는 현상을 뜻하며, 보통 디플레이션이 올 경우 경기가 둔화됩니다.
- 코로나19 이후 물가가 하락하다가 급격히 올랐고, 각국 중앙은행은 물가 안정을 위해 기준금리를 높이고, 테이퍼링에 나서고 있습니다.

참고 문헌

"물가와 인플레이션", 〈한국은행〉, 2022.03.23 열람.

"실업과 인플레이션", 〈KDI 경제정보센터〉, 2022.03.23 열람.

"인플레이션이 채무자에게 유리한 이유는 무엇인가요?", 〈KDI 경제정보센터〉, 2022.03.23 열람.

4 | 물가는 오르고, 경기는 가라앉고
스태그플레이션

스태그플레이션은 물가 상승과 경기침체가 한꺼번에 발생하는 상황을 뜻합니다.

스태그플레이션이란?

스태그플레이션Stagflation은 경기침체를 의미하는 스태그네이션Stagnation과 물가 상승을 의미하는 인플레이션Inflation의 합성어입니다. 말 그대로 경기침체와 물가 상승이 동시에 나타나는 상황을 뜻합니다. 이론적으로 스태그플레이션은 '높은 실업률'과 '높은 물가'가 동시에 나타나는 걸 말하지만, 높은 실업률은 곧 경기침체로 이어지기 때문에 경기침체로 이해해도 무리는 없습니다.

사실 스태그플레이션은 조금 이상한 현상입니다. 보통 경기가 침체되어 실업률이 높아지면 사람들이 소비를 줄이고,

소비가 줄면 물건이 덜 팔려 물가가 낮아집니다. 그래서 보통 경기가 침체되면 물가는 낮아지는 것이 일반적이죠. 하지만 스태그플레이션이 오면 경기침체와 물가 상승이 동시에 나타납니다. 이 경우 실업자들은 많아지는데, 물가까지 올라 사람들이 생계를 유지하기가 더욱 어려워집니다. 보통 스태그플레이션은 외부의 경제적 충격으로 인해 발생하는데요. 앞서 3장에서 살펴봤던 '비용인상 인플레이션'과 비슷하죠. 가령, 전쟁이나 사고로 국제 유가가 오르면, 기업들의 생산비용이 높아져 제품의 가격이 올라갑니다. 가격이 올라가면 자연스럽게 제품에 대한 수요가 줄어들면서 판매량이 줄고, 기업들의 실적도 악화되는 것이죠.

최초의 스태그플레이션 in 1970

최초의 스태그플레이션은 1970년대 오일 쇼크와 함께 발생했습니다. 오일 쇼크는 1970년대 중동 산유국 모임인 OPEC이 석유 가격을 인상하고, 공급을 줄이면서 세계 각국이 경제적으로 큰 타격을 입은 사건입니다. 오일 쇼크는 경기침체와 물가 상승을 동시에 불러왔죠.

- **인플레이션:** 1970년대 세계 각국의 정부는 경기침체에 대응하고자 확장 재정 정책을 펼쳤습니다. 시중에 돈을 많이 풀면서 경기 회복을 유도했기 때문에 자연스럽게 물가는 상승했죠. 게다가 원

유 가격이 비싸지면서 기업의 생산 비용이 높아졌고, 이것이 자연스레 제품 가격에 반영되었습니다.
- **경기침체:** 오일 쇼크로 기름값이 너무 비싸졌기 때문에 기업들은 생산을 줄일 수밖에 없었습니다. 원자재 비용이 너무 커서 적자를 보는 기업들도 많았죠. 기업의 생산 활동이 줄어들자 고용이 악화되고, 경기가 침체되기 시작했습니다.

이렇게 1970년대 발생한 오일 쇼크는 인플레이션과 경기 침체가 동시에 찾아오는 '스태그플레이션'을 발생시켰습니다. 당시 미국의 경제성장률은 -0.5% 정도였지만, 물가 상승률은 무려 11%를 넘어섰었죠. 이에 많은 사람들이 일자리를 잃었고, 생계에 어려움을 겪었습니다.

50년 만에 스태그플레이션이 온다고?

코로나19 팬데믹 이후 1970년대에 이어 50년 만에 스태그플레이션이 찾아오는 것 아니냐는 우려가 커졌습니다. 코로나19 이후 물가가 크게 올랐는데, 세계 경기는 침체의 조짐을 보였기 때문입니다. 대체 어떤 상황이 펼쳐졌을까요?

- **인플레이션:** 미국도, 우리나라도 코로나19로 침체된 경제를 회복시키고자 확장된 통화·재정정책*을 펼쳐 왔습니다. 정부는 빚을 지면서 시중에 돈을 많이 풀었죠. 그 여파로 2021년 물가가 많이 올랐습니다. 각국 정부와 중앙은행은 지나친 물가 상승을 막기 위해 금리를 올리는 등 강력한 긴축 정책에 나섰습니다. 또, 코로나19 이후 심화된 전 세계적인 공급망 대란 역시 전반적인 물가를 올리는 데 기여했습니다. 원자재와 반도체가 부족해지면서 제품 생산에 차질이 빚어졌고, 자연스럽게 물건들의 가격도 올라갔죠.
- **경기침체:** 코로나19 이후 경제는 예상보다 잘 회복되고 있었습니다. 하지만 2021년 국제 유가를 비롯한 원자재 가격이 크게 오르고, 반도체 부족 현상이 심해지면서 기업들이 많은 어려움을 겪었죠. 이와 함께 소비심리도 주춤하면서 전반적으로 경제성장이 둔화되기 시작했습니다. 2021년 말 미국과 중국의 GDP 성장률도 예상치를 하회하면서 스태그플레이션에 대한 우려가 커졌습니다.

만약 경기둔화와 물가 상승이 장기화된다면 50년 전과 같은 스태그플레이션을 다시 경험할 수 있다는 우려도 나오고 있는데요. 스태그플레이션을 막기 위한 정부와 중앙은행의 적절한 대처가 필요해 보입니다.

---

* 통화정책은 중앙은행이 금리나 통화량을 조절하는 경제정책을, 재정정책은 정부가 재정 지출이나 조세 수입을 조절하는 경제정책을 가리킵니다.

핵심만 콕콕

- 스태그플레이션은 물가 상승과 경기침체가 동시에 발생하는 현상을 뜻합니다.
- 스태그플레이션이 올 경우 실업률이 높아지고, 생활비가 높아져 생계유지가 어려워집니다.
- 최근 물가 상승과 경기둔화가 겹치면서 스태그플레이션이 올 수 있다는 우려가 커지고 있습니다.

친환경이 물가를 올린다?
그린플레이션

그린플레이션은 친환경 정책의 영향으로 물가가
상승하는 것을 뜻합니다.

그린플레이션이란?

그린플레이션Greenflation은 친환경을 뜻하는 그린Green과 물
가 상승을 뜻하는 인플레이션Inflation의 합성어입니다. **친환경
정책으로 인해 원자재와 에너지 가격이 오르면서 경제 전반의
물가가 상승하는 것**을 뜻하는데요. 그린플레이션은 최근 전
세계적으로 문제시되고 있는 인플레이션의 원인 중 하나로 꼽
히며 주목을 받고 있습니다.

코로나19의 확산 이후 팬데믹과 함께 많은 주목을 받았던
키워드가 바로 '기후위기'입니다. 기후위기와 팬데믹은 인간의
삶의 방식을 변화시키고 나아가 생존까지 위협할 수 있다는

점에서 공통점이 있습니다. 코로나19가 사람들로 하여금 대면 접촉을 기피하게 하고 많은 사망자를 발생시킨 것처럼 기후위기가 심화될 경우 현재 우리의 삶의 방식도 그대로 유지되기 어렵다는 우려가 커졌습니다. 나아가 기후위기로 인한 환경 파괴가 동물과 인간 간의 바이러스 전파를 더 쉽게 만들었다는 분석도 나왔죠. 특히 최근 들어 이상기후와 해수면 상승 등 기후위기의 뚜렷한 징후들이 나타나면서 더 이상 문제를 방치할 수 없다는 여론이 커지고 있습니다.

그래서 미국과 유럽 등 선진국들을 중심으로 기후위기에 대처하기 위한 여러 정책들이 발표됐습니다. 기후위기의 가장 큰 원인으로 지목되는 것들 중 하나가 바로 '탄소'인데요. 탄소는 화석연료를 연소시킬 때 발생하기에 선진국들은 화석연료를 줄이도록 유도하는 친환경 정책들을 많이 도입했습니다. 내연기관차를 줄이고 전기차를 늘리는 정책이나 화석연료 발전을 줄이고 재생에너지 발전을 늘리는 정책이 그것이죠. 이를 흔히 '**에너지 전환**'이라고 합니다. 에너지 전환을 위해선 재생에너지 생산 시스템도 새로 구축해야 하는데 여기에도 많은 원자재와 에너지가 사용됩니다. 또 화석연료 사용량도 줄여야 하는데 이 경우 전반적인 에너지 가격이 올라갈 수 있죠. 이렇게 친환경 정책의 영향으로 물가가 오르는 것을 '그린플레이션'이라고 지칭하는 것입니다.

그린플레이션의 시작, 원자재&에너지 가격 상승

먼저 원자재부터 살펴보겠습니다. 각국 정부가 탄소 중립과 같은 친환경 정책을 강력하게 밀어붙이면 친환경 사업과 관련된 원자재들의 수요가 늘어나며 가격이 상승하겠죠? 실제로 강력한 친환경 정책 시행 이후 알루미늄과 구리같이 태양광이나 풍력 발전에 사용되는 원자재들의 가격이 많이 올랐습니다. 이외에도 석탄과 석유를 대체하는 천연가스 같은 에너지나 전기차 배터리에 들어가는 원자재들의 가격도 상승했죠.

이렇게 원자재 가격이 상승하면 이를 사용해 만들어지는 에너지의 가격도 상승할 수밖에 없습니다. 게다가 날씨가 흐려 태양광 발전이 잘 안 되고 바람이 안 불어 풍력 발전도 잘 안 되는 상황에서는 화석연료를 사용해 부족한 전기를 충당해야 하는데 석탄과 석유는 친환경 정책으로 채굴량을 줄였기 때문에 가격이 비쌉니다. 결국 친환경 정책으로 인해 전반적인 에너지 가격이 비싸질 수밖에 없는 것이죠.

알루미늄으로 보는 그린플레이션

친환경 사업의 핵심 원자재로 꼽히는 알루미늄은 '그린플레이션의 역설'을 설명하기 굉장히 좋은 소재입니다. 알루미늄은 태양광 발전, 풍력 발전뿐만 아니라 전기차 생산에서도 꼭 필요한 원자재인데요. 이렇게 친환경 사업에 널리 사용되는 알루미늄은 제련 과정에서 많은 전기를 필요로 합니다. 그런데 친환경 정책들로 인해 화석연료 생산이 줄어들고, 원자재 가격이 오르면서 전기를 생산하는 비용도 증가했죠. 결국 알루미늄의 가격도 오를 수밖에 없고, 알루미늄 가격이 오르면 친환경 사업에 들어가는 비용도 늘어나게 됩니다.

중국은 알루미늄의 최대 생산지입니다. 그런데 최근 중국은 탈탄소를 위해 석탄 생산을 줄이면서 전력난을 겪고 있고, 생산에 전기가 많이 필요한 알루미늄 제련소 가동을 줄이고 있습니다. 중국의 알루미늄 생산 차질이 더욱 심각해진다면 전 세계의 공급망에 혼란이 생기며 물가 상승 압박이 발생합니다. 세계적인 그린플레이션이 현실화될 수 있는 것이죠.

그린플레이션, 향후 전망은?

ESG*가 경영 트렌드가 되고, 전 세계적으로 친환경에 대한 관심이 증대되면서 친환경 기조는 계속 이어질 전망입니다. 그린플레이션도 점점 현실화될 것으로 보이는데요. 그래서 일각에서는 그린플레이션을 고려해 친환경으로의 전환 속도를 조금 늦출 필요가 있다고 주장하기도 합니다. 친환경 발전과 그린플레이션으로 인한 경제적 부담 사이에서 합리적인

---

* ESG: 환경(Environment)·사회(Society)·기업 지배구조(Governance)를 중요시하는 새로운 기업 경영 트렌드를 의미합니다.

계산이 필요한 시점입니다.

핵심만 콕콕

- 그린플레이션은 친환경 에너지 전환으로 발생하는 물가 상승을 의미합니다.
- 에너지 전환 정책으로 친환경 에너지 생산을 위한 원자재 수요가 높아졌고, 친환경 에너지의 가격도 올랐습니다.
- 에너지 전환으로 석탄, 석유의 채굴이 줄면서 화석연료 가격도 동시에 높아지고 있습니다.

참고 문헌 최현정, 「기후변화와 COVID-19 팬데믹 위기의 연계성에 대한 이해와 시사점」, 「이슈브리프 2021-27」, 아산정책연구원, 2021.

경상수지는 한 나라의 '무역 성적표'입니다. 쉽게 '경상수지 = 수출 - 수입'으로 생각하면 됩니다.

경상수지는 무엇을 나타내는 지표인가요?

경상수지라는 단어를 풀어서 써 보면, '통상적인 경제적 거래로부터 발생한 수지타산'을 의미합니다. 쉽게 말하면 외국과 일반적인 거래를 할 때 우리나라가 얼마나 이익을 봤는지를 나타내는 지표라고 할 수 있습니다. 경상수지는 상품수지, 서비스수지, 본원소득수지, 이전수지로 나눠지는데, 가장 핵심적인 상품수지와 서비스수지만 짚어 보겠습니다. 상품수지는 다른 나라와 상품을 거래할 때의 수지타산을 의미합니다. 서비스수지는 서비스를 주고받는 과정에서 발생하는 수지타산인데요. 예를 들어, 여행산업에서 발생한 이익은 서비스수지에 해당합니다. 한마디로 정리하자면 일반적인 외국과의 거래에 대해, '전체 수출금액 – 전체 수입금액 = 경상수지'라고 할 수 있겠습니다.

경상수지는 단순하게 생각하면 수출과 수입에 의해 결정됩니다. 수출이 수입보다 많으면 경상수지가 흑자가 되고, 반대로 수입이 수출보다 많다면 경상수지가 적자가 됩니다. 만약, 우리나라의 자동차 수출액이 외제차를 수입한 액수보다 많다면 자동차 관련 상품수지는 흑자가 되겠죠. 경상수지는 이런 상품수지와 서비스수지 등을 다 합한 지표이기 때문에 우리나라의 수출이 수입보다 많아서 이익이 나면 흑자, 수입이 수출보다 많아 손실이 나면 적자라고 생각하시면 되겠습니다.

코로나19로 시작된 불황, 그 속에서 경상수지는?

코로나19 팬데믹 이후 세계 경제가 불황에 빠지면서 주요 국가들의 경상수지에도 빨간불이 켜졌습니다. 미국의 경상수지 적자는 12년 만에 최대치를 기록했고, 가까운 나라 일본 역시 5년 만에 최대폭으로 경상수지 흑자가 감소했습니다. 그렇다면 우리나라는 어땠을까요?

우리나라 역시 코로나19가 기승을 부리던 2020년 4월, 일시적으로 경상수지가 적자로 전환되었습니다. 다행히 그 이후 경상수지가 다시 흑자로 바뀌었지만, 전문가들은 이를 긍정적으로 바라보지 않았습니다. 수출이 감소한 폭보다 수입이 감소한 폭이 더 커져 발생하는 불황형 흑자의 조짐이 보였기 때문이죠. 이 기간에 주요 수출 품목인 반도체나 자동차 분야의 수출은 아주 조금 증가했거나 오히려 줄어들었습니다. 그래서 경기가 침체되면서 발생하는 '불황형 흑자'가 아니냐는 이야기가 많이 돌았던 거죠. 물론 한국은행은 원자재 가격 같은 여러 요소를 고려했을 때 우려할 만한 불황형 흑자는 아니라고 했지만, 그렇다고 긍정적인 상황도 아니었죠.

2020년 9월 들어 경상수지가 완연한 회복세를 나타냈습니다. 흑자 규모가 2년 만에 100억 달러를 돌파했는데, 특히 수출이 많이 증가했다는 점이 고무적이었죠. 상품수지는 코로나19가 발생하기 전보다도 증가했는데, 특히 주력 수출상품인 반도체와 자동차 등의 수출이 증가한 덕이 컸습니다. 이로써 수개월간 이어지던 불황형 흑자의 고리를 끊어냈고, 결국 2020년 우리나라는 정부와 한국은행의 목표치를 크게 상회하는 약 753억 달러의 경상수지 흑자를 기록했습니다. 2021년에는 공급망 리스크에도 불구하고 반도체와 석유·화학 제품 수출이 호조를 보이면서, 우리나라는 역대 세 번째로 높은 수준인 약 883억 달러의 경상수지 흑자를 기록했습니다.

그러나 아직 불황형 흑자에 대한 우려를 완전히 떨쳐내진 못했습니다. 2022년 들어 가스, 원유 등 원자재 가격이 급등하면서 경상수지 흑자 규모가 전년 대비 65%가량 줄어든 298억 달러에 불과했고, 2023년 1월엔 경상수지가 45억 2천만 달러 적자로 집계되면서 관련 통계가 시작된 1980년 1월 이후 최대 규모의 적자를 냈습니다. 2월 경상수지도 적자로 나타나면서 11년 만에 2개월 연속 적자를 기록하기도 했죠. 경상수지는 적자와 흑자를 왔다 갔다 하는 상황이지만, 2023년 들어 수출이 꾸준히 줄어들고 있다는 점에서 불황형 흑자라는 지적이 나옵니다. 특히 반도체 시장이 얼어붙으면서 2023년 상반기 기준 반도체 수출액은 439억 3천만 달러로 2022년 상반기 대비 36.8% 감소했습니다. 결국 우리나라 수출 주력 상품인 반도체 시장이 회복돼야 경상수지가 개선될 것이란 전망이 나옵니다.

핵심만 콕콕

- 경상수지는 우리나라의 '무역 성적표'로, 전체 수출에서 전체 수입을 뺀 수치입니다.
- 코로나19 확산 이후 우리나라는 수출이 조금 증가하고, 수입은 크게 감소하는 '불황형 흑자'의 조짐이 나타나기도 했습니다.
- 하지만 2021년 우리나라는 반도체 수출 호조의 영향으로 경상수지가 개선되는 모습을 보였습니다.

참고 문헌 | "불황형 흑자", 〈한국은행〉, 2016.08.16.
"반도체 등 수출 회복에⋯경상수지 '불황형 흑자' 터널끝 보인다", 〈뉴데일리〉, 2020. 11.05.

7

자주 등장하는 경제 지표

GDP, GNP 그리고 GNI

GDP는 국내총생산을, GNP는 국민총생산을, GNI는
국민총소득을 의미하는 지표입니다.

GDP와 GNP 그리고 GNI

제일 먼저 소개할 경제 지표는 GDP입니다. GDP는 'Gross Domestic Product'의 약자로, 우리말로 '국내총생산'을 뜻합니다. GDP는 국내에 거주하는 사람들에 의해 생산된 모든 부가가치를 합한 수치인데요. 그러므로 우리나라 사람뿐만 아니라 외국인이 우리나라에서 생산한 부가가치도 포함됩니다. 주의할 것은 GDP가 모든 '가치'의 합이 아니라 '부가가치'의 합이라는 것인데요. 만약 원재료를 외국에서 사와 가공한 뒤 제품을 만들었다면, 제품에 부가된 가치, 즉 완제품의 가격에서 원재료의 가격을 뺀 만큼만 부가가치로 인정합니다. 딱 그 나라

에서 생산된 가치만큼만 합산하는 것이죠.

다음으로는 **GNP**입니다. GNP는 'Gross National Product'의 약자로, '국민총생산'을 의미합니다. GNP는 **영토와 상관없이 한국 국적을 가진 국민이 생산한 모든 부가가치를 합산해 계산**합니다. 즉 국내에 거주하는 한국인과 해외에 거주하는 한국인의 생산활동을 포함하는 것입니다. 예전에는 해외에 거주하는 한국인이 적어 GNP가 나름 의미가 있었지만 요즘은 많은 기업이 해외에 진출해 있어 GNP를 정확히 계산하기가 굉장히 어렵습니다. 그래서 요즘에는 잘 사용하지 않죠.

마지막으로, GNI라는 지표가 있습니다. GNI는 'Gross National Income'의 약자로 '국민총소득'을 의미합니다. GNI는 **한 국가의 모든 경제주체가 일정 기간 동안 벌어들인 소득을 합산한 지표**입니다. 해외에 거주하는 국민의 소득은 포함하지만 국내 거주 외국인의 소득은 빼야 하죠. GNP는 생산, GNI는 소득이라고 이해하시면 되겠습니다.

TIP
D가 들어가는 지표는 영토 기준, N이 들어가는 지표는 국적 기준!

GNI는 그 자체보다 GNI를 인구수로 나눈 1인당 국민소득을 구할 때 자주 사용됩니다.

GDP 심화: 명목 GDP와 실질 GDP 그리고 GDP 디플레이터

앞서 설명한 세 지표 중 가장 많이 쓰이는 지표는 GDP인데요. GDP는 명목 GDP와 실질 GDP, 이렇게 둘로 나뉩니다. 명목 GDP는 물가 변화가 반영된 GDP입니다. 예를 들어, 쌀만 생산하는 A국가에서 2020년 쌀을 100포대 생산해 총 500만 원에 팔았다고 해볼까요? 그런데 2021년에는 물가 상승으로 똑같은 쌀을 100포대 생산해 총 1,000만 원에 팔았다고 해봅시다. 그러면 2020년 A국가 명목 GDP는 500만 원, 2021년의 명목 GDP는 1,000만 원이 되겠죠. 그런데 2021년의 명목 GDP는 2020년의 2배가 되었지만, A국가 전체의 물가도 2배 올랐기 때문에 실질적인 생산량에는 아무런 변화가 없습니다.

같은 쌀을 같은 양만큼 생산했는데, 순전히 물가 상승 때문에 GDP가 늘어난 것처럼 보이는 것이죠.

연도별 명목·실질 GDP	2022년		2023년	
	수량	개당 가격	수량	개당 가격
쌀	100포대	5만 원	100포대	10만 원
명목 GDP	100×5 = 500만 원		100×10 = 1,000만 원	
실질 GDP	100×1 = 100만 원		100×1 = 100만 원	
GDP 디플레이터	$\frac{500만 원}{100만 원} \times 100 = 500$		$\frac{1,000만 원}{100만 원} \times 100 = 1,000$	

*기준 연도는 2015년이며, 당시 한 포대에 1만 원짜리 쌀이 총 100포대 생산됐다고 가정

명목 GDP = 한 나라에서 생산된 재화의 가격 × 생산량

실질 GDP = 기준 연도 재화의 시장 가격 × 생산량

$$\text{GDP 디플레이터} = \frac{\text{명목 GDP}}{\text{실질 GDP}} \times 100$$

그래서 보다 정확한 비교를 위해선 물가 변동을 반영하지 않는 GDP가 필요한데요. 이를 **실질 GDP**라고 합니다. 물가 변화를 반영하지 않으려면 GDP 계산의 기준이 되는 연도가 필요합니다. A국가가 쌀 한 포대를 만 원에 팔았던 2015년을 기준 연도로 설정해 보겠습니다. 2020년에는 쌀 한 포대가 5만 원에, 2021년에는 10만 원에 팔렸으니 2015년에 비해 5배, 10배씩 오른 셈이겠죠? 하지만 실질 GDP를 구할 때는 물가 상승률은 반영하지 않기로 했으므로, 2020년과 2021년의 실질 GDP는 모두 100만 원(2015년의 기준 가격 1만 원 × 100포대)이 됩니다. 일반적으로 뉴스에 나오는 GDP는 실질 GDP이며, 명목 GDP를 나타낼 때는 명목 GDP라고 정확히 명시합니다.

명목 GDP와 실질 GDP를 활용하면 물가 상승률을 구할 수 있는데, GDP를 사용해 구한 물가 상승률을 **GDP 디플레이터**라고 합니다. 명목 GDP를 실질 GDP로 나누면 기준연도에 비해 물가가 얼마나 올랐는지 계산할 수 있는데요. GDP 디플레이터는 여기에 100을 곱해서 산출합니다. A국가의 경우 2020

년 GDP 디플레이터는 500(500만 원/100만 원 × 100), 2021년 GDP 디플레이터는 1000(1,000만 원/100만 원 × 100)이 되겠죠. 기준 연도인 2015년의 GDP 디플레이터는 100이므로, 이는 곧 A국가의 물가가 2015년에 비해 2020년 5배, 2021년 10배씩 올랐다는 것을 보여줍니다. 일반적으로 GDP 집계에는 한 나라에서 생산된 모든 품목이 포함되기 때문에 GDP 디플레이터는 시장의 모든 품목을 반영해 물가 상승률을 계산할 수 있다는 장점이 있습니다.

알아 두면 쓸데 있는 재미있는 지표 상식

앞서 경제 지표들을 몇 가지 살펴봤는데, 지금까지 나왔던 경제지표들을 가지고 몇 가지 재미있는 통계적 사실들을 소개해 드릴까 합니다.

세계 시가총액 1위인 애플의 시가총액은 약 3조 달러입니다. 이는 우리나라 명목 GDP는 물론 G7에 들어가는 이탈리아의 명목 GDP를 넘어서는 액수이죠. 애플이 국가라면 G7에 들어가는 선진국이라는 얘기입니다. 참고로 GDP 1등인 미국의 명목 GDP는 2022년 기준 25조 달러에 육박합니다.

GNI에 대해서는 흥미로운 소식이 있었습니다. 2018년 우리나라의 1인당 국민총소득**GNI**이 3만 달러를 넘어선 데 이어, 2020년에는 1인당 국민총소득이 처음으로 G7 국가인 이탈리아의 1인당 GNI를 추월했습니다. 물론 우리나라가 32,960달러, 이탈리아가 32,290달러(세계은행 통계 기준)로 매우 근소한 차이긴 했지만요. 이는 코로나19로 관광산업이 큰 비중을 차지하는 이탈리아가 휘청인 반면, 우리나라의 제조업은 상대적으로 좋은 실적을 내며 나타난 결과입니다.

핵심만 콕콕

- GDP는 국내총생산Gross Domestic Product의 약자로, 1년간 우리 영토 내에서 생산된 모든 부가가치의 합을 의미합니다.
- GNP는 국민총생산Gross National Product의 약자로, 1년간 우리 국적을 가진 사람들에 의해 생산된 모든 부가가치의 합을 의미합니다. 다만, 최근에는 잘 활용되지 않는 지표입니다.
- GNI는 국민총소득Gross National Income의 약자로, 한 국가의 모든 경제주체가 일정 기간 동안 벌어들인 소득의 합을 의미합니다.

참고 문헌

"항상 헷갈리는 GDP, GNP, GNI, 1인당 국민소득은 무엇일까?", 〈예금보험공사 블로그〉, 2016.03.17.

"[알기쉬운경제지표] GDP디플레이터와 명목GDP·실질GDP", 〈조선비즈〉, 2012.12.04.

"부동산에 영끌, 주식에 빚투…가계빚, 결국 GDP 넘어섰다", 〈조선일보〉, 2020.12.24.

"애플 '시총 2조 달러'는 얼마나 큰 규모일까?", 〈KBS NEWS〉, 2020.08.21.

"한국 1인당 국민소득, 이탈리아 진짜 '추월'", 〈헤럴드경제〉, 2021.07.02.

8

기업이나 국가가 돈을 빌리는 법
채권

채권은 기업이나 국가기관이 불특정 다수에게 돈을 빌릴 때 발행하는 차용증으로, 금융상품으로 거래되기도 합니다.

채권이란?

우리는 돈이 필요할 때 은행이나 금융기관으로부터 돈을 빌리죠. 그런데 기업이나 국가는 어떻게 돈을 빌릴까요? 은행을 활용하면 좋겠지만, 국가 또는 여러 기업들이 필요로 하는 만큼의 거액의 돈을 은행에서 빌리긴 어렵습니다. 또 은행은 대출 조건도 매우 까다로워 신용이 웬만큼 좋지 않으면 돈을 잘 빌려주지 않죠. 그래서 기업들이나 국가는 돈을 빌리러 은행에 찾아가지 않고, 직접 '채권'을 발행해서 자금을 마련합니다.

채권의 정의는 '불특정 다수로부터 장기간 자금을 조달하기 위해 특정일에 원금과 이자를 지급할 것을 약속하면서 발

행하는 차용증서'인데요. 말이 너무 어렵죠? 쉽게 말하면 돈을 빌리고 발행해주는 차용증입니다. 기업이나 국가가 돈이 필요해지면 채권을 발행할 것이라고 예고하고, 이 채권을 살 사람들을 모집합니다. 자신들에게 돈을 빌려줄 사람을 모으는 것이죠. 그리고 이 사람들에게 '언제 얼마의 이자를 붙여 돈을 돌려주겠다'고 적힌 차용증, 즉 채권을 끊어 주고 돈을 빌려 자금을 조달합니다.

채권은 국가나 지자체, 공공기관, 은행, 회사 등 다양한 주체들이 발행합니다. 이 중 한 나라의 정부가 발행하는 채권을 '국채'라고 부르는데요. 나라가 망하지 않는 이상 원금과 이자를 무조건 지급해 줄 것이기에, 국채는 보통 무위험 자산으로 분류됩니다. 기업이 발행하는 채권은 회사채라고 부르며, 신용평가기관이 평가한 회사의 신용도로 회사채의 위험도를 측정할 수 있습니다. 그리고 이 위험도에 따라 채권의 수익률, 거래 가격도 달라지게 되죠. 일반적으로 **부도 위험이 높은 기업일수록 채권의 수익률도 높아집니다.** 만기 때 채권을 들고 가 돈을 받아야 하는데, 기업이 부도날 수도 있다면 채권의 위험도가 매우 높겠죠? 위험도가 높을수록 높은 수익률이 보장돼야 채권을 사는 사람이 생기기에 위험도와 채권 수익률은 같은 방향으로 움직이게 됩니다.

채권은 **양도나 거래가 가능**합니다. 마치 주식처럼, 상장된 기업의 채권은 채권시장이라는 공개적인 시장에서 투자상품으로 거래되기도 하죠. 채권을 산다는 것은 곧 한 기업에게 돈을 빌려준 채권자가 된다는 것과 같습니다. 주식을 사면 기업의 주인인 주주가 되는 것과 마찬가지로요.

복잡한 채권 용어, 핵심만!

자, 그러면 이제 채권과 관련된 기본 개념들을 좀 더 자세히 알아보려 합니다. 채권의 경우 헷갈리는 개념이 많기 때문에, 조금 조심해야 합니다. 일단 아래 내용들만 먼저 머릿속에 넣어 두고 읽어 보시면 조금 더 이해가 수월하실 겁니다.

- **액면가:** 채권의 만기 때 회사가 채권 보유자에게 갚아야 하는 원금
- **액면이자:** 채권을 보유하고 있으면 채무자가 이자처럼 매달 주는 돈으로, 액면이자는 있을 수도, 없을 수도 있습니다. 만기 때까지 채권 보유자가 받을 수 있는 돈은 곧 '액면가 + 액면이자'가 됩니다.
- **채권가격:** 채권이 현재 거래되는 가격으로, 액면가와는 다른 개념입니다.
- **채권금리(수익률):** 채권을 매입시점부터 만기까지 보유했을 때의 수익률입니다. 가령 액면이자가 없고 1년 후 만기가 돌아오는 액면가 1,100만 원짜리 채권을 지금 1,000만 원에 샀다면 이 채권의 현재 금리는 10%입니다.

그러면 이제 주식회사 BYTE가 아래 사진처럼 액면가 천만 원짜리 채권을 발행했다고 가정하고, 채권 관련 용어들을 하

나씩 자세히 뜯어볼까요?

일천만   10,000,000

주식회사 BYTE 채권

금 일 천 만 원

1. 상환일(만기일) : 발행 시점으로부터 1년 후
2. 액면이자율 : 연 10%
3. 이자지급일 : 만기 시점

주식회사 BYTE 대표이사

- **액면가:** 액면가는 BYTE가 만기일에 채권자에게 갚아야 할 원금을 말합니다. BYTE 채권의 액면가는 1천만 원이겠죠? 증서에 떡하니 적혀 있기 때문에 액면가라고 부르는데, '채권 발행자가 만기에 갚아야 할 돈' 또는 '채권의 구매자가 만기에 받을 수 있는 돈'이라고 생각하면 됩니다. 채권의 가격과는 다른 개념이라는 것에 주의해야 합니다.
- **액면이자:** 액면이자란 BYTE가 채권을 산 사람에게 일정 기간마다 이자처럼 지급하는 돈입니다. 만약 액면가가 1,000만 원짜리 채권을 발행하면서 1년간 100만 원을 액면이자로 채권자에게 지급하기로 한다면, 액면이자율은 10%가 되겠죠. BYTE 채권은 만기가 1년이기 때문에, 만기까지 채권을 보유하고 있으면 채권자는 총 1,100만 원을 받을 수 있습니다. 액면이자율을 채권의 '표면금리'라고도 하며, 액면이자가 지급되는 채권을 '이표채(이자 표시 채권)'이라고 합니다. 주의할 것은 액면이자율과 채권금리(수익률)는 전혀 다른 개념이란 것입니다.
- **채권가격:** BYTE의 채권이 현재 시장에서 거래되는 가격으로, 채

권의 가격은 채권 자체에 쓰여 있지 않습니다. BYTE의 채권은 만기 때까지 보유하면 총 1,100만 원(액면가+액면이자)을 받을 수 있는데, 이 채권은 기업의 신용도나 채권 시장의 상황에 따라 900만 원에 거래될 수도, 1,000만 원에 거래될 수도 있습니다. 기업의 신용도가 낮아지면 더 낮은 가격에, 신용도가 높아지면 더 높은 가격에 거래되겠죠?

• **채권금리(수익률):** 뉴스에서 가장 많이 등장하는 단어입니다. 채권금리는 채권을 만기 때까지 들고 있을 때 낼 수 있는 수익률을 뜻하는데요. 채권금리는 현재의 채권가격과 만기 때까지 받을 수 있는 돈(액면가+액면이자)에 의해 결정됩니다. 만약, BYTE 채권을 900만 원에 샀다면 만기 때 1,100만 원을 받을 수 있기에, 채권의 금리(수익률)는 (1,100−900)/900=22%가 됩니다. 만기까지 1년이 남은 BYTE 채권을 1,000만 원에 샀다면 BYTE 채권의 금리는 (1,100−1,000)/1,000=10%가 되겠죠. 채권의 가격이 높을수록 채권금리(수익률)는 낮아지게 됩니다.

여기서 중요한 것은 채권금리를 정확히 이해하는 것입니다. 보통 채권금리를 액면이자율과 헷갈리는 경우가 많은데요. 액면이자율은 처음부터 정해져 있는 채권의 표면이자율이고, 채권금리는 채권의 거래 가격에 따라 시장에서 결정되는 금리입니다. 따라서, 만기 때 액면이자를 지급하는 1년물(1년 만기) 채권을 기준으로 아래와 같은 공식이 성립합니다.

$$채권금리 = \left[\frac{액면가+액면이자}{채권가격} - 1 \right] \times 100$$

이 공식을 반드시 기억하셔야 됩니다.(물론, 만기와 액면이자 지급방식이 바뀔 경우 공식은 달라질 수 있습니다.) 액면가와 액면이자는 채권 발행 시에 이미 정해져 있습니다. 그러나 채권금리는 시장 상황에 따라 계속 바뀌며, 그에 따라 채권가격도 계속 바뀌게 됩니다. 아까 본 예시를 다시 살펴볼까요?

투자자 A가 BYTE의 채권(액면가 1,000만 원+액면이자 100만 원)을 1,000만 원에 샀다고 해보겠습니다. 이때 이 채권의 금리는 10%겠죠([(1,000만 원+100만 원)/1,000만 원-1]×100). 그런데 A가 갑자기 현금이 필요해져서 이 채권을 시장에 900만 원에

■ **현재 채권가격이 1,000만 원일 때**

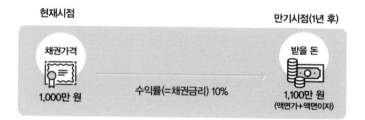

■ **현재 채권가격이 900만 원일 때**

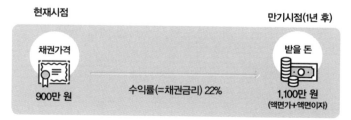

채권금리 예시

팔았다면 이 채권의 금리는 22%로 올라가게 됩니다([(1,000만 원+100만 원)/900만 원-1]×100). 이 채권을 산 사람이 만기까지 채권을 보유한다면 22%의 수익률을 올릴 수 있는 셈입니다. 물론 채권금리가 이렇게 극적으로 변동하진 않지만 수요와 공급에 따라 계속해서 변화하게 되죠.

채권금리가 오르면 채권가격은 내려간다

위의 예시에서 간단하지만 중요한 사실을 하나 발견하게 되는데요. 채권은 가격이 낮아질수록 그 수익률(금리)이 올라간다는 것입니다. 액면가와 액면이자의 합이 1,100만 원인 채권을 1,000만 원에 살 때보다 900만 원에 살 때, 채권의 금리, 즉 수익률이 높아집니다. 흔히 이야기하는 '채권가격과 금리는 반대로 움직인다'는 말이 바로 이런 뜻이죠. 쉽게 말하면 '만기에 받을 돈이 정해져 있는 채권은 지금 싸게 살수록 더 이득이다'라는 것입니다.

이는 앞서 설명드린 채권금리 공식을 봐도 바로 이해할 수 있는데, 분자의 액면가와 액면이자는 고정된 값이니 분모에 있는 채권가격이 내려가면 금리가 오르게 되는 것입니다. '수익률(채권금리)이 오르면 채권가격은 내려간다!' 이걸 꼭 기억하셔야 앞으로 뉴스를 보실 때 헷갈리지 않으실 수 있습니다.

'채권금리와 채권가격은 반대로 움직인다는 것'은 신용도가 높은 기업과 낮은 기업의 사례를 비교해 보면 쉽게 알 수 있는데요. 신용도가 높은 기업이 발행하는 채권은 비교적 높은 가격에 거래되기 때문에, 만기 때까지 얻을 수 있는 수익률이 그리 높지 않습니다. low risk low return인 것이죠. 반대로 신용도가 낮은 기업이 발행하는 채권은 비교적 낮은 가격에 거래되기에, 만기 때까지 얻을 수 있는 수익률이 더 높습니다. high risk high return인 셈이죠.

그런데 만약 채권금리(수익률) 말고, 액면이자율(표면 금리)이 오르면 어떻게 될까요? 이 경우에는 채권가격이 오릅니다. 액면이자율이 높다는 것은 만기까지 그만큼 더 돈을 많이 받는다는 것인데요. 만기까지 돈을 더 많이 받을 수 있는 채권이 비싼 것은 당연하겠죠?

채권금리가 오르면 주가가 떨어진다?

채권은 일반적으로 **주식보다 훨씬 안전한 투자처로 인식**됩니다. 채권을 산다는 것은 회사에 돈만 빌려준다는 것이기에, 회사가 망하지 않는 이상 원금과 이자를 돌려받을 수 있기 때문입니다. 주식보다 안전한 채권의 수익률(채권금리)이 오르면 사람들은 위험한 주식보다는 채권을 선호하게 되겠죠? 그러면 주식의 인기가 떨어지니 주가도 같이 떨어지게 됩니다. 또 회사 입장에서는 채권금리가 오르면 채권 발행을 통한 자금조달 비용이 높아져, 채권을 발행하기 부담스러워집니다. 채권 발행이 어려워지면 곧 회사의 자금조달이 어려워지기에 주가 에도 부정적인 영향을 끼칠 수 있죠.

핵심만 콕콕

- 채권이란 기업이나 국가 기관이 돈을 빌릴 때 발행하는 차용증서로, 증권시장에서 거래되기도 합니다.
- 채권금리는 채권의 액면이자율과는 다른 개념으로, 채권의 거래 가격이 '액면가+액면이자'보다 얼마나 싼지에 따라 결정됩니다.
- 액면가와 액면이자는 정해져 있기에 채권의 거래 가격이 오르면 채권금리는 내려갑니다. 즉, 채권금리와 채권가격은 반대로 움직입니다.

참고 문헌 | "최근 금융시장 동향과 향후 전망", 〈한국은행〉, 2017.03.24.
"채권 수익률은 어떻게 결정될까?", 〈KDI 경제정보센터〉, 2009.11.04.

국채란 정부가 빚을 질 때 발행해 주는 차용증입
니다. 국채의 금리(수익률)와 가격은 거시경제와
밀접한 관련이 있습니다.

국채 기본 개념 알기

국채는 정부가 돈을 빌리고 발행한 차용증서입니다. 차용
증을 '정부'가 발행했다는 점이 다를 뿐 기본적으로 국채 역시
채권입니다. 국채에는 "정부가 x원을 빌렸고 매년 y원의 이자
를 지급할 것이며, z년까지 상환하겠다"는 약속이 적혀 있죠.
특이한 점은 정부가 국채를 마구 발행해 돈을 빌리면 나중에
빚이 많아져 감당이 힘들 수 있기에, 국채를 발행할 때는 국회
의 승인이 필요하다는 것입니다. 이는 국채법으로 정해져 있
습니다. 국채에는 크게 4가지 종류가 있는데요. 국고채, 외국
환평형기금채권, 국민주택채권, 재정증권이 그것입니다.

- **국고채권(국고채):** 우리가 일반적으로 알고 있는 국채입니다. 국채의 대부분은 국고채입니다.
- **외국환평형기금채권:** 환율의 안정을 위해 발행하는 국채입니다.
- **국민주택채권:** 주택문화의 정착과 안정을 위해 발행하는 국채입니다.
- **재정증권:** 정부가 일시적인 자금 조달을 위해 발행하는 만기 1년 짜리 국채입니다.

국채는 만기에 따라 3년물, 5년물, 10년물 등 다양하게 구분되기도 합니다.

국채의 가장 큰 특징

국채의 가장 큰 특징은 **안전성**입니다. 국가가 빚을 안 갚을 가능성은 거의 0에 가깝겠죠? 대부분의 경우 국채는 원금과 이자를 회수할 수 있기 때문에 안전자산으로 분류됩니다. 하지만 주식은 원금을 회수할 수 있을지 불확실해 위험자산으로 분류되죠. 일반적으로 기축통화인 달러를 발행하는 미국 재무부의 국채가 가장 안전하다고 평가되지만, 대부분 국가의 국채는 주식에 비하면 안전자산에 속하는 편입니다.

투자상품으로 바라본 국채

국채는 정부가 돈을 빌리고 발행해 주는 차용증서이지만, 주식처럼 **시시때때로 가격이 변하는 하나의 투자상품**이기도 합니다. 국채에 투자할 때는 **국채 가격, 국채금리, 국채 수익률**을 이해해야 하는데요. 쉽게 설명하기 위해 액면가가 1,000만 원이고, 액면이자가 100만 원인 1년 만기의 국채가 있다고 해보겠습니다. 액면가와 액면이자는 모두 만기 때 한번에 지급한다고 가정하고요. 이 국채는 현재 가격이 1,000만 원이라고 합니다. 만약 이 국채를 지금 산다면, 만기 시점에 총 1,100만 원을 받을 수 있는데요. 1,000만 원에 산 국채로 만기에 1,100만 원을 받을 수 있으니 수익은 100만 원이고, 수익률은 10%입니다. 이때의 수익률을 어려운 말로 '국채금리'라고 합니다. 즉 국채금리와 국채 수익률은 같은 개념이라고 봐도 무방합니다.

만약 국채 가격이 900만 원으로 더 싸지면 어떻게 될까요? 만기에 똑같이 1,100만 원을 받는 국채를 더 싸게 샀으니 수익률은 올라가겠죠? 즉 국채 가격이 내려가면 국채금리는 올라갑니다. **국채 가격과 국채금리는 반대로 움직인다**는 것을 꼭 기억해야 합니다.

국채금리와 인플레이션, 그리고 주식

국채금리는 경제 상황을 읽어내는 데 굉장히 중요합니다. 먼저, **국채금리는 물가(인플레이션)와 밀접한 관련**이 있습니다. 물가가 올라 **인플레이션이 올 기미가 보이면, 국채금리도 함께 올라가는 것이 일반적**인데요. 아까의 예시를 다시 볼까요?

물가가 오른다는 것은 곧 화폐의 가치가 떨어진다는 것과 같기에, 아까 예시에서 만기에 받게 될 1,100만 원의 가치도 떨어지게 됩니다. 국채 가치 하락이 예상되면 국채 가격이 하락하고 국채금리는 상승합니다. 또 보통 물가가 오르면 각국 중앙은행이 기준금리를 올리고, 국채금리도 따라 오르게 됩니다. 따라서 **국채금리와 물가는 같은 방향으로 움직인다**는 공식이 성립합니다. 하지만 국채금리에는 인플레이션 외에도 다양한 변수가 개입하기에, 이런 공식이 항상 성립하는 것은 아닙니다.

국채금리는 주식의 가격에도 영향을 끼칩니다. 국채금리는 국채 수익률과 같은 개념이라고 설명드렸습니다. 국채금리(수익률)가 높아지면, 상대적으로 주식의 매력도가 낮아집니다. 국채라는 안전자산의 수익률이 오르는데, 굳이 위험자산인 주식에 투자할 필요가 없어지기 때문이죠. 따라서 **국채금리가 오르면 상대적으로 주가는 떨어지게 됩니다.** 이렇듯 국채금리는 인플레이션은 물론 주가에도 영향을 끼치는데 국채와 관련된 뉴스를 유심히 보면 지금의 경제 상황을 유추하실 수 있을 것입니다.

핵심만 콕콕

- 국채는 국가가 다른 기관에서 돈을 빌릴 때 발행하는 차용증서입니다.
- 국채는 주식처럼 하나의 금융상품으로 거래되며, 국채금리(수익률)와 국채 가격은 반대로 움직입니다.
- 인플레이션이 심해지면 국채금리도 올라갑니다. 일반적으로, 국채금리와 물가는 같은 방향으로 움직입니다.

물가 ⬆ 기준금리 ⬆ 국채금리 ⬆ 국채가격 ⬇

참고 문헌

"국채소개", 〈국채시장〉, 2022.05.05 열람.

"국가가 발행하는 채권, '국고채'란 무엇일까?", 〈기획재정부 경제e야기〉, 2014.3.6.

"'전 세계 주식판 뒤흔든다'…'美 10년물 국채' 넌 누구냐?", 〈매일경제〉, 2021.06.06.

"[금리급등 공포] 명목금리보다는 실질금리−주가 관계 봐야", 〈연합인포맥스〉, 2021.02.24.

"[진단, 물가 불안] ⑤ 달라진 파월 '인플레 발언'에 들썩이는 국채금리…금융시장 발작 뇌관되나", 〈조선비즈〉, 2021.06.20.

10

한 나라의 통화정책을 결정하는
중앙은행

중앙은행은 한 나라의 통화정책을 결정하는 은행으로, 화폐 발행과 통화량 조절, 금융 안정 등의 기능을 수행합니다.

중앙은행은 무엇을 하는 은행인가요?

전 세계 대부분의 국가에는 **중앙은행**이라는 은행이 존재합니다. 우리나라에는 한국은행이, 미국에는 연방준비제도**Fed***가, 영국에는 영란은행이, 일본에는 일본은행이 존재하죠. 보통 은행이라고 하면 돈을 예치해 두거나 대출을 받는 금융기관으로 많이들 생각하실 텐데요. 하지만 중앙은행은 일반은행과는 조금 다른 역할을 수행합니다. 일반적인 상업은행과 달리 중앙은행은 **직접 화폐를 발행하고 통화량을 조절해 전반적인 금융시스템이 안정적으로 돌아가도록** 하는 역할을 담당합

---

* 연방준비제도에 대한 자세한 내용은 11장을 참고하세요!

한입 경제 상식사전

니다. 한 나라의 통화정책을 총괄하는 기관인 것이죠.

중앙은행 제1의 목표: 물가를 안정시켜라!

중앙은행의 핵심적인 역할은 **물가안정을 통한 금융시스템의 안정화**인데요. 중앙은행은 한 나라에서 유일하게 직접 화폐를 발행할 수 있는 기관으로 발권력*을 동원해 시중의 통화량을 조절할 수 있습니다. 물가는 시중에 풀린 통화량과 직접적인 관계가 있기에 통화량을 조절함으로써 물가를 안정시키고, 금융시스템이 원활하게 돌아갈 수 있도록 하는 것이 중앙은행의 가장 큰 역할이라고 할 수 있겠죠.

중앙은행은 물가 수준을 주시하면서 **물가가 너무 높거나 낮으면 물가 안정**에 나서는데요. 물가는 지나치게 높아도, 지나치게 낮아도 안 좋습니다. 물가가 높아지면 생필품 가격이 올라 서민경제가 어려워지고 물가가 낮아지면 기업들의 수익성이 낮아져 경기가 안 좋아지기 때문이죠. 그럼에도 물가는 경제가 성장함에 따라 계속해서 상승할 수밖에 없습니다. 1960년대 15원 하던 짜장면 가격이 1980년대에는 800원, 1990년대에는 3,000원, 그리고 지금은 6,000~7,000원을 호가하는 것을 보면, 경제 성장에 따라 물가가 상승하는 것은 지극히 당연하다는 것을 쉽게 알 수 있겠죠? 대신 중요한 것은 적절한

---

* 발권력은 한 나라의 공식 화폐인 은행권을 발행할 수 있는 능력을 의미합니다.

물가 상승률을 유지하는 것입니다. 미국의 연방준비제도의 경우 2020년 8월 물가 상승률을 평균 2% 수준으로 유지하겠다고 선언하기도 했죠.

　중앙은행은 통화정책을 담당하는 기관이기에, **통화량을 조절해 물가를 안정**시킵니다. 중앙은행이 시중에 풀리는 통화량을 줄이면 물가는 내려가고, 통화량을 늘리면 물가는 올라갑니다. 그렇다면 중앙은행은 어떻게 통화량을 조절하는 걸까요? 크게 **기준금리** 조절, **지급준비율** 조절, **재할인율** 조절이라는 세 가지 수단이 존재합니다. 기준금리란 대출금리와 예·적금금리 등 모든 금리에 영향을 미치는 정책금리로, 한국은행이 회의를 통해 결정하는데요. 기준금리를 내리면 시중에 풀리는 통화량이 많아져 물가가 올라가고, 기준금리를 올리면 통화량이 줄어 물가가 내려갑니다.[*] 지급준비율은 시중은행이 전체 예금 중 한국은행에 예치해 둬야 하는 자금의 비율을 의미하는데, 지급준비율을 내리면 은행이 융통할 수 있는(대출해 줄 수 있는) 통화량이 늘어나 시중에 돈이 더 많이 공급되고, 물가가 오르게 됩니다. 반대로 지급준비율을 올리면 물가가 낮아지겠죠. 마지막으로 재할인율이란, 쉽게 말해 시중은행이 한국은행으로부터 돈을 빌리는 금리를 뜻합니다. 재할인율이 높아지면 은행들이 한국은행에서 돈을 빌릴 때 내야 하는

---

[*] 기준금리에 대한 자세한 설명은 12장을 참고하세요!

이자율이 높아져 대출이 어려워지기에, 시중에 풀린 통화량도 줄어들게 됩니다. 결국 재할인율이 높아지면 시중에 풀린 통화량이 줄어들면서 물가가 낮아지고, 재할인율이 낮아지면 물가는 올라갑니다.

외환시장 관리도 중요해!

중앙은행은 **외환시장을 안정화**하기 위해 노력합니다. 한 나라의 환율은 외환시장에서 결정되는데, 간혹 외부의 충격으로 인해 환율이 크게 출렁이는 경우가 발생합니다. 적당한 움직임이야 괜찮지만 환율이 매우 크게 변동할 경우 수출·수입 기업들은 물론 국민 경제에 큰 부담이 됩니다. 이때 정부와 한국은행이 외환시장에 개입해 환율을 안정시키기도 합니다. 원/달러 환율이 너무 높아지면 가지고 있는 달러화를 매각해 환율을 낮추고, 환율이 너무 낮아지면 시장에 풀린 달러화를 사들여 환율을 높이는 것이죠. 물론 이렇게 실질적인 매매 개입이 이뤄질 수도 있고, 말로만 하는 구두 개입이 이뤄질 수도 있습니다. 외환 당국이 "환율이 너무 높아 우려됩니다"라고 말을 꺼내면 외환 시장 참여자들은 당국이 환율을 낮추기 위한 실질적인 개입에 나설 수도 있겠다고 예상하며 달러를 팔아치우고, 결국 환율이 낮아지기도 합니다.

은행들의 은행, 중앙은행

중앙은행은 '**은행들의 은행' 역할도 수행**합니다. 은행들의 예금을 받아주거나 은행들에 돈을 빌려주는 것입니다. 먼저, 중앙은행은 각 은행들이 가지고 있는 예금액의 일정 비율(지급준비율)에 해당하는 만큼의 돈을 받아 예치해 둡니다. 이를 **지급준비금**이라고 합니다. 현재 우리나라의 법정 지급준비율은 7%인데요. 만약 은행이 고객들로부터 1억 원의 예금을 받았다면, 7%에 해당하는 700만 원은 한국은행에 예치해 두고, 나머지 9,300만 원만 대출을 해줄 수 있는 것이죠. 지급준비금이 존재하는 이유는 은행이 언제든 고객의 인출 요구에 대응할 수 있어야 하기 때문인데요. 일정 금액을 현금으로 들고 있어야, 고객들이 맡긴 돈을 달라고 할 때 즉시 내어줄 수 있기 때문입니다.

중앙은행은 이렇게 은행들이 맡기는 '지급준비금'을 맡아두는 역할을 하는데, 중앙은행은 지급준비금을 이용해 시중에 풀리는 돈의 양을 조절하거나 금융기관들 간에 이뤄지는 자금 거래를 원활하게 해줍니다. 최근에는 많은 중앙은행들이 기준금리를 이용해 시중에 풀리는 돈의 양을 조절하지만, 과거에는 지급준비율을 높이거나 낮추는 방식으로 시중에 풀린 돈의 양을 조절했습니다. 지급준비율을 높이면 은행이 사람들에게 대출해 줄 수 있는 돈의 양이 줄어들기에, 시중에 풀리는 돈도 자연스럽게 줄어들게 되죠. 또 모든 시중은행들이 중앙은행에 돈을 예치해 두면 은행들끼리 대금을 결제해야 할 때 손쉽게 거래가 가능합니다.

중앙은행은 시중은행에게 돈을 빌려주는 **'최종 대부자'** 역할을 수행하기도 합니다. 우리는 급하게 돈이 필요할 때 은행에 가서 대출을 받곤 하는데, 은행들은 긴급한 상황이 발생해 돈이 필요할 때 한국은행에게 SOS를 요청할 수 있습니다. 많은 고객들이 돈을 맡긴 은행이 부도를 내거나 파산할 경우 금융기관들이 연쇄적으로 도산하면서 피해가 커질 수 있기에, 발권력을 가진 중앙은행이 위기에 빠진 은행을 도와주는 것이죠. 하지만, 중앙은행에게 SOS를 요청한다는 것은 은행이 거의 파산 직전이라는 것이기에, 흔하게 발생하는 상황은 아닙니다.

핵심만 콕콕

- 중앙은행은 한 나라의 통화정책을 총괄하는 기구입니다.
- 중앙은행은 물가와 환율 등 다양한 거시경제 변수들을 관리하며 금융시스템 전체의 안정을 추구합니다.
- 중앙은행은 '은행들의 은행'으로, 은행으로부터 예금을 받아주거나, 은행에게 돈을 빌려주기도 합니다.

참고 문헌 | "한국은행의 역할", 〈한국은행〉, 2022.03.23 열람.
"[Cover Story] 한국은행이 시중 자금을 조절하는 세 가지 방법", 〈생글생글〉, 2010.03.19.

11

세계 경제의 파수꾼, 미국의
연방준비제도

연방준비제도는 미국의 중앙은행 격인 기구로 미국 내 통화정책을 총괄합니다.

연방준비제도란?

연방준비제도Fed, Federal Reserve System는 미국에서 중앙은행의 역할을 수행하는 기구로, 줄여서 연준 또는 Fed라고 부릅니다. 우리나라로 치면 한국은행과 같은 기관으로, 미국의 통화정책을 총괄하죠. 미국은 연방으로 구성되어 있다는 것을 다들 아실 텐데요. 이 중 12개 지역에 '연방준비은행' 지점이 있는데, 이들 연방준비은행을 총괄하는 가장 상위 기구가 Fed입니다. Fed는 미국 정부와는 독립된 경제 기구로, 그만큼 결정권이 있고 힘이 센 기관입니다.

시장을 들썩이게 하는 회의, FOMC

Fed의 산하 기구로 연방공개시장위원회FOMC, Federal Open Market Committee라는 위원회가 있습니다. FOMC는 Fed의 이사회를 구성하는 7명의 이사와 연방준비은행의 총재 5명을 합쳐 총 12명의 위원으로 구성되는데요. FOMC에서는 매년 1.5개월마다 한 번씩, 총 8번의 회의를 통해 미국의 통화정책을 결정합니다. 우리나라로 치면 한국은행의 금융통화위원회와 같은 역할을 하는 것이죠. 매번 1박2일 동안 진행되는 회의 결과는 회의가 끝난 후 Fed 의장이 직접 발표하며, 회의 3주 후 구체적인 회의록이 공개됩니다. FOMC 정기회의는 미국의 기준금리, 경제정책의 방향성이 결정되는 회의이다 보니 전 세계의 주목을 받으며, 회의 결과는 증시나 환율 등 여러 경제 지

실제 FOMC가 진행되는 모습
[출처: Federal Reserve]

표에 큰 영향을 끼칩니다.

정리하자면, Fed는 미국의 중앙은행 역할을 하는 기구로 세계 경제에 영향을 미치는 컨트롤 타워 역할을 합니다. 그리고 Fed 산하의 FOMC는 기준금리 조정 등 미국의 통화정책을 결정하는 회의를 개최하는 위원회입니다.

Fed, 더 깊이 이해하기

Fed를 구성하는 인사들은 그들의 경제관과 성향에 따라 크게 두 부류로 나눌 수 있는데, 크게 '매파'와 '비둘기파'가 존재합니다.

> • **매파: 긴축정책 지지**[*]
> 매파(Hawkish)는 정치적으로는 강경파를 의미하는 단어인데요. 경제적으로는 긴축정책을 지지하는 입장이 매파입니다. 매파의 가장 큰 목표는 '물가 안정'입니다. 인플레이션을 억제하려면 화폐의 가치를 높여야 하며 이를 위해서는 금리를 인상하고 긴축정책을 통해 시중에 풀린 돈을 다시 거둬들일 필요가 있죠. 대신 매파적인 경제정책 아래에서 경제 성장 속도는 둔화될 가능성이 높습니다. 금리가 높아지면 기업 입장에서는 돈을 빌리기 쉽지 않아 무리하게 투자하거나 사업을 확장하지 않기 때문입니다.
> **매파의 키워드: 긴축정책, 물가 안정, 기준금리 인상, 테이퍼링**[**]

[*] 긴축정책이란 금리를 높여 시중에 풀린 돈을 거둬들이는 정책을, 완화정책이란 금리를 낮춰 시중에 돈을 많이 푸는 정책을 뜻합니다. 보통 경제가 과열되면 긴축정책을, 침체되면 완화정책을 사용하는 것이 일반적입니다.

[**] 테이퍼링에 대한 자세한 설명은 14장을 참고하세요!

- 비둘기파: 완화정책 지지

비둘기파(Dovish)는 매파와는 완전 반대입니다. 이들은 경제 성장을 경제정책의 최우선 목표로 삼으며 시중에 풀린 통화량을 늘리고 금리를 인하하는 정책을 선호합니다. 코로나19 이후 Fed가 양적완화Quantitative Easing[*] 정책을 펼치면서 시중에 유통되는 통화량을 늘린 정책이 대표적인 비둘기파적 경제정책입니다. 대신 비둘기파적인 경제정책 아래에서는 물가 상승이 따라올 가능성이 큽니다. 시중에 돈이 많이 풀렸다는 것은 곧 화폐의 가치가 낮아진다는 뜻이기 때문입니다. 또한 시중에 도는 돈이 많기 때문에 사람들이 소비를 늘리면서 수요가 늘어납니다. 수요가 늘어난다는 것은 물건을 사려는 사람들이 많다는 뜻이기에, 자연스레 물가도 올라갑니다.

비둘기파의 키워드: 경제 성장, 물가 상승, 기준금리 인하, 경기 회복, 양적완화

현 Fed 의장, 제롬 파월은?

제롬 파월 Fed 의장   [출처: Federal Reserve]

* 양적완화의 의미를 더 자세히 알고 싶다면 14장을 참고하세요!

2018년 취임한 현 Fed 의장, **제롬 파월**Jerome Powell은 비둘기파적인 면모를 많이 보였습니다(일각에서는 제롬 파월을 비둘기파와 매파 사이의 올빼미파라고 평가하기도 합니다.). 파월 의장은 코로나19 위기로 인한 경기침체를 극복하기 위해 비둘기파적인 정책을 펼쳤습니다. 위기 극복을 위해 엄청난 돈을 시중에 풀어 경제를 활성화시킨 것이죠. 덕분에 경제는 다시 빠르게 회복할 수 있었고 주식시장도 호황을 누렸습니다.

경기 회복에 중요한 역할을 했다는 점을 인정받아 파월 의장은 2022년부터 4년간 연임에 성공했습니다. 바이든 대통령이 파월 의장의 연임을 결정했고, 미국 상원 역시 그의 연임을 승인했죠. 제롬 파월 의장은 2025년까지 Fed를 이끌 예정입니다(Fed 의장은 대통령이 지명하고, 미국 상원의 청문회를 통과하면 최종적으로 임명됩니다).

최근 이슈 : 비둘기파에서 매파로 바뀌는 Fed?

앞서 말씀드렸듯 코로나19 이후 2020~2021년까지 Fed는 비둘기파적인 정책을 유지했습니다. 미국은 코로나19 이후 수천 조 원에 달하는 돈을 시중에 풀며 완화적인 통화 정책을 펼쳤죠. 그 결과 경기는 빠르게 회복했지만, 물가 상승 속도 역시 걷잡을 수 없이 빨라졌습니다.

그러자 2021년까지 비둘기파적인 면모를 보여 주었던 제롬

매파와 비둘기파

파월 의장과 Fed도 더는 물가 상승을 두고 볼 수는 없게 되었습니다. 결국 2022년 1월 공개된 FOMC 정기회의 의사록에는 Fed가 앞으로 **예상보다 강력하게 긴축정책을 추진할 것**이라는 내용이 담기기도 했습니다.

여기서 우리는 **비둘기파와 매파가 고정적인 개념은 아니라는 것**을 알 수 있습니다. 경제 상황에 따라 Fed의 경제정책은 비둘기파와 매파를 넘나들 수 있다는 것을 기억해야 합니다. 절대적인 비둘기파와 매파는 존재하지 않는 것이죠.

핵심만 콕콕

- Fed는 미국의 연방준비은행들을 총괄하는 미국의 중앙은행 역할을 하는 경제 기관입니다.
- Fed 산하에 있는 FOMC에서는 연 8회 미국의 기준금리와 각종 통화 정책을 결정하는 회의를 개최합니다.
- Fed를 구성하는 이사 및 위원들은 긴축 통화정책을 지지하는 매파와 완화적인 통화정책을 지지하는 비둘기파로 나눌 수 있습니다.
- 그러나 매파와 비둘기파는 고정된 것이 아니며, 경제 상황에 따라 정책의 방향성이 결정됩니다.

참고 문헌

"About the Fed", 〈Federal Reserve System〉, 2022.03.23 열람.

"[투자용어] 연방준비제도(FED)란?", 〈더밸류뉴스〉, 2017.10.01.

"파월 연임, 향후 정책은…'내년 금리 인상' vs '예상보다 비둘기파적'", 〈연합인포맥스〉, 2021.11.23.

"[인사이트] 104년 역사 '비밀의 사원' Fed…매와 비둘기의 팽팽한 세력 대결", 〈중앙일보〉, 2018.03.08.

12 | 거시경제를 좌우하는
기준금리

기준금리는 말 그대로 통화정책의 '기준'이 되는
금리(이자율)로, 한 나라의 중앙은행이 조정합니다.

경제 뉴스를 읽다 보면 종종 '한국은행이 기준금리를 동결했다' 또는 '기준금리를 인하했다' 같은 표현을 많이 보게 됩니다. 세계 여러 나라 중앙은행들이 코로나19 팬데믹으로 인한 경제 위기에 대응하기 위해 기준금리를 크게 낮췄었는데요. 기준금리를 내리면 왜 경제가 활성화될까요?

기준금리가 뭐지?

기준금리란 말 그대로 **시중의 모든 이자율을 결정하는 데 기준이 되는 금리**입니다. 기준금리가 변하면 대출금리와 예·적금금리 등 우리 실생활과 관련된 모든 이자율도 함께 변하죠. 그러므로 기준금리는 중앙은행이 시중의 금리와 통화량을 조절하기 위한 정책적 수단으로 활용됩니다. 보통 기준금리를 높이면 시중의 모든 이자율이 함께 올라가면서 시중에 풀린 통화량이 줄어들고, 기준금리를 낮추면 모든 이자율이 함께 내려가면서 시중에 풀린 통화량이 늘어나게 됩니다. 통화량이 늘어난다는 것은 곧 시중에 돈이 더 많이 돈다는 이야기이기에, 기준금리가 낮아지면 경기가 활성화되는 효과가 있습니다. 반대로 통화량이 줄어든다는 것은 곧 돈이 적게 돈다는 이야기이기에, 기준금리가 높아지면 경기가 가라앉는 효과가 있죠.

우리나라의 기준금리는 한국은행 산하의 **금융통화위원회**에서 결정합니다. 금융통화위원회(금통위)는 한국은행 총재와 부총재를 포함해 7명의 위원으로 구성됩니다. 금통위에서는 국내외 경제 상황, 물가, 환율 등을 종합적으로 고려해 기준금리를 결정합니다. 미국의 경우 연방준비제도가 중앙은행의 역할을 하며, 연방준비제도 산하의 **연방공개시장위원회**에서 기준금리를 결정하는데요. 연방준비제도가 한국은행의 역할을, 연방공개시장위원회가 금융통화위원회의 역할을 하는 것이죠.

금통위는 매년 8번의 회의를 통해 한 달 반마다 기준금리를 결정합니다. 기준금리는 일반적으로 0.25%p 단위로 조정되죠. 기준금리는 경제에 직접적인 영향을 주기 때문에 조심스럽게 조정됩니다. 하지만 코로나19처럼 강력한 외부의 충격이 발생할 경우 기준금리를 큰 폭으로 조정하기도 합니다. 코로나19 이후 미국 Fed는 위기 대응을 위해 초단기간에 기준금리를 1.5%p 낮추기도 했죠.

기준금리를 낮추면 왜 모든 금리가 함께 내려갈까요?

그런데 기준금리를 낮추면 왜 시중의 모든 금리가 내려가는 걸까요? 한국은행이 기준금리를 낮춘다고 선언하기만 하면 자동적으로 모든 금리가 함께 내려갈까요? 사실 그렇지는 않습니다. 한국은행은 '공개시장운영Open Market Operations'이란 과정을 통해 금융통화위원회가 정한 기준금리를 달성하기 위해 노력하는데요. '공개시장운영'이란 중앙은행이 금융시장과 같이 공개된 시장에 개입해 금리와 통화량을 조절하는 행위를 뜻합니다. 금융통화위원회에서 기준금리의 목표치를 제시하면, 한국은행은 시중의 통화량을 조절해 금리 목표치를 달성하기 위해 노력하는 것이죠. 보통 한국은행은 특정한 금융상품을 금융기관에 팔거나 사는 방식으로 통화량을 조절합니다.

우리나라의 경우 '7일물 환매조건부채권RP, Repurchase Agreement'이라고 불리는 단기 금융상품의 금리를 기준금리에 맞게 조정하는 방식으로 기준금리 시스템을 운용 중인데요. '환매조건부채권'이란 한국은행이 일정 기간 이후 되사주는 것을 조건으로 금융기관에 판매하는 채권으로, '7일물 환매조건부 채권'이란 7일 뒤 한국은행이 정해진 이율로 금융기관으로부터 되사주는 채권을 의미합니다. 7일물 RP는 주로 한국은행이 금융기관에 유동성(돈)을 공급해 주는 수단으로 활용되는데요. 이 채권을 한국은행이 더 싸게 많이 팔면 은행들은 채권을 더 사들이려 할 것이고, 은행들이 이 채권을 사려면 한국은행에 돈을 내야 하기 때문에 은행이 가지고 있는 돈, 즉 시중에 풀린 돈은 줄어들게 됩니다. 반대로 한국은행이 더 비싸게, 많이 사주면 은행들은 채권을 더 팔려고 할 것이고, 한국은행은 채권을 사들인 대가로 은행에게 돈을 줘야 하기 때문에 은행이 가진 돈, 즉 시중에 풀린 돈은 늘어나게 되죠.

그런데 채권의 경우 가격이 높아질수록 금리가 낮아지는 성격을 가지고 있기에, 한국은행이 은행들로부터 채권을 더 비싸게, 많이 사줄수록 금리는 낮아지고, 시중에 풀린 통화량은 늘어나게 됩니다. 만약 **한국은행이 기준금리를 인하하고**

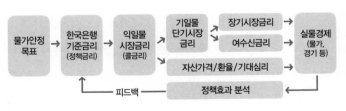

기준금리 조정과 통화정책의 파급경로　　　　　　　　　　　[출처: 한국은행]

　　　　　　　　　　　　　　　한입 경제 상식사전

싶다면, 7일물 RP를 금융기관들로부터 더 비싼 가격으로 더 많이 사들이면 되겠죠. 이런 식으로 한국은행이 통화량을 조절해 7일물 RP금리를 기준금리 목표치에 맞게 조정하면 은행들끼리 초단기로 돈을 빌리는 금리인 '콜금리' 역시 기준금리에 근접한 방향으로 움직이게 됩니다. 그러면 장단기 시장금리와 예금/대출금리까지 기준금리의 움직임을 따라 변화하게 되죠. 조금 어렵죠? 사실 상식선에서라면 기준금리를 운용하는 방법까지 세세하게 알 필요는 없지만, 이렇게 들여다보면 기준금리의 변동이 어떻게 실생활에 쓰이는 금리에까지 영향을 미치는지 조금은 감이 오실 겁니다.

기준금리를 낮추면 왜 경제가 활성화되나요?

2020년 코로나19 바이러스가 창궐하자 한국은행은 기준금리를 1.25%에서 0.5%까지 인하했습니다. 3월에 0.5%p, 5월에 0.25%p의 기준금리 인하를 단행한 것인데요. 미국의 Fed도 팬데믹 선언 이후 기준금리를 1.5%p 낮췄죠. 그렇다면 경기가 힘들 때 중앙은행은 왜 기준금리를 낮추는 걸까요?

바로 **기준금리를 낮추면 경제를 활성화**시킬 수 있기 때문인데요. 기준금리 인하가 경기 활성화로 이어지는 과정을 매우 단순화해서 표현해 보면 다음과 같습니다.

> 기준금리 인하 → 은행들이 자금을 조달하는 비용이 낮아짐 → 은행
> 은 돈을 쉽게 조달할 수 있기 때문에 더 많은 사람들에게 돈을 빌려줄
> 수 있음 → 사람들이 돈을 많이 씀 → 경기 활성화

더 간단히 얘기하자면, **기준금리가 낮아지면 결과적으로 시중에 돈이 많이 풀려 경제가 활성화**되는 것입니다. 돈이 많아지니 가계 소비가 늘어나고, 기업들도 적극적으로 투자를 해 사업을 확장하겠죠. 이렇게 기준금리 인하는 경제를 활성화하는 효과가 있기 때문에, 경기가 침체되었을 때 많은 국가들이 기준금리를 인하합니다. 2020년 초 코로나19 팬데믹의 영향으로 소비 심리가 많이 위축되었는데, 세계 각국 중앙은행들이 기준금리를 낮추면서 대출이 늘고, 소비 심리가 회복되는 모습을 보였죠.

기준금리 인하에 부작용은 없나요?

기준금리 인하가 경기활성화로 이어진다면 기준금리를 계속 인하하면 안 되는 것일까요? 무조건 좋기만 한 경제 정책이 없는 것처럼, 기준금리 인하 정책 역시 몇 가지 문제점을 가지고 있습니다. 그중에서 급격한 기준금리 인하 이후 우리나라가 겪었던 문제점만 짚어 볼까요?

첫 번째 부작용은 **가계 대출 증가**입니다. 시중은행은 기준

금리가 낮으니 자금을 쉽게 확보할 수 있고, 더 많은 사람들에게 낮은 금리로 돈을 빌려줄 수 있습니다. 돈을 빌리기 쉬워지기에 사람들은 대출을 받아 생활비를 대고, 자동차도 사고, 집도 사겠죠. 그래서 기준금리가 오랜 기간 낮은 수준으로 유지되면 가계 부채가 기하급수적으로 늘어나게 됩니다. 실제로 우리나라의 가계 부채는 약 1,800조 원을 넘어서(2023년 1분기 기준), 우리나라 GDP(국내총생산)와 비슷한 금액의 가계 빚이 있는 상황입니다.

두 번째 부작용은 **자산시장 과열**입니다. 기준금리가 낮아지면 은행 금리가 내려가고 빚을 내기 쉬워지기에 은행에서 돈을 빌려 수익률이 높은 부동산이나 주식에 투자하는 사람들이 늘어납니다. 실제로 코로나19 확산 이후 우리나라에서 부동산과 주식의 가격이 크게 오르면서 젊은 층이 대출까지 동원해 부동산과 주식투자에 열을 올리는 이른바 '영끌'* 현상이 발생하기도 했습니다. 기준금리가 낮게 유지된다면 별일이 없겠지만, 이후 기준금리가 인상될 경우 은행 금리가 올라가고 부동산이나 주식의 수익률이 낮아지면서 대출금 상환이 어려워질 수 있습니다. 많은 이들이 빚더미에 앉게 될 위험이 있는 것이죠.

---

* '영혼까지 끌어모은다'의 줄임말로 가능한 돈을 모두 끌어모아 부동산이나 주식에 투자하는 것을 의미합니다.

마지막 부작용은 **인플레이션**입니다. 금리가 낮아지면 소비 심리가 확대되면서 물가가 오르게 됩니다. 일정 수준의 물가 상승은 오히려 경제에 긍정적인 영향을 주지만, 물가가 지나치게 오를 경우 자산이 없는 임금소득자의 생계비 부담이 커질 수 있죠. 인플레이션이 심각해지면 물가를 잡기 위해 기준금리를 다시 인상해야 합니다. 기준금리를 인상하면 경기가 다소 침체되고, 금리가 쌀 때 돈을 빌렸던 사람들의 이자 부담이 늘어납니다. 이처럼 기준금리 인하는 경기침체에 대응할 수 있는 효과적인 정책 수단이지만, 그 한계도 분명합니다.

기준금리를 인상하면 어떻게 되나요?

반대로 **기준금리를 인상**하면 어떻게 될까요? 기준금리를 인상한다는 것은 곧 시중에 풀린 돈을 거둬들인다는 것과 같습니다. 기준금리가 올라가면 이자율이 높아져 대출이 어려워지고, 사람들의 수중에 있는 돈이 줄어듭니다. 이 경우 소비 심리가 약화되고, 물가가 낮아지는데요. **결국 기준금리가 높아지면 경기가 다소 침체**되는 것이죠.

그렇다면 중앙은행은 왜 기준금리를 계속해서 낮게 유지하지 않고, 인상하는 것일까요? 바로 '**물가**'와 '**부채**' 때문입니다. 기준금리가 낮은 채로 유지되면 물가가 계속해서 상승하고, 기업과 가계의 부채가 증가하게 됩니다. 일시적으로는 이런 현상이 괜찮을지 모르지만, 장기간 지속될 경우 경제 전반에 큰 타격을 줄 수 있죠. 그래서 중앙은행은 경기가 안 좋을 때는 기준금리를 낮춰 경기를 활성화시켰다가, 경기가 다시 회복되면 기준금리를 올려 경제를 안정화시키는 것입니다.

기준금리가 마이너스가 될 수도 있다고요?

2008년 금융위기 이후, 기준금리를 마이너스로 정한 국가들이 등장했습니다. 2009년 스웨덴이 최초로 **마이너스 금리**를 도입했으며 이후 2014년 유럽중앙은행, 2016년 일본이 기준금리를 마이너스로 설정했죠. 기준금리를 마이너스로 설정했다는 것은, 중앙은행이 일반은행에 돈을 빌려줄 때 되려 웃돈을 얹어 준다는 뜻인데요. 대신 중앙은행에 돈을 맡겨 두면 보관 수수료를 내야 합니다. 즉 마이너스 금리에는 '**중앙은행이 일반은행들에 돈을 많이 빌려줄 테니, 그만큼 시중에 돈을 풀고 소비를 늘려서 경제를 회복시키자**'는 뜻이 담겨 있습니다. 마이너스 기준금리는 경기 회복에 대한 중앙은행의 강력한 의지를 보여 주지만, 그만큼 예외적이고 극단적인 상황임을 보여 주는 지표이기도 합니다.

핵심만 콕콕

- 기준금리란 통화정책의 기본이 되는 금리로, 시중의 모든 이자율에 영향을 줍니다.
- 기준금리가 낮아지면 경기가 활성화되고, 기준금리가 올라가면 경기가 다소 침체됩니다.
- 각국 중앙은행은 기준금리를 내리거나 올려 경기침체와 경기과열에 대응합니다.

참고 문헌

"통화정책과 금리정책", 〈한국은행〉, 2012.01.31.

"한국은행 기준금리", 〈한국은행〉, 2022.03.23 열람.

"경제를 위한 양날의 검, 기준금리", 〈KDI경제정보센터〉, 2014.09.01.

"(韓銀 금융강좌)③올해 기준금리 향방은", 〈뉴스토마토〉, 2015.01.14.

13 | 많고 많은 금리의 종류

금리에는 다양한 종류가 있고, 각각의 금리는 우리의 경제 생활에 큰 영향을 미칩니다. 다양한 금리, 한 번에 쉽게 알아볼까요?

금리의 종류 A to Z

기준금리: 모든 금리의 뿌리

기준금리**Base Rate**는 각국의 중앙은행이 결정하는, 다른 모든 시중 금리들의 기준 잣대가 되는 금리입니다. 우리나라는 한국은행 산하의 금융통화위원회(금통위)에서 연 8회 회의를 통해 기준금리를 결정합니다. 기준금리는 일반적으로 0.25%p 단위로 조정되는데요. 한국은행이 정하는 기준금리는 7일물 RP(환매조건부증권)의 매매금리로 사용되지만, 실제 금리로 잘 사용되지는 않으며, 다른 금리들의 기준 잣대로서의 의미가 훨씬 큽니다. 금통위가 기준금리를 내리거나 올리면 다른 모든 시중 금리들도 함께 내려가거나 올라갑니다.

콜금리: 은행끼리 돈을 빌릴 때

콜금리Call Rate는 금융기관(은행)들이 서로 거래할 때 적용되는 이자율입니다. 보통 은행들은 서로 신뢰도가 높아 전화 한 통으로도 즉각적으로 돈을 빌려줬기 때문에 '콜call'이라는 이름이 붙었죠. 은행끼리 돈을 빌릴 때는 짧게는 하루, 길어도 한 달 안에 돈을 갚기 때문에 콜금리는 '초단기 금리'라는 특징을 가지고 있습니다. 콜거래의 경우 하루 만에 돈을 갚는 경우가 거의 대부분이기 때문에, 일반적으로 콜금리라고 할 때는 1일물 금리를 가리킵니다. 또 콜금리는 기준금리가 움직이는 방향대로, 거의 즉각적으로 함께 움직이는 경향을 보입니다.

CD금리: 은행이 돈이 필요할 때

CDCertificate of Deposit란 우리말로 '양도성예금증서'를 뜻하는 것으로, 주로 은행이 거액의 자금을 조달할 때 발행하는 증서입니다. CD는 정기예금의 한 형태이지만, 다른 사람에게 양도가 가능한 것이 특징인데요. 은행에 돈을 빌려주고 받은 증서CD는 다른 사람에게 팔 수 있고, 증서를 가진 사람은 만기 때 은행에 증서를 가져가면 액면금액 만큼의 돈을 받을 수 있습니다. 은행이 많은 돈이 필요할 때 사용하는 자금 조달 방법이기에, 개인들보다는 기관들이 매입하는 것이 일반적입니다. 은행들끼리도 돈이 남거나 부족할 경우 서로 CD를 발행해 돈을 빌려주곤 하는데, 은행 간 거래되는 CD는 양도가 불가능하다는 특징이 있습니다.

CD는 만기까지 은행이 예금자에게 줘야 할 **이자만큼을 미리 '할인'해서 발행**되는데요. 은행이 지금 100만 원의 돈이 필요해 6개월 만기의 CD를 발행해 자금을 조달한다고 해보겠습니다. 만약 현재 CD금리가 연 10%(6개월 5%)라면 은행은 예금자에게 "6개월 후 만기일에 이 증서를 들고 오면 105만 원을 돌려주겠다"라는 약속이 적힌 증서CD를 하나 끊어 주고, 예금자로부터 100만 원을 받습니다. 그러면 사실상 연 10%의 이율로 돈을 빌리는 것과 같겠죠? CD의 경우 일반적으로 만기가 90~180일이기 때문에, CD금리는 콜금리와 함께 단기금리로 분류됩니다. CD금리는 한때 주택담보대출(주담대)의 금리를 결정하는 기준으로 쓰여 유명했지만, 요즘은 주담대의 금리 기준으로 코픽스금리가 주로 사용됩니다.

코픽스금리: 은행들이 돈을 빌려오는 평균 금리

코픽스COFIX, Cost of Funds Index 금리는 은행연합회가 **주요 시중 은행들의 자금조달 비용들을 종합해 가중평균을 내 만든**

금리입니다. 은행들도 자금을 조달할 때는 CD를 발행하거나 채권을 발행하는 등 여러 수단을 활용해 다른 곳으로부터 돈을 빌려 오는데, 그때 적용되는 금리들을 각 은행별로 종합해 우리나라 은행들의 평균적인 금리를 계산한 것이 코픽스금리입니다. 코픽스금리는 주택담보대출은 물론 각 은행들의 대출금리 산정에도 좋은 잣대가 됩니다. 단기 코픽스금리는 매주 수요일, 신규 취급액 기준 코픽스금리와 잔액 기준 코픽스금리는 매달 15일 공표됩니다.

CP금리: 기업들이 돈이 필요할 때

CP**Commercial Paper**란 기업들이 **단기간 돈을 빌리기 위해 발행하는 기업어음**을 뜻합니다. '어음'이란 일정 시점까지 돈을 갚겠다고 약속하고 건네주는 증서입니다. 채권과 비슷하지만, 채권보다 만기가 짧고, 발행이 좀 더 쉽다는 점에서 차이가 있죠. 보통 기업들끼리 거래를 할 때는 물품대금을 즉시 지급하지 않고, 일정 기일까지 주겠다고 약속을 한 뒤 어음을 발행해 주는 경우가 많은데요. 이렇게 대금거래에 쓰이는 어음을 '상업어음' 또는 '진성어음'이라고 합니다. 이와 달리 기업이 단순히 돈을 빌리기 위해 발행하는 어음도 있는데, 이 어음을 '기업어음' 또는 '융통어음'이라고 합니다.

그렇다면 CP(기업어음)로 어떻게 자금을 조달하는 걸까요?

먼저 돈이 필요한 기업들은 CP를 발행하고, 은행이나 증권사에 CP를 판매합니다. 그러면 기업들은 CP를 발행한 만큼의 돈을 얻게 됩니다. 은행이나 증권사는 이 CP를 또 다른 투자자들에게 판매해 수익을 올리죠. 은행이 기업의 CP를 매입할 때는 마치 CD를 발행할 때처럼 **이자율만큼 할인을 해서 매입**하는데, **이때 적용되는 할인율이 곧 그 기업의 CP금리**입니다. 만약 어떤 기업의 CP금리가 10%라면, 1,000만 원어치의 자금을 조달하기 위해 1,100만 원어치의 CP를 발행해야 하는 것이죠. 보통 **기업의 신용도가 높을수록 CP금리가 낮습니다.** 잘나가는 회사가 사정이 어려운 회사에 비해 돈을 빌리기 쉽기 때문입니다. 그래서 CP금리는 어떤 기업의 현재 신용도 또는 자금 상황을 알 수 있는 지표이기도 합니다.

여신금리: 은행에서 대출할 때

여신금리는 **개인이 은행에서 돈을 빌릴 때 적용되는 금리**로, 대출금리라고도 합니다. 여신금리는 은행에서 코픽스금리 등을 고려해 정한 '지표금리'에 은행이 수익을 내려고 추가한 '가산금리'가 더해져 결정됩니다. 예를 들어 코픽스금리가 1%이고, 은행이 수익을 내기 위해 2% 정도의 금리를 더 받아야겠다 싶으면 여신금리를 3%로 잡는 것입니다.

수신금리: 은행에 예·적금을 넣을 때

수신금리는 개인이 은행에서 예금, 적금을 들 때 적용되는 금리로 예금금리라고도 부릅니다. 역시 여신금리와 마찬가지로 '지표금리＋가산금리' 구조로 수신금리가 결정됩니다. 중요한 건, 어떤 경우에서든 '여신금리 > 수신금리'라는 것입니다. 은행이 돈을 빌려주고 받는 이자가 당연히 예금을 든 고객에게 지급하는 이자보다 커야 은행이 운영될 수 있겠죠?

예대마진: 여신금리 − 수신금리

고객들로부터 돈을 예치받고, 이 돈을 다시 빌려주면서 수익을 내는 것은 은행의 전통적인 수익 구조 중 하나입니다. 은행 입장에서 여신금리는 돈을 빌려준 대신 고객들로부터 받는 이자이기 때문에 수익에 해당합니다. 반면 수신금리는 돈을 예금한 고객들에게 지급하는 이자에 해당하니 은행 입장에서는 비용이겠죠. 이 두 이자의 차이가 은행이 예금과 대출을 통해 얻는 이익이 됩니다. 이때의 이익률을 우리는 '예대마진율'이라고 부릅니다.

- 기준금리는 모든 금리의 뿌리가 되는 표준적인 금리로, 중앙은행이 결정합니다.
- 은행끼리 돈을 빌리는 금리를 콜금리, 은행들이 자금을 조달하는 금리를 평균 낸 금리가 코픽스금리입니다.
- 여신금리는 개인이 은행에서 돈을 빌리는 금리이고, 수신금리는 개인이 은행에 돈을 맡길 때 적용되는 금리입니다. 이 두 금리의 차이가 예대마진율입니다.

참고
문헌

"기준금리 · 콜금리 따로 움직일 때 한국은행 개입 방법 뭐가 있을까", 〈한국은행〉,
2012.10.22.
"CD금리 상승 원인과 영향", 〈KDI경제정보센터〉, 2009.11.04.
"[금융용어] 코픽스(COFIX)란?…'주택담보대출의 기준금리'", 〈파이낸셜뉴스〉,
2018.12.29.
"[경제기사야 놀~자] 기업어음은 회사채와 뭐가 다른가요?", 〈조선비즈〉, 2012.
11.16.

돈 줄기를 가늘게 하다?
테이퍼링

테이퍼링은 중앙은행이 실시하던 자산매입 규모를 줄여 시중에 풀린 돈을 회수하는 정책입니다.

테이퍼링, 출구전략이라고?

테이퍼링Tapering이라는 단어는 원래 '가늘게 하다'라는 뜻을 가지고 있습니다. 주로 마라톤에서 쓰이던 용어인데, 선수들이 강도 높은 훈련을 소화하다가 대회가 다가오면 컨디션 조절을 위해 훈련 강도를 낮추는 걸 뜻하죠. 지금까지 지속해오던 어떤 행위의 강도를 낮춘다는 의미입니다.

테이퍼링이란 말은 2013년 미국의 중앙은행인 연방준비제도Federal Reserve System 의장이었던 벤 버냉키Ben Bernanke에 의해 처음 경제적으로 사용되었습니다. 테이퍼링은 경기를 부양하기 위해 실시하던 양적완화 정책을 점점 축소하는 것을 뜻하죠. 보통 경제가 어려우면 중앙은행은 시중에 돈을 많이 풀어 경기를 부양합니다. 이를 양적완화Quantitative Easing라고 합니다. 하지만 경기가 회복될 경우 지나친 물가 상승을 방지하기 위해 시중에 풀린 돈을 다시 거둬들여야 하는데, 이 수단 중 하나가 테이퍼링입니다. 기존의 양적완화 정책에서 서서히 빠져나오는 것이기에 '출구전략'이라고 부르기도 합니다.

보다 구체적으로 테이퍼링은 **중앙은행이 매입하는 자산의 규모를 줄여가는 정책**을 뜻합니다. 중앙은행이 경기 활성화를 위해 돈을 푸는 방식에는 크게 두 가지가 있는데요. 기준금리를 낮춰 대출을 용이하게 하는 것과 국채나 금융자산을 사들여 시중에 자금을 공급하는 것이 그것입니다. 이중 테이퍼링은 후자의 규모를 줄여가는 것을 뜻합니다. 경기가 안 좋을 때는 중앙은행이 시중의 모기지 증권이나 회사채를 사들여 돈을 공급하는데, 경기가 회복되면 돈을 거둬들여 '수도꼭지를 잠그는' 테이퍼링에 나서야 하는 것이죠.

테이퍼링은 언제, 왜 실시하는 거지?

테이퍼링 얘기가 나오는 요즘의 경제 상황을 알면 테이퍼링의 배경을 이해할 수 있습니다. 2020년 코로나19의 확산으로 경기가 다소 침체됐습니다. 바이러스라는 예상치 못한 변수가 등장하면서 사람들이 외부 활동을 급격히 줄이기 시작했고, 기업들의 실적도 악화될 것이라는 우려가 커졌죠. 경제 전망이 악화되면서 기업들은 사업에 필요한 돈을 구하기 어려워졌습니다. 그래서 미국 정부와 연방준비제도는 시중에 돈(달러)을 많이 풀어서 경제를 살려야겠다고 다짐합니다. 미국 정부는 국채나 모기지 증권 같은 금융자산들을 사들이고, 그 대가로 현금을 지급하며 시장에 돈을 마구 풀어 버렸죠. 돈이 많이 풀리니 사람들은 소비도 많이 하고, 증시도 활발해지며 경제가 살아나게 됩니다. 이 정책을 양적완화라고 하며, 코로나19 팬데믹 시작 이후 연방준비제도는 오랜 기간 양적완화 기조를 유지해 왔습니다.

그런데 이렇게 돈이 많이 풀리고, 경제가 살아날 조짐을 보이면 더 이상 미국 정부가 양적완화 정책을 유지할 필요가 없겠죠? 돈이 많이 풀리면 물가도 오르고 화폐 가치가 떨어지니 슬슬 시중에 풀린 돈을 다시 회수해야 합니다. 이때 시중에 풀린 돈을 거둬들이며 수도꼭지를 서서히 잠그는 정책이 테이퍼링인 것입니다.

테이퍼링의 효과와 위험

테이퍼링을 실시하면 시중에 풀리는 돈의 양이 점점 줄어듭니다. 미국이 테이퍼링을 실시하게 되면 시중에 풀린 달러가 줄어들기에, 달러 가치도 오르죠. 한편 테이퍼링을 실시한다는 소식은 경제가 회복되는 중이라는 신호이기도 합니다. 경기가 회복되고 있으니 억지로 돈을 풀어 경제를 살리지 않아도 되는 것이죠.

경제가 안정화되는 신호이기도 한 테이퍼링은 위험한 측면도 가지고 있습니다. 역시 미국을 예시로 생각해 보겠습니다. 미국이 테이퍼링을 실시하면 세계 각국에 풀린 달러의 양도 점점 줄어듭니다. 달러가 부족해지면 신흥국에 달러를 가져와 투자를 한 미국 투자자들도 다시 달러를 챙겨 미국으로 돌아가겠죠. 그러면 신흥국들의 경제가 흔들리게 되며, 신흥국의 혼란스러운 경제가 다시 다른 나라들에게 영향을 주게 됩니다. 여기에 더해 시중에 풀린 돈의 양이 줄어드니 주식시장에서도 돈이 빠져나가 주가가 하락하는 경향을 보입니다. 결국 주식시장의 변동성이 심해지게 되는 것이죠. 많은 투자자들이 테이퍼링을 주목하는 것도 이러한 이유 때문입니다.

핵심만 콕콕

- 테이퍼링이란 중앙은행이 경기부양을 위해 실시하던 자산매입 프로그램의 규모를 축소하는 것입니다.
- 테이퍼링을 실시하게 되면 시중에 풀리게 되는 돈의 양이 줄어들기 때문에 화폐 가치와 금리가 올라갈 수 있습니다.
- 따라서 테이퍼링을 실시하면 주가가 떨어지거나 신흥국 경제가 타격을 입기도 합니다.

참고
문헌

"[이번 주 경제 용어] 테이퍼링", 〈중앙일보〉, 2014.03.05.
"테이퍼링, 미국경제 회복 신호로 봐도 되는가?", 〈KDI경제정보센터〉, 2014.03.28.

15 | 미국은 어떻게 코로나19 위기에 대응했을까?

미국의 중앙은행 격인 연방준비제도**Fed**는 2021년 11월부터 테이퍼링에 돌입했습니다. 테이퍼링이란 앞서 설명했듯 중앙은행이 경기부양을 위해 실시했던 자산매입을 점점 줄여 가는 것을 뜻합니다.

테이퍼링이 시작된다는 것은 곧 중앙은행이 코로나19 대응을 위해 시중에 풀었던 돈을 회수하기 시작한다는 것을 의미하죠. 최근 들어 경기회복이 가시화되고 있고, 그에 따라 물가도 빠르게 상승하면서 Fed가 본격적으로 '출구전략'에 나서고 있는 것입니다.

이번 장에서는 코로나19 확산 이후 Fed의 대응을 짚어 보면서 테이퍼링이란 무엇인지, 테이퍼링이 시작되면 무엇이 달라질지 조금 더 자세히 알아보도록 하겠습니다.

코로나19 초기 위기에 빠진 기업들

테이퍼링을 완벽히 이해하려면 코로나19가 막 확산하기 시작한 2020년 3월로 돌아가 봐야 합니다. 2020년 1월 코로나가 창궐하고 2~3월 급격히 확산하면서 세계 경제가 크게 움츠러들었습니다. 사람들의 이동과 소비가 제한되면서 기업들의 예상 실적이 급속도로 악화되기 시작했죠. 미국과 중국의 성장률도 크게 꺾일 것으로 전망되면서 원유를 포함한 원자재 가격도 폭락했습니다. 팬데믹 선언 이전 배럴당 50달러를 호가하던 원유가 당시에는 20달러 수준까지 떨어졌었죠.

상황이 이렇다 보니 기업들은 가지고 있는 현금이 바닥나기 시작했습니다. 소비 시장이 얼어붙으면서 기업들의 매출이 급감했는데, 일례로 세계 여행시장이 큰 타격을 입으면서 여행기업들은 당장의 임금도 주기 어려운 상황이 되어 버렸습니다. 이렇게 경제 전반의 위기감이 커지고 기업들의 매출이 급감하면서 기업들은 어디에선가 돈을 빌려 와야 했죠. 당장 임금도 줘야 하고, 빌린 돈에 대한 이자도 지급해야 하고, 밀린 거래대금도 결제해 줘야 하기 때문입니다.

치솟은 채권금리

기업들은 돈이 부족해지니 돈을 빌려 와야 했습니다. 그런데 너도나도 어려운 상황이다 보니 은행이나 투자자들이 돈을 잘 빌려주지 않았습니다. 코로나19 팬데믹 이전까지는 전 세계적으로 워낙 금리가 낮다 보니 기업들은 이곳저곳에서 많은 돈을 빌려 사업을 확장했습니다. 하지만 코로나19로 모든 기업이 한꺼번에 어려워지자, 돈을 빌릴 곳이 부족해졌고 사업을 유지하기 어려워졌습니다. 어렵게 말하면 '채권금리가 상승해 자금 조달이 어려워진 것'이죠.

기업들은 다양한 창구로 자금을 조달하는데, 그중 대표적인 방법이 채권을 발행하는 것입니다. 기업들은 몇 년 후 원금과 함께 얼마간의 이자를 지급하겠다는 약속을 하고(=채권을 발행하고), 금융기관이나 다른 투자자들로부터 돈을 빌립니다. 그런데 코로나 직후 너도나도 돈이 필요해지면서, 기업들이 돈을 빌릴 때(=채권을 발행할 때) 지급해야 하는 이자율(=채권금리)도 크게 올라갔죠. 빌릴 사람은 많은데, 빌려줄 사람은 적었기 때문입니다.

기업이 시중에서 돈을 빌리는 이자율(=채권금리)과 국채금리 간의 차이를 '스프레드'라고 합니다. 안전자산인 국채 이자율이 1%이고, 기업이 돈을 빌리는 회사채 이자율이 1.5%라면 회사채 스프레드는 0.5%가 됩니다. 회사채 스프레드가 커진다는 것은 기업이 돈을 빌리기 위해 더 많은 이자를 내야 한다

3월 팬데믹 선언 후 급등한 미국의 AA등급 회사채-국채 스프레드　　　[출처: FRED]

는 뜻인데요. 2020년 2월 0.2%였던 미국의 회사채(AA등급) 스프레드는 3월 팬데믹 선언 이후 2%까지 치솟았습니다. 거의 10배 가까이 커진 것이죠.

되살아났던 2008년의 공포

기업들은 돈을 구하기 어려워졌고, 기업들이 돈을 갚지 못해 연쇄적으로 부도날 수 있다는 우려가 커졌습니다. 이 당시 기업들의 주가도 크게 떨어졌죠. 나스닥 지수와 코스피 지수 모두 30% 가까이 급락했습니다. 경제 전반에 충격이 발생해 기업들이 금융기관에서 돈을 빌릴 수 없게 되는 상황을 '신용경색'이라고 하는데요. 우리 몸으로 치자면 혈액(현금)이 돌지 않는 것과 유사한 것이죠.

신용경색이 찾아오면 기업들이 줄줄이 무너질 수 있는 데다, 일단 한번 기업들이 부도나기 시작하면 손을 쓰기가 어려워집니다. 미국은 2008년 금융위기를 겪으면서 은행업계가 비슷한 상황을 경험했죠. 코로나19로 기업들의 주가가 바닥을 치고, 기업들은 어려움을 호소하면서 결국 미국의 중앙은행 격인 **연방준비제도**Fed가 나서기 시작했습니다. '슈퍼히어로' 처럼 말이죠.

돈을 풀어 기업들을 살려준 Fed

Fed는 어떻게 위기에 빠진 기업들을 살릴 수 있었을까요? 일단 기업들에게 가장 필요한 것은 '돈'이었습니다. 중앙은행인 Fed가 할 수 있는 것은 기업의 혈액과도 같은 돈을 급하게 수혈해 주는 것이죠. 보통 위기가 오면 은행은 돈을 갚을 능력이 의심되는 기업에 돈을 빌려주지 않습니다. 돌려받지 못할 위험이 크니까요. 그래서 Fed는 중앙은행만이 할 수 있는 여러 수단들을 동원해서 기업들에게 돈을 뿌려 주기 시작했습니다. '긴급수혈'의 시작이죠.

기준금리 인하

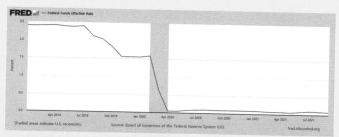

2020년 3월 기준금리를 큰 폭으로 인하한 미국 Fed

[출처: FRED]

먼저 Fed는 기준금리를 크게 낮춰 시중에 돈이 더 잘 돌 수 있도록 했습니다. 기준금리란 모든 시중 이자율의 기준이 되는 금리로, 각국 중앙은행이 정기 위원회를 통해 결정하는데요. 개인이 은행에서 돈을 빌릴 때의 이자율과 기업이 금융기관에서 돈을 빌릴 때의 이자율 모두 기준금리의 영향을 받게 됩니다.

기준금리가 내려가면 기업들이 돈을 빌리는 이자율도 어느 정도 내려가기 때문에 기업들은 돈을 빌릴 수 있게 되죠. 미국 Fed는 2019년 말부터 미·중 무역전쟁으로 인한 경기침체를 극복하기 위해 금리를 계속 내려 돈을 풀어 왔습니다. 코로나19 확산이 본격화된 3월 Fed는 수차례 금리를 큰 폭으로 인하하면서 1.75%에 달하던 기준금리가 0~0.25% 수준까지 떨어졌습니다.

자산매입 프로그램

이와 함께 Fed는 '자산매입 프로그램'을 시작했습니다. 자

돈을 풀어 국채와 공채를 사들인 미국 연준Fed　　　[출처: Federal Reserve]

　　　　　　　　　　　　　　한입 경제 상식사전

산매입이란 중앙은행이 돈을 찍어 국채나 공기업의 장기채권을 매입하는 것을 의미합니다. 중앙은행이 결과적으로 원하는 것은 투자자들이 기업들의 단기 회사채를 사주는 것입니다. 쉽게 말해 투자자들이 당장 회사에 돈을 빌려주는 것이죠. 하지만 투자자들은 코로나19로 위험한 회사채 매입을 기피했고, 단기 회사채 금리가 크게 올랐습니다. 그래서 중앙은행은 이 금리를 떨어뜨리기 위해 장기국채와 모기지 증권을 사들이기 시작한 것이죠.

채권은 가격이 올라가면 금리가 내려가는 성격을 가지고 있는데,[*] Fed가 장기국채를 사들이면 시중에 장기국채 공급이 줄어들고, 가격이 올라가게 됩니다. 장기국채의 가격이 오르면 장기국채금리가 내려가는데요. 금리가 내려간다는 말은 곧 국채에 투자했을 때 수익률이 줄어든다는 말과 같습니다. 돈을 빌려줘도 이자를 조금밖에 못 받는 것이죠.

그러면 투자자들은 수익이 안 나는 장기국채 대신, 조금 위험하더라도 수익률이 더 높은(=금리가 더 높은) 회사채[**]를 사들이기 시작합니다. 회사채를 사들인다는 것은 곧 회사에 돈을 빌려준다는 것이기에, 기업들은 자금을 확보할 수 있게 되는 것이죠. Fed는 3월 23일 '무제한 양적완화'를 선언하며

[*] 채권가격과 이자율의 관계는 채권을 다룬 8장을 참고하세요!
[**] 회사가 발행하는 채권을 회사채, 국가가 발행하는 채권을 국채라고 부릅니다.

2020년 3~4월에만 무려 3,000조 원에 달하는 채권을 사들였습니다. 심지어 Fed는 아예 회사채를 직접 사주기도 했습니다. 아주 단순하게 말하면 돈을 찍어서 회사에 직접 대출을 해 준 셈이죠.

'테이퍼링 각'을 재는 Fed

Fed는 이후에도 매달 1,200억 달러(국채 800억 달러 + 모기지 증권 400억 달러), 우리 돈으로 130조 원이 넘는 자금으로 채권을 매입하면서 시중에 돈을 공급했습니다. 이 덕에 기업들의 '혈액'과도 같은 돈이 돌면서 기업들의 숨통이 트였고, 경제도 빠르게 회복될 수 있었죠. 얼마 안 돼 주가도, GDP도 코로나19 이전 상태를 회복했습니다. 그런데 문제가 있습니다. 이런 자산매입을 통한 경기부양이 계속될 수 없다는 것이죠.

금리인하와 자산매입 모두 시중에 돈이 더 많이 돌게 하는 정책입니다. 극심한 위기 때는 모두들 돈이 부족하니, 돈을 찍어서 나눠 줘도 경제 전반에 큰 문제가 없습니다. 하지만 회복기에는 이야기가 다릅니다. 경기가 회복하면서 시중에 돈이 너무 많이 풀려 있다면 물가가 크게 오릅니다.

실제로 최근 경제가 정상화되면서 세계적으로 물가가 크게 오르고 있습니다. 물가가 지나치게 오르면 소비가 위축될 수 있는데요. 물건 가격은 빨리 오르지만, 임금은 쉽게 오르지 않기 때문에 소비가 줄고, 소비가 줄면 다시 경제가 수축할 수 있습니다. 그래서 Fed는 자산매입 규모를 조금씩 줄여 가면서(테이퍼링) 물가가 오르는 것을 막아야만 하죠.

하지만 말처럼 쉬운 일은 아닙니다. 너무 일찍 줄이면 회복이 덜 된 경제에 쇼크가 올 수도 있고, 너무 늦게 줄이면 인플레이션을 잡기 어려워집니다. 이렇게 **경기부양책을 차츰 줄여가는 것을 '출구전략'**이라고 하는데, 출구전략의 타이밍을 잘 잡는 것이 Fed의 최대 임무 중 하나입니다.

"이제 진짜 줄인다!"

그동안 Fed는 자산매입 축소(테이퍼링) 시기를 저울질해 왔습니다. 제롬 파월**Jerome Powell Fed** 의장이 조금씩 테이퍼링 가능성을 타진하면서 시장의 반응을 확인했죠. 자산매입을 일시에 중단하면 시장에 큰 충격이 가해질 수 있기 때문인데요. 과거 2013년, 벤 버냉키**Ben Bernanke** 전 Fed 의장이 자산매입 속도를 줄일 수 있다는 발언을 했다가 증시가 큰 혼란에 빠진 적이 있었습니다. 이른바 긴축 발작(테이퍼 탠트럼) 현상이 나타난 건데요. 테이퍼 탠트럼은 원래 큰 경기를 앞둔 운동선수가 겪는 심리적 불안을 의미하는데, 경제학에선 투자자가 급격하게 자금을 회수하면서 시장에 유동성이 부동해지고 신흥국을 중심으로 금융 불안이 발생하는 현상을 의미하죠. 결국 Fed는

2021년 11월부터 본격적인 테이퍼링을 시작했습니다. 원래 매달 국채를 800억 달러, 모기지 증권을 400억 달러씩 매입해 왔는데, 여섯 달에 걸쳐 국채는 매달 100억 달러, 모기지 증권은 50억 달러씩 덜 사들이기로 한 거죠.

하지만 테이퍼링에도 인플레이션 압박이 거세지자 Fed는 2023년 1월부터 테이퍼링 속도를 2배로 올렸습니다. 2월부터 5월까지 국채 매입은 200억 달러, 모기지 증권 매입은 100억 달러씩 줄이기로 했는데요. 이어 6월부터는 자산매입 규모를 줄이는 테이퍼링에서 한발 더 나아가, 자산을 매각해 보유 자산을 줄이는 양적 긴축에 들어갔습니다. 중앙은행이 보유한 금융자산을 매각하는 것을 대차대조표 축소 정책, 다른 말로 양적 긴축이라고 합니다. 만기가 도래한 채권을 상환해 정산하거나 보유한 채권을 파는 것이 대표적인 양적 긴축 방식이죠. 쉽게 말해, 중앙은행이 자산을 팔아 시중에 풀린 돈을 흡수하는 건데요. Fed의 양적 긴축에 2022년 초 9조 달러에 육박했던 연준의 자산 규모는 2023년 8월 7조 5,700만 달러 수준으로 떨어졌습니다. 이처럼 강력한 긴축에도 불구하고 긴축 발작은 심각하지 않은 분위기입니다. 미국 내수가 크게 줄어들지 않는 등 경기 연착륙에 대한 기대가 커졌죠. 연준은 오는 2025년 중반까지 대차대조표상 자산 규모를 6조 달러까지 줄인다는 방침인데요. 여기에 미국 재무부가 재정적 어려움을 해결하기 위해 대규모 국채 발행까지 계획하고 있어 국채 가격 하락으로 인한 금리 인상 효과가 더욱 커질 전망입니다.

**핵심만
콕콕**

- 코로나19 팬데믹으로 기업들에게 위기가 찾아오자, 미국을 비롯한 세계 각국의 중앙은행은 막대한 돈을 풀어 이들을 도와주었습니다.
- 하지만 이후 경제회복이 빠르게 이뤄지며 물가가 상승하기 시작하자, 미국 Fed는 시중에 풀린 돈을 거둬들이는 정책에 나섭니다.
- Fed는 기준금리를 올리고, 자산매입액을 줄이며, 매입한 자산을 매각하는 방식으로 시중에 풀린 돈을 거둬들이고 있습니다.

**참고
문헌** "美 FRB, 무제한 양적완화 선언…"전례없는 조치"", 〈조선비즈〉, 2020.03.23.
""출구전략 가동하나…" 미 연준, 주택저당증권 매입 축소 논의 시작", 〈한겨레신문〉, 2021.06.29.

16 | 2008 금융위기

    2008 금융위기, 서브프라임 모기지**Subprime Mortgage** 사태, 리먼 브라더스**Lehman Brothers** 사태까지 어디선가 한 번쯤 들어 봤을 법한 단어들인데요. 각각 다른 사건 같아 보이지만, 사실상 모두 뿌리가 같은 사건들입니다. **서브프라임 모기지란 신용등급이 낮은 사람들에게 빌려준 주택 담보 대출을 뜻하는데요.** 2008년 미국의 집값이 하락세에 접어들면서 서브프라임 모기지의 부도율이 높아지기 시작했고, 이는 결국 미국의 대표적인 투자은행이었던 리먼 브라더스의 파산으로 이어지게 됩니다. 미국 부동산 시장의 붕괴와 함께 시작된 금융위기는 미국뿐만 아니라 전 세계 경제를 위기로 몰아넣었습니다. 2008 금융위기가 어떻게 시작되었는지 또 어떤 결과를 낳았는지 살펴보겠습니다.

부동산 거품의 형성

위기의 시작은 '부동산'이었습니다. 이전까지 미국 정부는 부동산 경기를 부양해 경제를 활성화시키고자 했는데요. **부동산 시장이 활성화**되면 건설 경기가 좋아지고 고용이 늘어나게 됩니다. 또 부동산 가격이 올라가면서 집이나 건물을 가진 사람들의 자산 규모가 커지고, 자연스럽게 소비도 늘게 되죠. 미국 정부는 이렇게 부동산 경기 부양을 통해 가계 자산을 늘리고, 이를 통해 중산층의 폭을 늘리고자 했습니다. 실제로 미국 정부의 부양책에 힘입어 금융위기 이전까지 미국 내 부동산 가격은 계속해서 상승세를 보였죠.

부동산 가격이 크게 오르며 부동산 시장에 '거품'이 끼었다는 평가가 나오자, 당시 미국 중앙은행 Fed의 의장이었던 앨런 그린스펀**Alan Greenspan**은 기준금리를 올리며 대응했습니다. 일반적으로 **기준금리가 올라가면** 시중에 풀린 돈의 양이 줄어 **자산가격에 낀 거품이 빠지게 되는데**, Fed는 2004년 6월부터 2006년 6월까지 기준금리를 총 4.25%p 인상했습니다. 1% 수준이었던 기준금리가 5.25%까지 높아진 것이죠. 하지만 이상하게도 시장금리는 움직이지 않았습니다. 보통 중앙은행이 기준금리를 올리면 채권금리나 대출금리 같은 시장금리도 같이 오르기 마련인데, 이상하게도 시장금리는 꿈쩍도 하지 않는 것이었죠. 그린스펀 의장은 이런 현상이 마치 '수수께끼' 같다고 평가했고, 사람들은 이를 '그린스펀의 수수께끼Greenspan's Conundrum'라고 부르기 시작했습니다.

기준금리를 높였는데도 불구하고 여전히 대출이자는 저렴했기에, 사람들은 계속해서 대출을 받아 집을 샀고, 결국 부동산 가격은 천정부지로 치솟고 말았습니다. '그린스펀의 수수께끼'에 숨겨진 비밀은 이후에 알려졌는데, 바로 중국과 일본 등 아시아 국가의 미국 국채 매수가 그 원인 중 하나였습니다. 미국 Fed가 기준금리를 올려도, 이들 국가가 미국 국채를 대거 매입하면서 오히려 금리가 내려간 것이죠.[*] 결국 부동산 시장의 거품을 제거하기 위한 미국 Fed의 노력은 물거품으로 돌아가고 말았습니다.

거품을 키운 월가Wall Street

부동산 가격이 계속 오르자 은행들은 부동산을 담보로 저신용자들에게 많은 돈을 대출해 줬습니다. 이렇게 신용등급이 낮은 사람들에게 해준 주택 담보 대출을 '서브프라임 모기지(비우량 주택담보대출)'라고 합니다. 미국의 주택 담보 대출은 신용 등급에 따라 프라임, 알트 에이, 서브프라임으로 나뉘는데,

---

[*] 중국 정부가 미국 국채를 매입했는데, 왜 금리가 내려가는 걸까요? 앞서 8장에서 설명했듯, 채권가격과 금리는 반대로 움직이기 때문입니다. 중국 정부가 미국 국채를 계속 매입하니, 채권가격이 오르고 반대로 금리는 내려간 것이죠. 보통 기준금리를 올리면 단기금리와 장기금리가 함께 올라가는데, 중국이 미국의 장기국채를 대거 매입하면서 장기금리는 꿈쩍도 하지 않은 것입니다.

이 중 가장 등급이 낮은 것이 서브프라임 모기지입니다. 저신용자들은 서브프라임 모기지를 통해 돈을 빌려 집을 사기 시작했죠. 그렇다면 은행들은 왜 저신용자에게 돈을 대출해 줬을까요? 이유는 **담보로 잡은 부동산 가격이 떨어질 것이라고 아무도 예상하지 못했기 때문**입니다. 이미 십여 년에 걸쳐 부동산 가격이 계속 올랐기에, 앞으로도 담보로 잡은 부동산 가격이 오를 것이라고 생각한 것이죠.

사람들에게 부동산 담보 대출(모기지)을 해준 은행들은 더 큰돈을 벌고 싶어 했습니다. 그래서 이 모기지 채권을 만기 때까지 가지고 있지 않고, 새로운 증권으로 만들어 시중에 팔아 돈을 챙겼는데요. 이렇게 모기지 채권을 기초자산으로 하는 증권을 **주택저당증권MBS, Mortgage-Backed Securities**이라고 합니다. 주택 가격이 계속 오르는 한 모기지 대출은 항상 회수가 가능하기에 은행들은 수많은 MBS를 만들어 팔아 현금을 확보했죠.

게다가 **금융공학의 발전** 역시 위기의 발발에 한몫을 했는데, 당시 수학과 통계학을 활용해 하나의 금융상품으로 무수히 많은 금융상품을 만들어 내는 금융공학이 큰 인기를 끌었습니다. 모기지라는 기초 상품 하나로 여러 개의 금융상품을 만들어 팔면 훨씬 더 많은 돈을 벌 수 있으니 금융업계는 이를 적극적으로 활용했죠. 금융계에선 금융공학을 이용하면 아무리 위험한 상품도 리스크를 잘 헤지hedge(방어)할 수 있다고 믿었습니다. 당시 미국 월가Wall Street 금융회사들은 여러 개의 서브프라임 모기지를 모아서 하나의 증권으로 만든 **부채담보부증권CDO, Collateralized Debt Organization**이라는 금융상품을 많이 판매했습니다. 엄청나게 많은 모기지를 모아 뒀으니 한두 명이 돈을 못 갚아도 상품 자체의 위험은 그리 크지 않다는 논리이죠. 친구 1,000명에게 돈을 빌려주고 이자를 받기로 한다면 한두 명은 돈을 갚지 못해도 빌려준 사람이 그리 큰 손해를 보지 않는 것과 비슷합니다.

여기서 금융회사들은 더 나아가 **신용파산스왑CDS, Credit Default Swaps**이라는 금융상품까지 만들어 냅니다. CDS는 쉽게 말해 CDO의 부도위험에 대한 보험상품입니다. CDO에 투자한 투자자가 CDS를 같이 사면, CDO가 부도날 경우 CDS를 판 기관에서 원금을 보장받을 수 있는 것이죠. 리먼 브라더스를 포함한 미국의 많은 투자은행들은 CDO를, 미국 내 수많은 보험사들은 CDO에 대한 보험상품인 CDS를 팔며 큰 수익을 올렸습니다. 그 당시에는 집값이 계속해서 오르고 있었기에, 아무도 CDO가 부도날 것이라고 생각하지 않았죠. 이렇게 금융회사들이 서브프라임 모기지를 기초상품으로 수많은 금융상품을 만들어 내면서, **집값이 떨어지면 금융회사들이 다 같이 연대책임을 지고 망하는 구조**가 만들어졌습니다. 집값이 떨어지면 CDO가 부도나면서 CDO를 자산으로 보유한 사람들이 막대한 손실을 보게 되고, CDS를 판 보험회사들은 이 손실을 전부 보상해 줘야 하기 때문이죠. 하지만 당시에는 아무도 집값이 떨어질 것이라고 생각하지 않았습니다.

부동산 가격 하락, 위기의 시작

그러던 2006년 위기의 조짐이 보이기 시작합니다. 2006년부터 미국에서는 주택 보급률이 높아지면서 부동산 공급과잉이 발생했고, 결국 부동산 가격이 정점을 찍고 하락하기 시작한 것이죠. 앞서 금융기관들은 저신용자들에게도 부동산을 담보로 많은 돈을 빌려줬다고 했습니다. 부동산 가격이 계속 오르면 이들이 돈을 갚지 못해도 부동산을 팔아 메꾸면 되지만,

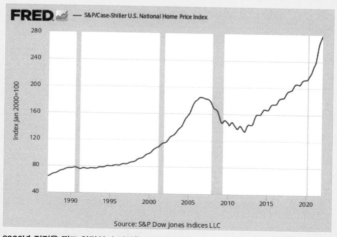

2006년 정점을 찍고 하락하기 시작한 미국의 집값   [출처: FRED]

부동산 가격이 떨어지면 대출을 해 준 은행은 오히려 손해를 보게 됩니다. 대출을 받아 부동산에 투자했던 사람들은 돈을 갚지 않고 헐값이 된 부동산 담보를 은행에 넘겼고, 결국 모든 손실은 은행과 모기지 회사에 몰리게 되었습니다.

손해를 본 것은 은행만이 아니었습니다. 모기지 증권을 모아 수많은 금융상품을 만들어 매매했던 금융회사들 역시 이들 상품의 **연쇄적인 부도위험이 커지면서 막대한 손실**을 떠안게 되었습니다. 부동산 거품이 붕괴하고 기초자산이었던 모기지의 부도율이 높아지면서, 금융회사들이 만들었던 수많은 금융상품 역시 휴지조각이 되어 버렸기 때문이죠. 물론 금융회사는 정교한 수학과 통계학으로 상품을 설계했지만, 미국 전역의 집값이 폭락해 모기지가 줄줄이 부도나는 상황은 예상치 못했습니다. 금융회사들은 물론, 이런 금융상품에 대한 보험상품을 팔았던 미국의 주요 보험회사들도 부도 위험을 맞았습니다. 은행과 보험사들이 연쇄적으로 부도날 경우 미국 경제가 송두리째 흔들릴 수 있기에, 미국 정부와 Fed는 이들에 대한 긴급 구제금융에 나섰습니다.

2007년부터 미국의 유명 투자은행이었던 **베어스턴스**가 자금난에 빠지면서 미국 당국의 구제금융을 받았고, 이후 2008년 9월에는 미국 4위의 투자은행이었던 **리먼 브라더스**가 파산합니다. 뿐만 아니라 엄청난 양의 CDS를 팔았던 세계적인 보

한입 경제 상식사전

험사 AIG 역시 자금난에 빠졌습니다. 금융사들이 파산하면 금융시장은 물론 실물 경제에도 큰 충격이 가해지기에, 미국 당국은 수천 조 원에 달하는 돈을 지원해 이들을 구제해 주었습니다. 구제금융으로 급한 불은 껐지만, 충격은 쉽게 가라앉지 않았습니다. 이 당시 시장에 돈이 돌지 않으면서 많은 기업들이 부도 위기를 맞았고, 미국을 비롯해 우리나라와 일본 등 주요 국가들의 주가지수는 반 토막이 났죠. 대규모 경기침체가 예상되면서 경제성장률 전망도 크게 낮아졌습니다.

2008 금융위기, 대응과 영향

서브프라임 모기지 사태로 은행을 비롯한 금융회사들이 엄청난 손실을 보게 되면서, 시중에는 돈이 잘 돌지 않았습니다. 엄청난 적자를 보고 있는 금융기관들이 기업들에게 쉽사리 돈을 빌려줄 수 없겠죠. 이렇게 기업들이 돈을 구하기 어려워지면서 미국 경제의 '대침체'가 예상되자, 당시 미국 Fed 의장이었던 벤 버냉키Ben Bernanke는 파격적인 정책수단을 꺼내 들었습니다. 바로 그 유명한 '양적완화Quantitative Easing'인데요. 중앙은행이 직접 돈을 찍어 은행들에게 자금을 지원해 준 것입니다. 보통 중앙은행은 경기가 침체되면 기준금리를 인하해 시중에 돈을 공급하는데, 이를 넘어 돈을 찍어서 뿌린다는 것은 사실상 금기시되는 행위였습니다. 하지만 당시 기준금리를

0%대까지 내렸는데도 시중에 자금이 돌지 않자, 금기를 깨고 막대한 양의 돈을 찍어 공급하기 시작한 것이죠.

부동산 가격 하락으로 은행들은 서브프라임 모기지를 비롯한 각종 부실채권을 떠안고 있었고, 이에 쉽게 대출에 나서지 못했습니다. 그러자 Fed는 돈을 찍어 이런 부실 채권들을 사주며 은행들의 부담을 덜어 줬습니다. 버냉키 Fed 의장은 2009년부터 2014년까지 **약 5,000조 원에 달하는 돈을 찍어 시중에 공급**했고, 결국 미국은 서브프라임 모기지 사태로 시작됐던 금융위기를 어느 정도 극복할 수 있었습니다. 이런 양적완화 정책은 이후 2020년 코로나19 팬데믹 때도 유용하게 사용되었죠.

2008년 금융위기는 미국만의 위기가 아닌, 전 세계적인 위기를 초래했고, 특히 유럽이 큰 타격을 입었습니다. **유럽의 금융권**은 미국의 월가와 매우 밀접한 관계를 맺고 있었는데요. 영국을 비롯한 유럽계 금융사들도 서브프라임 모기지 사태 이전에 미국의 금융사들이 모기지를 바탕으로 만든 수많은 금융상품들을 매입했고, 이후 금융위기 때 막대한 손실을 봤죠. 뿐만 아니라, 2008 금융위기로 전 세계 경제가 침체되자, 유럽 국가들의 정부는 나랏돈으로 경기를 부양하고자 했는데요. 이로인해 이탈리아와 그리스, 스페인 등 **유럽 국가들의 재정적자가 심각한 수준**으로 불어났습니다. 유럽 국가들은 서로가 서로에게 돈을 빌려주는 관계이기에, 한 나라가 적자를 이기지 못하고 부도를 선언할 경우 유럽 전체가 큰 충격에 빠질 수밖에 없었습니다. 결국 그리스가 국가부도에 빠지면서 유럽 선진국들이 연쇄 부도 위기를 맞게 됩니다. 특히 부채비율이 높았던 이탈리아나 스페인까지 부도가 날 수 있다는 우려가 커졌죠. 이 당시 유럽 국가들의 연쇄 부도 위기를 일컬어 **2010년 유럽 재정위기**라고 표현하기도 합니다.

이렇듯 미국 부동산 시장의 거품이 붕괴되며 시작된 2008년 금융위기는 전 세계적인 경기침체를 몰고 왔습니다. 미국과 긴밀한 관계를 맺고 있던 유럽 국가들은 물론, 미국 자본이 대거 진출해 있던 신흥국들까지 엄청난 타격을 입었는데요. 금융위기가 발생하면서 미국 자본이 신흥국 시장에서 대거 철수했고, 신흥국들은 투자금이 썰물처럼 빠져나가면서 급격한 경기침체를 겪게 됐죠. 2008년 금융위기는 사실상 미국이 자국 금융시장의 부채 관리에 실패하면서, 그 충격이 전 세계로 확산된 사건이라고 할 수 있습니다. 우리나라도 금융위기를 기점으로 취업난이 심해지고, 부동산 경기가 침체되는 등 큰 피해를 입었습니다. 또 2008년 금융위기 당시 미국은 위기 극복을 위해 엄청난 달러를 찍어 냈고, 이로 인해 달러화의 가치가 하락하면서 강고하던 미국의 패권도 조금씩 흔들리기 시작했습니다. 이는 중국이 미국의 패권을 넘보는 하나의 계기가 되기도 했습니다.

핵심만 콕콕

- 2008 금융위기는 미국 부동산 시장 거품의 붕괴로 시작된 전 세계적인 경제위기입니다.
- 금융위기 극복을 위해 미국의 중앙은행 Fed는 막대한 양의 돈을 찍어 시중에 공급했습니다.
- 2008 금융위기의 영향으로 2010 유럽 재정위기가 촉발되는 등 충격이 전 세계로 확산되었습니다.

참고 문헌

애덤 투즈, 『붕괴—금융위기 10년, 세계는 어떻게 바뀌었는가』, 우진하 옮김, 아카넷, 2021.

최혁, 『2008 글로벌 금융위기』, k-books, 2009.

한입 경제 상식사전

PART 2

주식
&
금융

2020년 코로나19 팬데믹의 시작과 함께 주식시장에 대한 관심이 높아졌습니다. 코로나19의 확산으로 크게 떨어졌던 주가가 경기 회복과 함께 빠르게 반등하면서, 주식 거래를 시작한 개인투자자들도 급격히 늘었는데요. '주식&금융' 파트에서는 주식시장과 금융시장에서 벌어지는 일들을 이해하기 위해 반드시 필요한 개념들을 알기 쉽게 정리했습니다.

주식과 펀드, 선물 · 옵션 등 각종 금융상품은 물론, 기업의 주식시장 데뷔부터 퇴출까지 증권시장에서 벌어질 수 있는 거의 모든 일들을 총망라했습니다. 밈주식이나 공매도, 마진콜과 같은 다소 생소할 수 있는 개념들도 최신 예시를 통해 소개했습니다. 코로나19 이후 주식시장에는 어떤 변화가 있었는지, 또 어떤 이슈들이 발생했는지 '주식&금융' 파트를 통해 완벽하게 정리해 보세요!

17 | 주식시장의 플레이어는?

개인과 기관, 외국인은 주식시장의 3대 플레이어입니다.

개인: '개미'라고도 불리는 소액투자자

2021년 경제 뉴스에 정말 많이 등장했던 단어가 '동학개미' '서학개미' 같은 단어들이었는데요. **개인투자자들은 투자 규모는 작지만 그 수가 굉장히 많아서 '개미'에 빗대어 표현합니다.** 일반적으로 개인투자자들은 투자금액이 적고 투자 정보 수집에도 한계가 있습니다. 많은 사람들이 각자 모아 둔 돈으로 투자를 하죠.

코로나19 확산 이후 특히 개미의 힘이 강했습니다. 주식투자 열풍이 거세 '동학개미운동'으로 불리기도 했는데, 2020년 코로나19 확산이 시작되면서 경기가 악화되고 기업들의 주가가 크게 내렸습니다. 그러자 각국 중앙은행은 기준금리를 내리고, 막대한 돈을 시중에 풀었는데요. 그 덕에 주가가 빠른 속도로 올랐고, 많은 개인투자자들이 높은 수익률을 바라며 주식시장에 뛰어들었습니다. 이전까지는 개인투자자들이 주가에 영향을 끼치는 것은 거의 불가능하다고 인식됐습니다. 하지만 '동학개미운동' 당시에는 개인투자자들이 빚을 내면서까지 주식에 투자해, 주가를 움직이는 '큰손'이 되기도 했죠.

개인투자자가 증가하며 부작용도 나타났는데, 많은 사람들이 대출을 받아 투자를 하면서 가계 부채가 빠르게 증가했습니다. 그래서 이후 많은 은행들이 신용대출 한도를 조절하는 등 지나친 영끌을 방지하는 대책을 내놓기도 했고, 정부 차원에서 대출 총량 규제를 시작하기도 했죠.

기관: 주식투자 하는 회사

'기관'은 대규모 자금을 굴리며 투자를 전문적으로 하는 법인 형태의 투자자를 의미합니다. 은행, 증권사, 보험사, 국민연금을 포함한 각종 연기금(연금기금) 기관이 이에 해당됩니다. 이들은 개인투자자들과는 비교도 안 되게 큰 금액을 투자하며 자금을 굴립니다. 투자 정보도 개인보다 많이 알고 있으며, 굵직한 회사들의 대주주인 경우가 많아 예전부터 많은 개인투자자들이 기관의 움직임을 유심히 지켜봐 왔죠. 이렇듯 기관은 주식시장의 힘 있는 플레이어 중 하나입니다.

기관과 관련된 이슈로는 **공매도**가 있습니다.[*] 2020년 코로나19 확산으로 기업들의 주가가 크게 떨어지면서 공매도가 일시적으로 금지되었습니다. 공매도는 가지고 있지 않은 주식을 다른 사람에게 빌려서 매도한 뒤, 주가가 떨어지면 주식을 싸게 되사서 갚는 투자 방법을 뜻합니다. 10만 원짜리 주식을 빌려와 매도하면 수중에 10만 원이 남게 되는데, 이후 주가가 5만 원으로 내린다면 5만 원으로 주식을 되사서 갚아 주면 됩니다. 이렇게 하면 5만 원의 이득을 볼 수 있지만, 공매도는 손해를 볼 확률도 높고, 접근성이 높지 않아 개인이 하긴 어렵고 주로 기관들이 많이 해 왔습니다.

하지만 기관의 공매도가 늘어나면 개인투자자는 손해를 볼 가능성이 높아지는데요. 어떤 주식을 공매도했다는 것은 결국 주가가 하락하는 것에 베팅하는 것이기에, 공매도가 늘어날수록 주가가 떨어질 가능성도 높아집니다. 주가 상승을 바라며 주식을 산 개인투자자는 주가 하락을 바라며 주식을 공매도한 기관들과의 싸움에서 항상 불리할 수밖에 없겠죠. 그래서 정부가 코로나19 팬데믹 기간 일시적으로 단행한 공매도 금지 조치를 해제하려 하자 많은 개인투자자들이 반대의 목소리를 내기도 했습니다. 그러나 기관들의 공매도가 늘어도 항상 주가가

---

* 공매도에 대한 자세한 설명은 33장을 참고하세요!

내리는 것은 아닙니다. 만약 기관들이 어떤 주식을 공매도했는데, 해당 주식의 가격이 계속 오른다면 기관은 해당 주식을 다시 사들여야 하는데요. 공매도의 특성상 언젠가는 주식을 갚아야 하기 때문입니다. 이때 기관이 공매도 청산을 위해 주식을 대거 사들이면 주가가 오르는 현상이 발생하기도 합니다.

외국인: 사람이 아니라 외국 기관?

외국인 투자자는 외국의 개인투자자를 의미하기도 하지만, 일반적으로는 **외국 기관투자자**를 의미합니다. 외국인의 국내 주식투자는 1992년 시작되었으며, 우리나라 주식시장은 IMF 이후 본격적으로 외국인에게 개방되었습니다. 외국인은 현재 코스피 시장에서 30%에 가까운 비중(시가총액 기준)을 차지하고 있을 정도로 영향력이 큰 플레이어입니다.

주식투자를 처음 시작하면 많이 듣는 말이 "외국인의 움직임을 주목하라"는 말인데요. 외국인 투자에는 약간의 특징이 있습니다. 많은 외국인 투자자들은 기관, 개인투자자와는 달리 장기적인 투자를 많이 합니다. 따라서 '패시브**Passive**'적인 성격을 가지는데, 패시브라는 것은 주가지수를 따라가며 일정 정도의 수익만을 목표로 하는 것을 의미합니다. 큰 수익에 '베팅'하기보다는 큰 흐름을 따라가며 일정 범위 내의 수익을 얻고자 하는 것이죠. 외국인의 움직임을 잘 보라는 말에는 외국인은 큰 주가의 흐름을 따라가는 경우가 많기 때문에, 외국인의 움직임을 보면 주가의 흐름을 대략적으로 알 수 있다는 의미가 담겨 있습니다.

하지만 '외국인=주가 흐름'이라는 공식이 항상 맞는 것은 아닙니다. 외국인 투자가 허용되었던 1990년대, 경기가 호황이었을 때 외국인은 가지고 있던 주식을 팔아 차익을 실현했고, IMF로 주가가 폭락했을 때 주식을 사는 등 주가의 큰 흐름과는 반대로 행동했던 적도 있습니다. 또한 외국인 투자는 해외 정세와 환율에도 큰 영향을 받습니다. 따라서 외국인 투자의 추세를 분석할 때는 굉장히 폭넓은 이해와 분석이 필요합니다.

핵심만 콕콕

- 개인과 기관, 외국인은 주식시장의 주요 플레이어입니다.
- 코로나19 이후 개인투자자들은 주식시장의 '큰손'으로 떠올랐습니다.
- 기관은 대규모 투자를 하는 자금운용사를, 외국인은 주로 외국인 기관투자자를 의미합니다.

참고
문헌

"개인, 외국인, 기관…이게 다 누구예요??", 〈NH투자증권 공식 블로그〉, 2019.07.30.
"'영끌' 신용대출 내일부터 속속 막힌다…대출 급증에 일정 당겨", 〈한국경제〉, 2020.11.22.
"기관, 공매도 금지 기간 하루 204억 공매도…삼성전자 · 씨젠 순", 〈한국경제〉, 2020.09.28.

18 | 다양한 금융회사, 차이는 무엇일까?

은행, 증권사, 자산운용사 등 정말 많은 금융회사들이 존재합니다. 각각의 차이점은 무엇일까요?

증권사: 투자를 중개하는 회사!

증권사는 유가증권(금전적 가치가 있는 권리 증서)을 발행하고 거래하는 모든 과정을 담당하는 회사입니다. 용어가 어렵지만, 우리가 자주 거래하는 주식이 유가증권의 대표적인 사례입니다. 과거에는 주식도 지폐처럼 종이 형태로 발행되곤 했지만, 지금은 대부분 온라인 증권으로 바뀌었죠. 즉 증권사는 기업이 주식을 발행하는 걸 도와주고, 일반 투자자들의 주식 거래를 중개해 주는 회사인데요. 주식은 반드시 증권사를 통해 거래되도록 법으로 정해져 있습니다. 그리고 증권사는 이 거래를 중개해 주며 수수료를 수취하죠.

증권사는 이렇게 주식 거래를 중개하는 것 외에도 자기자본을 이용해 주식투자를 해서 수익을 내기도 합니다. 그리고 주식담보대출 등을 통해 투자자들에게 돈을 빌려주고 이자를 수취하기도 하죠. 이외에도 기업이 IPO**Initial Public Offering***를 할 때 증권사가 이를 도와주는 주관사 역할을 하기도 합니다. 우리나라의 대표적인 증권사로는 한국투자증권, KB증권, 키움증권 등이 있습니다. 증권사의 이름에는 '증권' '금융투자' 같은 단어들이 붙는 게 일반적입니다.

자산운용사: 투자 대신해 드립니다

자산운용사는 과거 '투자 신탁 회사'로 불리던 회사들의 새 이름입니다. 이름 그대로 자산운용사는 **일반인들 또는 큰 기관들의 투자를 대신해 주며, 수수료를 받는 회사**입니다. 예를 들어 자산운용사는 A, B, C 주식에 투자하는 펀드를 만들어 운용하고, 투자자들은 이 펀드에 투자한 뒤 자산운용사에 수수료를 납부하고 수익을 나눠 갖게 됩니다. 이렇듯 자산운용사는 펀드 같은 투자 상품을 만들고 운용함으로써 바쁜 일반인들이나 큰 기관을 대신해 투자 활동을 해 주는 것이죠.

먼 과거에는 자산운용사가 투자 상품을 만들 수는 있지만, 상품을 직접 판매하는 것은 법적으로 금지되어 있었습니다.

---

* IPO에 대한 자세한 설명은 25장을 참고하세요!

그래서 자산운용사는 펀드 상품을 만들더라도 은행이나 증권사에 판매를 위탁해야 했고, 투자자들은 은행이나 증권사에서 자산운용사의 펀드에 투자하는 구조였죠. 그러나 2006년부터 자산운용사가 자체 펀드를 판매할 수 있게 되었습니다. 하지만 우리나라에서는 펀드 판매가 대부분 은행이나 증권사를 통해 이뤄지기에, 자산운용사가 독립적으로 펀드를 판매하는 경우는 드뭅니다. 우리나라의 대표적인 자산운용사에는 KB자산운용, 한국투자신탁운용 등이 있습니다.

금융지주사: 금융회사들의 컨트롤 타워

금융지주사는 은행, 증권사, 자산운용사, 보험회사 등의 금융회사들을 지배하는 최상위 회사입니다. 예를 들어 신한금융지주회사는 신한카드, 신한은행, 신한금융투자 등을 자회사로 보유하고 있죠. 일반 지주회사와 달리 설립 시 금융위원회의 허가를 받아야 하고, 까다로운 규제를 적용 받는 금융지주사는 '금산분리'* 원칙에 따라 계열사로 금융회사들만 보유할 수 있습니다. 또한 이 금융회사들을 관리하는 역할만 해야 하고, 다른 자체 사업을 영위할 수도 없죠. 금융지주사는 금융회사들을 계열사로 두고 관리하는 역할만 할 수 있는 회사입니다.

---

* 금산분리: '금융과 산업을 분리한다'는 의미로, 비금융회사가 은행을, 또는 은행이 비금융회사를 지배하지 못하도록 하는 원칙입니다. 고객들이 은행에 예치한 돈을 다른 사업에 함부로 쓰지 못하도록 하는 것이죠.

금융지주사가 있으면 여러 금융서비스를 모아 쉽고 효율적으로 제공할 수 있다는 장점이 있습니다. 예를 들어 은행이 가진 데이터는 같은 계열의 카드사가 카드 혜택을 정할 때 활용할 수 있겠죠. 그러나 요즘은 금융 계열사 간 데이터 이전을 많이 규제하고 있기도 하고, 우리나라의 경우 금융지주사 순이익의 대부분을 은행이 차지하고 있어 금융지주사가 꼭 필요한지에 대한 의문이 제기되고 있기도 합니다.

기타 다른 금융회사들은?

앞서 소개해 드린 금융회사들 외에 다른 유형의 회사들을 간단히 소개해 드리겠습니다.

은행

은행 역시 금융회사입니다. 은행은 주로 예금과 대출금리의 차이인 예대마진*을 통해 수익을 내며, 여러 금융 활동의 기초를 제공하는 금융회사입니다.

보험회사

예기치 않은 손실을 보았을 때, 일정 금액 보증을 해 주는

---

* 예대마진이란 은행이 돈을 빌려주는 이자(대출이자)와 돈을 빌리는 이자(예금이자)의 차이를 의미합니다. 은행은 고객들의 예금을 받아 다른 사람들에게 빌려주는데, 예금이자보다 대출이자가 더 높기에 그 차이만큼 수익을 얻을 수 있는 것이죠. 자세한 설명은 13장을 참고하세요!

보험 상품을 만들고 이를 운용하며 수익을 내는 보험회사 역시 금융회사의 한 종류입니다.

카드회사

우리가 사용하는 신용카드, 체크카드 등을 발급해 주고 현금서비스, 가맹점 수수료, 연회비 등으로 수익을 내는 카드회사들 역시 금융회사입니다.

- 증권사는 각종 증권 거래를 중개하는 금융기관입니다.
- 자산운용사는 투자를 대신해 주고, 수수료를 받는 금융사입니다.
- 금융지주사는 은행, 증권사, 자산운용사 등 금융기관의 컨트롤 타워 역할을 하는 금융사입니다.

참고 문헌

"[기업 현장] 증권사는 무슨 일을 하나요?", 〈매일경제〉, 2011.05.18.
"'공매도 불신'의 빌미 '시장 조성자' 뭐길래", 〈한겨레신문〉, 2021.02.04.
"[투자용어] 금융지주사란?", 〈더밸류뉴스〉, 2016.06.09.

19 | 엄청난 돈을 굴리는 헤지펀드

헤지펀드란 다양한 투자 전략을 사용해 리스크는 줄이며 무조건적이고 절대적인 수익 극대화를 추구하는 거대 펀드를 의미합니다.

헤지펀드, 뭐하는 사람들일까?

헤지펀드Hedge Fund를 한 문장으로 정의하자면 **다양한 투자 전략과 기법으로 리스크는 최대한 회피하며 무조건적이고 절대적인 수익 극대화를 추구하는 펀드**라고 할 수 있겠습니다. '헤지**hedge**'라는 단어는 울타리를 의미합니다. 공격적으로 투자하면서도 투자 전략을 잘 세워 위험을 줄인다는 의미를 담고 있습니다. '헤지=리스크 회피'라고 생각하면 되겠습니다.

헤지펀드는 대부분 사모펀드*의 일종입니다. 돈 많은 사람

---

* 사모(私募)펀드: 공모(公募)펀드와 반대되는 말로, 소수 투자자들로부터 비공개로 자금을 모아 다양한 자산에 투자하는 펀드를 뜻합니다. 투자 자산은 금융상품을 비롯해 부동산, 매출채권 등 다양하죠.

들이 모여 초거대 펀드를 만들어 운영하는 것인데요. 헤지펀드에는 기관보다 개인들이 많이 참여하기 때문에 규제를 쉽게 피할 수 있어 공격적인 투자를 진행하는 경우가 많습니다. 최근에는 공모펀드 형태의 헤지펀드도 생겨나는 추세이긴 하지만, 아직까지 헤지펀드는 사모펀드의 일종이라는 인식이 많습니다.

헤지펀드는 몇 가지 특징이 있는데, 가장 큰 특징은 무조건적이고 극단적인 수익 추구를 목적으로 한다는 것입니다. 이를 위해 헤지펀드는 초단기매매를 진행하는 경우가 많습니다. 더불어, 리스크를 줄이기 위해 여러 전략과 폭넓은 포트폴리오를 구성한다는 특징도 있습니다.

헤지펀드, 어떤 전략을 추구하나?

헤지펀드들은 고수익을 추구하면서도 리스크를 줄이기 위해 각양각색의 전략을 사용하고 있습니다. 그중 대표적인 전략들을 소개하겠습니다.

첫 번째 전략은 '레버리지 전략LBO, Leveraged Buyout'입니다. 레버리지는 지렛대를 의미하는데, 돈을 빌려와 공격적으로 투자하는 것을 의미합니다. 돈을 빌려 투자한 뒤 큰 수익이 나면 이자를 내고도 많은 돈을 거머쥘 수 있겠죠. 헤지펀드의 공격적인 투자를 보여 주는 전략이라고 할 수 있습니다.

두 번째 전략은 '**롱숏전략**Long-Short Strategy'입니다. 흔히 주식투자에는 크게 두 가지 포지션이 있다고 말합니다. '롱**long**'과 '숏**short**'이 그것인데요. 아주 단순하게 말하면 **롱은 주가가 올랐을 때, 숏은 주가가 떨어졌을 때 수익을 내는 투자 방식**입니다. 롱은 개인투자자들이 흔히 하는 투자 방식이기도 한데요. 주식을 산 뒤 주가가 오르면 주식을 팔아 수익을 올리는 투자 방식이죠. 그런데 숏은 조금 복잡합니다. 주식을 빌려서 판 뒤, 주가가 내리면 주식을 사서 되갚는 방식으로 이뤄지죠. 공매도*가 숏 투자의 대표적인 예시입니다. 헤지펀드는 롱과 숏을 동시에 진행합니다. **현재 저평가되어 있어 곧 가격이 오를 것 같은 자산에는 롱 전략을, 고평가되어 곧 가격이 내릴 것 같은 자산에는 숏을 구사**하는 거죠. 이렇게 되면 리스크가 줄어들게 됩니다. 비율을 잘 조정하면 시장이 불황이든 호황이든 관계없이 이익을 낼 수도 있습니다. 이때 동종 산업 내에서 롱숏전략을 구사하는 것을 페어 트레이딩**Pairs Trading**, 이종 산업 간 롱숏전략을 구사하는 것을 펀더멘탈 롱숏**Fundamental Long-Short**이라고 부르기도 합니다.

헤지펀드들은 **매크로 전략**을 구사하기도 합니다. 매크로란 거시경제를 뜻하며, **세계적인 경제 흐름에 따라 투자**하는 것을 말합니다. 헤지펀드는 매크로 전략을 구사할 때 주로 주식,

---

* 공매도에 대한 자세한 설명은 33장을 참고하세요!

채권, 외환, 원자재 등에 투자하며 선물거래를 위주로 투자합니다. 이 외에도 헤지펀드들은 수많은 전략과 기법으로 투자를 진행하는데, 모든 전략의 목적은 절대적인 수익의 극대화와 리스크의 최소화입니다.

헤지펀드를 바라보는 시선들

많은 사람들이 헤지펀드에 대해 그리 좋지 않은 인식을 가지고 있습니다. 하지만 헤지펀드는 장점도 있습니다. 선진국에서 모인 헤지펀드가 초거대자본을 신흥국에 투자하는 경우 신흥국에 자금이 흘러들어 가 경제 발전이 촉진되는 효과가 있습니다. 또한 헤지펀드의 규모가 워낙 크기 때문에 헤지펀드가 가지고 있는 매물들을 시장에 내놓으면 유동성이 높아지기도 하죠. 헤지펀드의 롱숏전략을 통해 실제 가치와 괴리가 있던 주가가 제자리를 찾아가기도 합니다.

그럼에도 사람들의 인식이 안 좋은 이유는 헤지펀드가 가끔 선을 넘는 행동들을 하기 때문이겠죠? 헤지펀드는 규제가 적은 곳을 공략하는 전략을 과감하게 사용하고, 이 과정에서 시장조작이 일어나기도 합니다. 문제는 헤지펀드의 자본이 거대하기 때문에 시장 교란이 일어나면 한 나라의 경제 전체에 타격이 갈 수 있다는 것입니다.

실제로 2023년 2월 우리나라 금융 당국이 미국 대형 헤지펀드인 시타델의 계열사, 시타델증권에 118억 8,000만 원이라는 거액의 과징금을 부과하는 일이 있었습니다. 고빈도 알고리즘 거래라는 초단타 매매 방식으로 시장질서를 교란했다는 이유에서인데요. 높은 가격으로 주식을 매수한다는 주문을 내서 다른 투자자의 매매를 유도하고 가격 상승을 일으킨 다음, 보유 물량을 팔고 매수 주문을 취소하는 방식이죠. 2017년 10월부터 2018년 5월까지 일평균 1,422개 종목에 5,000억 원이 넘는 규모의 거래를 진행했다고 알려졌습니다. 숨겨진 호재가 있을지도 모른다고 생각한 개인 투자자들이 매수세에 붙었다가 손해를 입었는데요. 결국 거대 헤지펀드의 눈속임으로 시장 교란이 일어나 개인 투자자의 손해가 발생한 거죠. 제재까지 4년이라는 긴 시간이 걸렸지만 다행히 시장을 교란한 헤지펀드의 움직임에 경고를 내렸다는 평가입니다.

핵심만 콕콕

- 헤지펀드란 다양한 투자 기법으로 극한의 수익률을 추구하는 펀드입니다.
- 헤지펀드는 레버리지 전략과 롱숏전략, 매크로 전략을 구사해 높은 수익을 올리곤 합니다.
- 헤지펀드는 신흥국에 자금을 조달하는 긍정적 측면도 있지만, 금융 생태계를 교란하는 부정적 측면도 있습니다.

참고 문헌 | "헤지펀드", 〈삼성자산운용〉, 2022.03.23 열람.

20 | 회사의 주인이 되는 증표
주식

주식이란 회사에 대한 소유권을 증명하는 증표로, 주식을 갖게 되면 의사결정과 이익분배 등에 대한 권리를 행사할 수 있습니다.

주식이란 무엇일까?

회사를 차리려면 '자본'이 있어야 한다는 말, 들어 보셨을 텐데요. 회사를 만들어 사업을 시작하려면 사무실도 구해야 하고, 사람도 고용해야 하고, 공장도 세워야 하니 이리저리 돈 들어갈 일이 많습니다. 물론 사업주 혼자 이 돈을 모두 댈 수도 있겠지만, 규모가 큰 사업을 하려면 혼자 모든 돈을 부담하는 것은 무리겠죠. 그래서 보통은 회사의 사업에 자본금을 댈 투자자들을 모집하고, 이들에게 받은 돈으로 사업을 진행하는 것이 일반적입니다. 그런데 그냥 돈만 받을 수는 없으니 **돈을 받았다는 증명서**를 끊어 줘야 하는데, 이 증명서가 바로 '**주식**'

입니다. 주식을 가지고 있는 투자자들을 '주주'라고 하죠. 주주는 사실상 회사의 주인과 다름이 없기에, 회사의 의사결정이나 사업에 있어 여러 가지 권리들을 행사할 수 있습니다.

주식의 기초 개념들

앞서 설명했듯 주식은 **회사의 '자본금'을 댔다는 증표**입니다. 모든 주식회사는 설립할 때 일정 금액의 자본금을 마련하고, 자본금에 해당하는 만큼의 주식을 발행해야 합니다. 이때 발행할 주식 수와 액면가는 창업자들이 직접 정할 수 있습니다. 만약, 회사를 시작하는 자본금이 100만 원이고, 주식을 총 1,000주 발행하기로 했다면 주식 한 주의 **액면가**는 1,000원이 되는 것이죠. 이렇게 발행한 주식은 회사의 창업자들과 투자자들이 나누어 갖는데, 전체 주식 수 대비 각 주주들이 가지고 있는 주식의 비율을 **지분율**이라고 합니다. A 주식회사를 창업한 창업주 B가 총 주식 1,000주 중에서 700주를 가지고 있다면, 창업주 B의 지분율은 70%가 되는 것이죠.

그런데 회사가 사업을 진행하다 보면 추가적인 자금을 확보해 사업 규모를 키워야 할 상황이 생깁니다. 어떤 회사가 소규모 공장을 운영하며 제품을 생산하고 있었는데, 갑자기 제품이 너무 잘 팔린다면 공장의 규모를 키워야겠죠. 이때 돈을 조달할 수 있는 두 가지 방법이 있습니다. 하나는 투자자에게 지분을 주고 투자금을 유치하는 것이고, 다른 하나는 채권자에게 돈을 빌리는 것입니다. 앞의 방법이 주식을 발행해 파는 것이고, 뒤의 방법이 채권을 발행해 파는 것이죠. 주식을 파는 것과 채권을 파는 것의 차이는 명확합니다. 채권을 발행한다는 것은 돈을 빌린다는 것이기에, 빌린 돈을 갚아야 할 의무가 생깁니다. 반면 주식을 발행한다는 것은 곧 주식투자자가 회사의 주인이 된다는 것이기에, 주식 판매대금으로 얻은 돈을 갚을 필요가 없죠. 추가적인 투자를 유치하기 위해 기존에 있던 주식에 더해 주식을 추가로 발행할 수 있는데, 이를 '증자'라고 합니다. 그래서 보통 증자를 한다는 것은 주식을 추가로 발행해 팔아 돈을 마련한다는 것을 의미하죠.[*]

삼성전자나 SK하이닉스 같이 규모가 큰 기업의 주식은 '주식시장'이라는 공개적인 시장에서 거래됩니다. 주식시장에 상장된 주식은 기관투자자들은 물론 개인투자자들도 구매할 수 있죠. 하지만 모든 기업의 주식이 주식시장에서 거래되는 것은 아닙니다. 우리나라만 해도 수십 만 개의 주식회사가 있지만, 주식시장에 상장된 기업은 수천 개에 불과합니다. 어떤 기업이 주식시장에 상장되려면 기업공개**IPO, Initial Public Offering**^{**}라는 매우 까다로운 절차를 거쳐야 합니다. 주식시장에 상장

---

* 증자에 대한 자세한 설명은 30장을 참고하세요!
** 기업공개에 대한 자세한 설명은 25장을 참고하세요!

한입 경제 상식사전

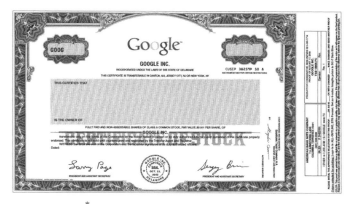

종이로된 주식 증권[*]

[출처: 미국증권선물위원회]

되면 누구나 그 회사의 주식을 사고팔 수 있기에, 규모가 일정 수준 이상이 되는 큰 회사에 대해서만 엄격한 절차를 거쳐 상장을 허가해 주는 것인데요. 상장 과정에서 회사의 재무상태부터 사업현황까지 거의 모든 정보를 사람들에게 투명하게 공개하고, 주식을 시장에서 공개적으로 판매해야 하기 때문에, 상장 절차를 '기업공개'라고 부르는 것입니다.

---

* 과거에는 이렇게 주주들에게 종이로 된 주식 증서를 발행해 주었습니다. 하지만, 종이증권은 거래가 불편하고 거래과정이 투명하지 않아, 최근에는 모두 전자증권으로 바뀌었죠. 증권앱에서 거래되는 것은 모두 전자증권에 해당합니다.

주주가 되면 어떤 권리를 갖게 될까?

주주가 갖는 대표적인 권리로는 이익배당청구권, 신주인수권, 잔여재산분배청구권, 그리고 의결권이 있습니다.

이익배당청구권은 회사가 이익을 냈을 때, 이를 나눠 가질 수 있는 권리입니다. 주주는 사실상 회사의 주인이니, 회사가 번 돈을 나눠 갖는 것이 당연하겠죠? 주식을 사면 연말에 배당금을 주는 것도 주식에 포함된 이익배당청구권 때문입니다.

신주인수권이란 회사가 돈을 더 마련하기 위해 주식을 추가로 발행할 때, 새롭게 발행되는 주식(신주)을 가장 먼저 살 수 있는 권리입니다. 이렇게 주식을 새로 발행해 투자자들에게 판매하는 것을 '유상증자'라고 하는데, 유상증자를 할 때는 보통 주식을 시가보다 싸게 판매하기 때문에, 이 주식을 먼저 살 수 있다면 매우 유리하겠죠. 이런 권리 역시 기존 주주들에게 먼저 부여되는데, 이것이 바로 신주인수권입니다.

잔여재산분배청구권이란 회사가 망했을 때 남은 재산을 나눠 가질 수 있는 권리입니다. 사업이 잘 안되어 회사가 망할 경우, 남은 재산을 누가 어떻게 가져가느냐가 쟁점이 되는데 법적으로 그 순서가 정해져 있습니다. 먼저 회사에 돈을 빌려준 사람, 즉 채권자들이 자기 몫을 가져가고, 그 이후에 주주들이 남은 재산을 가져가죠. 이렇게 회사의 남은 재산을 가져갈 수 있는 권리를 잔여재산분배청구권이라고 합니다.

의결권이란 회사의 의사결정에 영향력을 행사할 수 있는 권리입니다. 의결권은 주주가 갖고 있는 주식의 비율에 따라 행사할 수 있는데요. 총 발행 주식수가 500주인데, 주식을 10주 갖고 있다면 2%만큼의 영향력을 행사할 수 있는 것입니다.

핵심만 콕콕

- 주식이란 회사의 소유권에 대한 증표로, 주식수만큼 회사의 의사결정 및 사업진행에 영향력을 행사할 수 있습니다.
- 회사는 주식을 발행해 사업에 필요한 자금을 마련할 수 있으며, 회사의 주식이 공개적인 시장에서 거래되기 시작하는 것을 '기업공개'라고 합니다.
- 주식에는 이익배당청구권, 신주인수권, 잔여재산분배청구권, 의결권과 같은 권리가 포함되어 있습니다.

참고문헌 │ "주주의 권리", 〈찾기 쉬운 생활법령정보〉, 2022.03.23 열람.

21 권리가 없어지면 주가가 내린다?
권리락과 배당락

권리락이란 주식에 포함된 권리가 사라지면서 주가가 내리는 것을 의미합니다.

권리락이란?

자고 일어났더니 갑자기 주가가 떨어져 있다면 어떤 기분일까요? 꿈 같겠지만 실제로 그런 일이 있을 수 있습니다. 그것도 합리적인 이유로요. 바로 권리락 때문인데요. **권리락**이란 **주식에 포함된 특정한 권리들이 사라지면서 주가가 내리는 것**을 의미합니다. 권리락을 이해하기 전에 주식에는 여러 권리가 포함되어 있다는 것을 알고 있어야 합니다. 보통 일반적인 주식에는 배당을 받을 수 있는 배당권 외에도 새로 발행되는 주식을 살 수 있는 신주인수권 등이 포함되는데요. 권리락은 이렇게 주식에 포함되어 있는 여러 '권리'와 밀접한 관련이 있습니다.

일반적으로 권리락이란 **유상증자나 무상증자 시 신주 배정일 이후 주가가 조정을 받는 것**을 가리킵니다. 증자란 주식을 추가로 발행해 회사의 자본금을 늘리는 작업을 뜻하는데요. 대체로 증자의 경우 기존 주주들이 새로 발행되는 주식을 우선적으로 인수할 권리가 주어지는데, 이를 신주인수권이라고 합니다. 따라서 신주 배정일 이전에 주식을 산 주주들은 해당 증자의 신주인수권을 갖게 되지만, 그 이후에 주식을 산 주주들에겐 신주인수권이 주어지지 않는 것이죠. 그래서 보통 신주배정기준일 이전에는 주식 가격이 오르다가 이후에는 낮아지는 추세를 보이는데 이를 '권리락'이라고 합니다.

조금 더 쉽게 설명하기 위해 예시를 들어 보겠습니다. A 회사가 유상증자를 발표하고, 이번 주 금요일을 신주배정기준일로 정했습니다. 즉 이번 주 금요일 전에 A 회사 주식을 사서 보유하고 있다면 이후 새롭게 발행되는 주식을 인수할 수 있는 권리를 갖게 되는 것입니다. 하지만 그 다음 주에 A 회사의 주식을 사면 이번에 새로 발행되는 주식을 인수할 수 있는 권리를 갖지 못하게 됩니다. 그러면 이번 주에 주식을 산 사람과 다음 주에 주식을 산 사람 간에는 증자에 참여할 수 있는 권리에 차이가 있겠죠? 이 권리의 차이가 주가에 반영된 것이 권리락입니다. 다음 주에 A 회사의 주식을 산 사람에게는 이후 증자로 발행될 신주를 인수할 수 있는 권리가 없기 때문에 주가가 자연스레 낮아지는 것이죠.

배당금을 지급하면 주가가 낮아진다? 배당락

　권리락과 비슷한 개념으로 **배당락**이 있습니다. 배당락이란 **이번에 배당을 받을 수 있는 주식보다 배당을 못 받는 주식의 가격이 저렴해지는 것**을 뜻합니다. 배당이란 바로 뒤에서 설명하겠지만, 기업이 벌어들인 수익을 주주들에게 일부 나눠주는 것을 가리키는데요. 권리락은 유·무상 증자와 관련이 있고 배당락은 배당금과 관련이 있지만 모두 '권리'가 사라지면서 가격이 내려간다는 점에서 유사합니다. 권리락과 배당락을 합쳐 권배락이라고 부르기도 합니다.

　보통 배당락은 **연말에 배당금을 받기 위해 주식을 매수했다가, 배당 기준일이 지나고 주식을 매도해 버리는 사람들이 많기에 발생**합니다. 배당금을 지급받을 수 있는 주주 명부는 배당 기준일에 결정이 되는데, 일반적으로 기업들의 배당 기준일은 그 해의 마지막 날인 경우가 많습니다. 그런데 주식을 사면 영업일 기준 이틀 후에 주주 명부에 등록이 되는데요. 관례적으로 한 해의 마지막날은 주식시장이 휴장이기에, 최소 12월 28일까지는 주식을 사야 배당을 받을 수 있습니다. 따라서 배당락은 보통 12월 29일에 발생하죠. 다만, 배당락일은 공식적으로 지정된 것은 아니며, 해당 년도의 배당 기준일에 따라 달라질 수 있습니다.

정리하자면, 배당락일 이전에 산 주식은 비싼 대신 배당금을 받을 수 있고 배당락일 이후에 산 주식은 싼 대신 배당금이 없는 것이죠. 과거에는 배당락일 주식시장이 시작할 때 배당금만큼 주가를 하락시키고 시장을 열었습니다. 강제로 배당락을 반영한 것인데요. 하지만 요즘은 강제 배당락은 하지 않고 시장이 자율적으로 배당락을 반영할 수 있도록 합니다.

배당과 배당주?

배당은 **기업이 주주들에게 올해의 수익 일부를 나눠주는 것**을 말합니다. 보통 연말에 배당금 지급을 결정하는 기업이 많습니다만, 삼성전자처럼 분기마다 배당금을 지급하는 회사도 있습니다. 배당금 지급 방식에는 현금을 직접 주주에게 주는 현금배당, 배당만큼 주식을 더 만들어서 주식을 주는 주식배당 등이 있습니다. 기업들은 보통 배당금을 지급할 주주들의 명부가 확정된 다음해 2~3월에 주주총회를 열어 배당금 지급을 논의하고, 주주총회 이후 1개월 내에 배당금을 지급합니다.

다른 주식들에 비해 배당금이 높은 주식을 배당주라고 하는데, 배당주에는 대표적으로 은행들의 주식이 있으며, 몇 가지 특징이 있습니다. 배당주에 해당하는 회사들은 주로 이익을 잘 내는 회사들입니다. 이익을 잘 내야 배당금을 많이 줄

수 있으니까요. 또한 배당이 높은 편이라 시장 상황이 좋지 않아도 주가가 크게 떨어지지 않습니다. 이를 어려운 말로 주가 방어력이 높다고 합니다.

배당락이 점점 없어진다?

시장의 자율에 배당락을 맡기고 있는 요즘에는 점점 배당락이 없어지고 있는 추세입니다. 2020년 배당락일인 29일, 기관은 1.9조 원 정도의 주식을 팔았습니다. 하지만 개인투자자들이 2.2조 원 넘게 주식을 사들이면서 오히려 코스피 지수가 오르는 현상이 발생했습니다. 요즘에는 배당락일 이후에 주가가 떨어질 것을 예측해 미리 움직이는 투자자들이 있어서 배당락일 이전에 주가가 떨어지고, 배당락일 이후에는 오히려 주가가 오르는 현상이 많이 관측되기도 합니다. 하지만 여전히 배당락일 당일에는 주식시장은 요동치는 모습을 보여 주고 있죠.

정리하자면, 배당락이란 기업들의 배당금 지급이 주가에 영향을 끼쳐 주가가 하락하는 현상을 말합니다. 하지만 요즘에는 배당락이 정해진 규칙을 가지고 일어나지 않고 시장 상황에 따라 다르게 나타나는 추세입니다. 배당락이라는 개념이 희미해지고 있지만, 배당과 배당기준일, 배당락일에 대해서는 잘 알고 있어야 시의적절한 주식투자 계획을 세울 수 있겠죠?

한입 경제 상식사전

핵심만 콕콕

- 권리락이란 주식에 포함되어 있는 권리가 사라지면서 주가가 하락하는 것을 의미합니다.
- 배당락이란 배당금을 지급받는 주주명부가 확정된 이후 주가가 하락하는 것을 의미합니다.
- 배당락 역시 배당금을 지급 받을 수 있는 권리가 사라져 발생하기에, 권리락의 한 형태로 볼 수 있습니다.

참고 문헌

"[주린이 공시방] 유상증자는 악재일까 호재일까", 〈이데일리〉, 2020.05.31.

"대한항공 · 대한항공우, 대규모 유상증자 · 권리락 불구 급등", 〈한국경제〉, 2021.01.25.

"'배당락일'에 2.2조 쓸어 담은 개미…코스피, 3거래일째 최고", 〈한국경제〉, 2020.12.29.

22 | 기초 주식 용어 총정리

주식 거래를 처음 시작하면 증권앱에 다소 생소한 용어들이 많이 등장합니다. 보통주와 우선주, 증거금, 예수금, 미수금 등 어려워 보이는 말들이 많은데요. 주식에 관한 내용들을 본격적으로 살펴보기 이전에, 기초적인 주식 용어들을 정리하고 넘어가 보겠습니다.

코스피

코스피KOSPI, Korea Composite Stock Price Index란 우리나라 주가의 흐름을 나타내는 대표적인 지수입니다. 회사의 주식이 코스피 시장에 편입되기 위해선 기업이 설립된 지 3년 이상 되어야 하며, 자기자본이 300억 원 이상이어야 합니다. 또 상장된 주식이 100만 주 이상이 되어야 하고, 최근 매출액이 1,000억 원 이상, 3년 평균 매출액이 700억 원 이상이어야 합니다. 즉 규모가 크고, 검증된 기업만이 코스피 시장에 상장할 수 있는 것이죠.

코스피 지수는 1980년 1월 4일을 기준으로 코스피에 포함되는 모든 기업들의 시가총액 합을 100으로 두었을 때, 현재 모든 기업들의 시가총액의 합이 당시에 비해 얼마나 상승했는지를 보여 주는 지수입니다.

코스닥

앞서 설명한 코스피는 규모가 크고, 검증된 기업들만 들어갈 수 있습니다. 코스피에 들어갈 정도는 아니더라도 중견기업이나 내실이 탄탄한 소기업들이 상장되어 있는 시장이 **코스닥KOSDAQ, Korea Securities Dealers Automated Quotation**입니다. 코스닥 시장의 경우 코스피보다 상장 요건이 덜 까다로운데요. 시가총액이 천억 원 이상 혹은 자기자본금이 250억 원 이상 등 몇 가지 요건을 충족하면 코스닥 상장이 가능합니다.

코스닥에는 **중소기업과 벤처기업들이 다수** 상장되어 있습니다. 따라서 코스닥 시장에 상장된 주식에 투자한다는 것은, 코스피 시장에 상장된 기업보다 조금은 위험하지만 성장 가능성이 높은 기업에 투자한다는 의미입니다.

보통주

보통주란 배당이나 여러 권리를 결정할 때 어떠한 제한이나 우선권도 주어지지 않는 **가장 기본적인 주식**입니다. 가장 기본적인 형태의 주식이기 때문에 보통주는 이후 설명할 우선주의 지위를 결정하는 기준이 되는데요. 일반적으로 개인투자자들이 증권앱에서 사는 주식은 보통주입니다.

우선주

우선주는 **보통주와 달리 몇 가지 우선권을 가진 주식이며,** 우리가 주식을 거래할 때는 회사이름 옆에 '(우)'라고 적혀 있는 주식이 우선주입니다. 보통 우선주에는 회사의 의사결정에 참여할 수 있는 **의사결정권이 주어지지 않습니다.** 대신 회사의 이익을 나눠 갖는 **배당권이 보통주보다 더 많이 부여됩니다.**[*] 일반적으로 우선주는 보통주에 비해 적은 양이 거래됩니다.

예수금

증권 계좌에 남아 있는 주식을 살 수 있는 일종의 '게임머니'입니다. 주식 거래는 현금으로 직접 주식을 사지 않고, 증권 계좌에 현금을 입금해 예수금을 채운 뒤 주식을 사고 파는 방식으로 이뤄지는데요. 주식을 살 수 있는 '게임머니'가 바로 예수금입니다. 주식 거래에는 3일결제제도가 있습니다. **예수금을 가지고 주식을 사면 주식은 바로 투자자의 소유가 되지만, 실제 결제는 매매일을 포함해 3영업일 째에, 그러니까 매매 후**

---

[*] 다만 회사의 결정에 따라 우선주에도 의사결정권을 부여할 수 있습니다.

2영업일 뒤에 이루어지는 것이죠.

증거금

증거금이란 주식 거래를 위해 필요한 일종의 담보금입니다. 앞서 설명드린 대로 주식 거래는 3영업일째에 실제 결제가 완료됩니다. 따라서 지금 4,000원의 예수금만 가지고 있더라도, 3영업일째에 예수금을 10,000원으로 만들 능력이 있으면 지금 10,000원짜리 주식을 살 수 있는 것입니다. 이렇게 4,000원의 예수금으로 10,000원짜리 주식을 사는 경우, 증거금은 4,000원, 증거금률은 40%가 됩니다. 증거금률은 투자자가 예수금을 3영업일 내에 얼마나 채워 넣을 수 있는지에 따라 달라집니다.

미수금

투자자가 증권사에 갚지 못한 빚이 미수금입니다. 예를 들어 투자자가 4,000원의 증거금으로 10,000원짜리 주식을 매수했다면, 6,000원이 미수금으로 남는데요. 만약 매매일로부터 3영업일째까지 미수금을 갚지 못한다면 샀던 주식이 강제로 처분될 수 있습니다. 이를 '반대매매'라고 합니다.

호가

호가란 투자자가 주식을 사거나 팔 때 제시하는 가격을 말합니다. 우리가 일반적으로 사용하는 호가에는 크게 2가지 종류가 있습니다. 먼저, **시장가 호가**란 주식을 사고팔 때 수량만 지정하고, 지금 당장의 가격 그대로 사고팔겠다고 할 때의 가격입니다. 쉽게 말해 "지금 주식의 가격이 얼마든 5주를 사겠다"고 말하는 것이죠. **지정가 호가**란 미리 정해 둔 가격으로 주식을 거래할 때의 호가입니다. "1,000원에 주식을 살 거야"라고 하면, 주식 가격이 변동하다가 1,000원보다 가격이 낮아지면 주문이 체결됩니다. 반대로 "1,000원에 주식을 팔 거야"라고 하면 1,000원보다 가격이 높을 때 주문이 체결되죠.

시가 & 종가

우리나라 주식시장은 공휴일을 제외하고 평일 오전 9시에 시작해, 15시 30분에 마감합니다. 오전 9시 주식시장이 열렸을 때의 주식 가격을 해당 주식의 시가(시작한 가격), 주식시장이 마감할 때의 가격을 종가(끝날 때의 가격)라고 합니다.

시가총액

시가총액은 기업의 현재 주가와 발행 주식 수를 곱한 값으로, 기업의 전체 가치를 보여 주는 지표입니다. 예를 들어, 주식을 총 100주 발행한 기업의 현재 주가가 1,000원이라면 이 기업의 시가총액은 100×1,000원=100,000원이 됩니다.

23 | 미국의 주식시장과 주가지수

미국의 경우 뉴욕증권거래소, 나스닥, 아메리카증권거래소와 같은 주식시장이 존재하며, 다우 존스, S&P500, 러셀2000 등 다양한 주가지수가 존재합니다.

미국 주식시장 3대장: 뉴욕증권거래소, 나스닥, 아메리카증권거래소

우리나라에는 코스피, 코스닥 등의 주식시장이 존재하죠? 마찬가지로 미국에도 여러 주식시장이 존재합니다. 각 주식시장마다 포함된 주식 종목이 다르고, 그 특징도 다릅니다. 미국 주식시장의 대표적인 3개의 시장을 소개합니다.

뉴욕증권거래소**NYSE, New York Stock Exchange**는 세계에서 가장 큰 증권거래소입니다. 전 세계 시가총액의 40%를 차지하며, 2023년 8월 기준 시가총액 23조 달러 수준의 어마어마한 규모를 자랑합니다. NYSE에는 2,400개에 달하는 주식 종목이 포함되어 있습니다. NYSE에 상장하기 위해서는 총수입 250만 달러 이상, 발행 주식 100만 주 이상, 정기 재정보고서 발간 등의 기준을 통과해야 합니다. 또한 NYSE는 회원제로 운영되어 정원이 정해져 있습니다. 만약 새 고객이 NYSE에서 주식을 사고 싶으면 다른 회원(딜러)에게 멤버십을 양도받아야 합니다. 정원은 1,366명으로 1953년부터 현재까지 유지되고 있죠. NYSE는 Big Board라는 별명으로 불리기도 합니다.

나스닥NASDAQ, National Association of Securities Dealers Automated Quotations은 NYSE 다음으로 시가총액이 높은 주식시장으로, 우리나라 코스닥 시장의 모델이 된 주식시장입니다. 나스닥은 상장 조건이 비교적 덜 까다로워 IT, 바이오 등 벤처기업들이 많이 상장되어 있습니다. 애플, 마이크로소프트 등의 회사들도 나스닥에 상장되어 있죠. 2020년과 2021년 주식시장을 이끌었던 기술주들이 모여 있는 곳이 나스닥입니다. NYSE의 경매 방식 거래가 아닌, 전자 자동 거래 시스템을 도입한 것이 나스닥의 큰 특징 중 하나입니다.

아메리카증권거래소AMEX, American Stock Exchange는 뉴욕증권거래소 밖에서 사람들이 장외거래를 하던 것에서 출발한 주식시장입니다. NYSE나 나스닥과 달리 소규모 기업들이 주로 상장되어 있으며, 비교적 마이너한 주식시장이라고 할 수 있습니다. NYSE는 원래 대부분의 거래가 오프라인으로 이뤄졌지만, 2020년 코로나19 확산으로 거래소 객장이 폐쇄되고 전자 거래만 허용됐습니다.

미국 주가지수: 다우지수, S&P500, 나스닥지수, 러셀2000

주식시장을 살펴봤으니 이제 주가지수를 한번 알아보겠습니다. 주요주가지수로는 다우지수와 S&P500지수, 나스닥지수, 러셀2000지수가 있습니다. 다우지수**DIA**는 다우 존스 산업 평균지수**Dow Jones Industrial Average**를 줄여 부르는 말로, 뉴욕증권거래소와 나스닥 시장에 상장된 기업 중 우량한 기업 30개를 선정해 그들의 주식 가격을 평균한 지수입니다. 보잉, 애플, 맥도날드, 나이키 등의 주식이 포함되어 있으며, 여러 산업군의 기업들을 골고루 포함하고 있습니다. 다우지수는 미국에서 가장 오래된 주가지수이기도 해 미국 주식시장의 큰 흐름을 파악하는 데 용이합니다.

S&P500은 신용평가기관인 Standard&Poor's**S&P**사가 발표하는 주가지수로, S&P가 선택한 500개 우량기업의 시가총액을 기준으로 지수를 발표합니다. 우량기업의 시가총액을 사용하기 때문에, S&P500 지수는 유명 기업들의 주가 흐름 파악에 많이 사용됩니다. 다우지수에 비해 나스닥 시장의 IT기업들이 많이 포함된 것이 특징이며, 500개 기업을 다루기 때문에 시장의

흐름을 잘 반영해 현재 가장 많이 쓰이는 주가지수 중 하나입니다.

나스닥지수는 나스닥에 포함된 모든 주식의 시가총액을 이용해 만들어진 지수입니다. 뉴욕증권거래소**NYSE**에 포함되는 우량주들이 빠져 있긴 하지만, 기술주와 벤처기업들이 다수 포진한 나스닥 시장을 대표하는 지수이기 때문에 주로 기술 시장의 흐름을 파악할 때 나스닥지수를 참고하면 좋습니다. 최근 기술주들이 많은 주목을 받으면서 산업의 성장을 볼 수 있는 지수로 인식되고 있습니다.

러셀2000^{Russell 2000}은 미국 증시에서 시가총액 상위 3,000개 기업 중 최상위 1,000개 기업을 제외한 기업의 주가지수를 포괄하는 지수입니다. 즉 중소기업들의 주식을 모아 둔 주가지수인데요. 중소기업이다 보니 경기에 민감한 주식들이 많아 러셀2000 지수를 보면 미국 경기를 볼 수 있다는 말이 있습니다.

미국의 주요 주식시장으로는 뉴욕증권거래소, 나스닥, 아메리카증권거래소가 있습니다.

- **뉴욕증권거래소:** 가장 큰, 대기업 중심 주식시장
- **나스닥:** IT, 바이오 등 기술, 벤처 기업까지 포함한 주식시장
- **아메리카증권거래소:** 소규모 기업 중심의 주식시장

미국의 주요 주가지수로는 다우지수, S&P500지수, 나스닥지수, 그리고 러셀2000지수가 있습니다.

- **다우지수:** 우량주 TOP30을 다루는 전통있는 주가지수
- **S&P500:** 다양한 산업의 우량주 500개를 다루는 지수로, 일반적으로 가장 참고하기 무난한 주가지수
- **나스닥지수:** 기술, 벤처기업의 흐름을 알기 좋은 주가지수
- **러셀2000:** 소형주 중심의, 미국 실물 경기를 잘 보여주는 주가지수

24 | 분산투자를 쉽게
ETF

ETF란 상장지수펀드의 줄임말로, 주식처럼 쉽게 사고 팔 수 있는 펀드 상품을 의미합니다.

ETF란?

ETFExchange Traded Fund는 우리 말로 '**상장지수펀드**'를 가리킵니다. ETF는 펀드의 일종이기 때문에 먼저 펀드에 대해 알아야 하는데, 펀드는 간접 투자 상품의 일종으로, **누군가가 고객 대신 투자하고 그 수익을 나눠 주는 금융 상품**입니다. 주로 펀드를 운용하는 자산운용사의 펀드매니저가 운용금을 주식 등의 금융 상품에 투자하는데요. 펀드에 투자하면 투자 차익에서 자산운용사에게 주는 수수료를 제외한 수익을 얻을 수 있습니다.

ETF는 상장지수펀드의 약자로, 여기서 중요한 단어는 '상장'인데요. 일반적으로 펀드는 가입에 1주일 정도가 걸리고, 사고 나면 오랜 기간 자금을 묶어 두는 게 일반적입니다. 하지만 '**거래소에 상장된 펀드**'라는 뜻을 가진 ETF는 주식처럼 그때그때 마음대로 사고팔 수 있습니다. **주식을 거래하는 것처럼 원하는 시간에 사고팔 수 있는 편리한 펀드**를 ETF라고 생각하시면 되겠습니다.

ETF는 원래 **분산투자를 더 쉽게 하기 위해** 만들어졌습니다. ETF에 투자한다는 것은 곧 펀드에 포함되는 여러 주식이나 금융 상품에 투자하는 것과 마찬가지입니다. 예를 들어 메타버스와 관련된 주식 종목 20개로 구성된 ETF에 투자하면, 결국 해당 20개 주식 종목에 투자하는 것과 같은 효과라는 것이죠. ETF는 분산투자를 적은 수수료로 쉽게 할 수 있도록 만든 펀드입니다.

ETF는 우리나라 국민 17명 중 1명이 투자하는 금융상품입니다. 2023년 국내 ETF 시장의 순자산 총액이 100조 원을 돌파하기도 했죠. 2002년 국내에 들어온 후 21년 만에 이룬 성과입니다. 증권사도 새로운 상품을 앞다퉈 내놓으며 ETF에 대한 투자를 아끼지 않고 있습니다. 2023년 6월 말 기준 국내 ETF 시장에 상장된 상품은 총 733개입니다. 450개에 불과했던 2019년과 비교하면 크게 불어난 수치죠. 이렇게 새로운 상품이 많이 출시되면 그에 따른 수요가 생겨 시장이 확대되는데요. 선순환 구조를 통해 ETF 시장의 앞날은 더 밝아질 것으로 점쳐집니다.

종류별로 알아보는 ETF

소극적인 인덱스 vs 적극적인 액티브

인덱스Index ETF는 코스피나 코스닥과 같은 주가지수를 따라가는 ETF입니다. 코스피와 코스닥 같은 지수를 따라간다는 것은 곧 시장 전체의 흐름을 따라간다는 의미인데요. 그래서 인덱스 ETF는 안정적이고 등락 폭이 적습니다. 시장 전체가 급격하게 출렁이는 경우는 비교적 드물기 때문입니다. 대표적인 인덱스 ETF로는 코스피200 지수를 추종하는 KODEX 200이 있습니다.

이와 달리 액티브Active ETF는 증권사나 펀드매니저가 직접 펀드의 구성 종목을 구성하여 공격적인 투자 전략을 구사하는 ETF입니다. 액티브 ETF는 운용금의 70%는 안전하게 운용하고, 30%는 공격적으로 투자하는 식으로 투자 자산의 비율을 정해 둡니다. 현재 액티브 ETF 자산의 70%는 안전하게 투자하도록 법적으로 정해져 있습니다. 금융 당국은 액티브 ETF가 더욱 높은 비중으로 공격적인 투자 전략을 구사할 수 있도록 규제를 완화할 가능성을 내비치기도 했습니다.

인버스 & 레버리지란?

인버스Inverse ETF는 주가나 주가지수가 하락하면 수익을 내는 ETF입니다. 예를 들어 코스피가 1% 하락하면, 인버스 ETF에 투자한 투자자는 1%의 수익을 내는 것이죠. 1% 하락할 때 2%, 3%처럼 더 많은 수익을 내는 ETF도 있는데, 이를 곱버스(곱하기+인버스)라고 합니다. 인버스처럼 하락장에서 돈을 버는데, 그 비율이 몇 배로 적용된다는 뜻입니다. 대표적인 인버스 ETF는 'KODEX 인버스', 곱버스 ETF는 'KODEX 인버스 2X'가 있습니다.

앞서 곱버스 ETF를 보면 주가지수가 1% 움직이면 수익금은 2%, 3% 처럼 몇 배의 수익을 내는 상품이라는 것을 알 수 있는데, 이렇게 추종하는 종목이 움직인 범위의 몇 배로 수익을 책정하는 것을 '레버리지'라고 합니다. 지렛대처럼 1%만 움직여도 더 많은 수익을 내는 것이죠. 레버리지가 적용된 ETF는 주가지수의 변동이 비교적 적은 인덱스 ETF인 경우가 많습니다.[*]

그 외 다양한 ETF 종류들

국내에서 가장 핫한 ETF는 테마형 ETF입니다. 테마형 ETF란 특정 산업군이나 분야를 설정해 관련된 상품에만 투자하는 ETF입니다. 대표적인 테마형 ETF에는 ESG 관련 ETF, 메타버스 ETF 등이 있죠. 테마형 ETF는 테마와 관련된 금융 상품에 적극적으로 투자하는 액티브 ETF가 대다수를 차지하고 있습니다.

이외에도 주식이나 주가지수를 추종하지 않는 ETF도 있습니다. 화폐가치나 환율을 따라 움직이는 ETF도 있고, 원자재 가격이나 채권금리 같은 다른 경제 지표들을 따라 움직이는 ETF도 있습니다. 일부 국가에서는 비트코인 같은 암호화폐를 추종하는 ETF를 출시하기도 했습니다.

---

[*] 인버스와 곱버스에 관한 좀 더 자세한 설명은 34장을 참고하세요!

핵심만 콕콕

- ETF는 주식처럼 그때그때 마음대로 사고팔 수 있는 펀드입니다.
- ETF는 크게 전체 시장의 흐름을 따라가는 인덱스 ETF와 펀드매니저의 재량에 따라 공격적인 투자 전략을 구사하는 액티브 ETF로 나뉩니다.
- 또한 ETF는 투자 종목, 투자 방식 등에 따라 인버스 ETF, 테마형 ETF 등 다양한 종류로 구분됩니다.

참고 문헌

"개미 직접투자로 고사 위기 운용업계 "액티브ETF 규제라도 풀어달라"", 〈조선비즈〉, 2020.12.17.

"언택트, 바이오, 전기차, 클라우드…'테마형 ETF' 급성장", 〈조선일보〉, 2020.12.14.

25 | 기업의 주식시장 데뷔 무대
IPO

IPO란 기업공개를 뜻하는 말로, 기업이 주식시장에 공식적으로 상장하는 것을 뜻합니다.

IPO란?

IPO는 Initial Public Offering의 약자로, **기업 공개**를 뜻합니다. 기업이 주식시장에 상장하게 되면 기업은 **주식을 정해진 시장에서 공개적으로 팔아야 하므로**, 기업의 상장을 곧 IPO, 기업공개라고 하는 것입니다. IPO를 한 기업의 주식은 코스피나 코스닥 같은 주식시장에서 거래할 수 있습니다.

그렇다면 기업들이 IPO를 하는 이유는 무엇일까요? 가장 큰 이유는 **자금 조달**입니다. 보통 IPO는 새 주식(신주)을 발행해서 진행하는데, 투자자들이 주식을 매수하면 기업은 '주식 가격×발행 주식 수'만큼 자금을 조달할 수 있습니다. 따라서

IPO는 기업들이 본격적으로 성장할 수 있는 동력이 되죠. 이 외에도 IPO를 통해 기업이 주식시장에 상장하게 되면 공식적이고 규모 있는 기업이라는 이미지를 얻을 수 있다는 장점도 있습니다. IPO는 생각보다 그 과정이 길고 복잡합니다. 단계별로 차근차근 IPO의 과정을 알아보겠습니다.

- **1단계:** IPO를 결심한 기업은 가장 먼저 IPO를 도와줄 주관사(증권사)를 선정합니다. 이후 해당 증권사와 함께 상장예비심사를 준비해 신청하죠. 거래소에서 주관하는 이 심사를 통과하면 이제 기업은 IPO를 할 수 있는 자격을 얻게 됩니다.

- **2단계:** 다음으로 기업은 투자자를 모으기 위해 증권신고서를 제출합니다. 증권신고서에는 회사의 매출, 사업 부문 소개 등 기업에 대한 이해를 도와주는 정보들이 담겨 있습니다.

- **3단계:** 증권신고서를 제출한 기업은 이제 기관투자자를 대상으로 수요예측을 진행합니다. 국민연금 같은 기관투자자들에게 우리가 발행하는 주식을 "얼마의 가격에, 어느 정도 물량을 살 것인지" 물어보는 것이죠. 기업들은 5만 원~7만 원처럼 희망하는 공모 가격을 미리 제시하는데, 이 범위를 공모가 밴드라고 부릅니다.

- **4단계:** 수요예측 기간이 끝나면, 기업은 기관들이 어느 정도의 희망 가격을 제시했는지, 경쟁률은 어느 정도인지 참고해서 공모가를 확정합니다. 수요예측에서 대부분의 기관들이 희망 가격을 7만 원으로 써 냈고, 수요가 공급보다 많다면 공모가는 밴드 최상단인 7만 원으로 확정되겠죠.

- **5단계:** 공모가가 확정되면 이제 드디어 일반 투자자를 대상으로 공모주 청약이 진행됩니다. 일반 투자자들은 증권사를 통해 공모

주 청약에 참여해 이 기업의 신주를 얻을 수 있습니다.

IPO, 더 깊이 이해하기

기업이 IPO를 진행하면 일반 투자자를 대상으로 공모주 청약을 진행하는데요. 공모주 청약이란 기업이 신주를 발행하며 공개적으로 투자자를 모으고, 희망 투자자들에게 주식을 배정해 주는 절차를 말합니다. 보통 IPO에 나서는 기업들의 주가는 상승 여력이 충분하기 때문에, 많은 투자자들이 공모주 청약에 관심을 가집니다. 일반 투자자들이 참여할 수 있는 공모주 청약에는 2가지 방식이 있습니다.

첫 번째 방식은 **비례 배정 제도**입니다. 비례 배정 제도는 청약 증거금을 넣은 액수만큼 공모주를 비례해서 나눠 주는 분배 방식입니다. 예를 들어, 1억 원의 증거금을 넣었으면 100주를 지급받고, 1,000만 원의 증거금을 넣었으면 10주를 지급받는 것이죠. 그러나 비례 배정 제도에서는 소수의 고액 투자자가 큰 증거금*을 넣고 공모주를 싹쓸이할 수 있어 많은 비판을 받기도 했습니다.

두 번째 방식은 **균등 배정 제도**입니다. 균등 배정 제도에서

---

* 증거금: 공모주를 배정받기 위해 제출하는 금액으로, 증거금률이 50%인 공모주 청약에 참여하여 100만 원의 증거금을 제출하면 200만 원어치의 청약을 넣을 수 있습니다.

한입 경제 상식사전

는 최소한의 청약 증거금을 넣은 사람들에게는 모두 균등하게 공모주를 나눠 줍니다. 최소 증거금이 100원이면, A가 500원을 넣고 B가 1,000원을 넣어도 둘은 똑같은 수량의 공모주를 받게 됩니다. 현재 IPO를 진행하는 기업들은 투자자 간 형평성을 보장하기 위해서 공모주 청약에서 전체 물량의 최소 50% 이상을 균등 배정해야 합니다.

그런데, 일부 사람들은 10개 증권사에 계좌를 개설해 청약을 하기도 합니다. 그러면 증권사마다 1주씩 공모주를 배정받더라도 합하면 10개가 넘는 공모주를 보유할 수 있겠죠? 이를 중복 청약이라고 합니다. 정부는 중복 청약이 균등 배정 제도 도입 취지에 맞지 않는다며 **2021년 6월부터 금지**했죠. 이제는 투자자 1명당 1개의 증권사에서만 공모주를 배정받을 수 있습니다.

코로나19 이후의 IPO 열풍

코로나19 팬데믹 이후 대어급 기업들이 줄줄이 IPO에 나서며 그야말로 IPO 열풍이 불었습니다. 2021년에 상장한 기업의 공모액을 합치면 16조 원이 넘는데, 이는 역대 최대 규모입니다. 카카오뱅크, 크래프톤, SK바이오사이언스, 카카오페이 등 이름만 보더라도 얼마나 인기 있는 기업들이 IPO를 했는지 짐작할 수 있죠.

카카오페이는 상장을 시도했다가 두 차례나 상장이 미뤄진 역사가 있습니다. 2021년 7월, 카카오페이는 제시했던 공모가가 너무 높다는 논란에 휩싸였습니다. 특히 카카오페이는 증권신고서에 적었던 비교 기업들이 합리적이지 않다고 평가되어 증권신고서를 수정하게 됐습니다. 이때 상반기 실적 전체를 증권신고서에 기입해야 했는데, 카카오페이는 아직 상반기 실적이 나오지 않아 상장을 미뤄야만 했죠.

이후 2021년 9월, 카카오페이는 두 번째 IPO 도전을 앞두고 있었는데요. 그러나 금융소비자보호법에 의해 카카오페이가 제공하던 대출·보험상품 비교 서비스를 중단하게 되는 이슈가 있었습니다. 매출의 30% 넘게 벌어다 주던 서비스가 갑자기 중단되면서, 카카오페이는 증권신고서를 수정하거나 문제를 해결하고 비교 서비스를 재개해야 했습니다. 결국 카카오페이는 상장 일정을 중단하고 관련 서비스를 재정비했습니다. 카카오페이는 10월 세 번째 상장 절차에 돌입했으며 10월 25~26일 일반 투자자를 대상으로 공모주 청약을 진행해 3수 끝에 상장을 성공적으로 마무리했습니다.

2022년에는 대한민국 IPO의 역사를 새로 쓰는 사건이 있었 있었으니 바로 전기차 배터리 기업인 LG에너지솔루션(LG엔솔)이 코스피 시장 상장에 성공한 것입니다. LG에너지솔루션은 과거 LG화학의 전기차 배터리 사업부가 분할되어 설립된 회사로 전 세계 3위, 국내 1위의 전기차 배터리 제조 전문기업입니다. LG엔솔은 상장하자마자 단숨에 SK하이닉스를 제치고 국내 기업 중 시가총액이 두 번째로 높은 기업이 되었죠.

LG엔솔의 상장은 우리나라 IPO(기업공개)의 역사를 새로 쓴 것으로 평가받습니다. 일반인들을 대상으로 한 공모주 청약에만 무려 114조 원이라는 전례 없는 액수의 돈이 몰리면서, 청약을 해도 주식을 단 한 주도 받지 못하는 사태가 발생하기도 했죠.

핵심만
콕콕

- IPO는 기업이 주식시장에 상장하는 것을 뜻하며, 기업공개라고 부르기도 합니다.
- IPO는 크게 주관사 선정 → 증권신고서 제출 → 기관투자자 수요예측 → 공모가 확정 → 공모주 청약 순서로 진행됩니다.
- 기업은 IPO를 진행하며 공모주 청약을 통해 신규 투자자를 모집합니다. 공모주 청약은 현재 비례 배정 방식과 균등 배정 방식을 혼합해 진행되며(최소 50% 이상 균등 배정 방식), 중복 청약은 불가능합니다.

참고
문헌
"IPO 절차", 〈신한금융투자〉, 2022.03.23 열람.
"LG엔솔, 공모주 청약 신기록 썼다…114조원·440만명 몰려", 〈연합뉴스〉, 2022. 01.19.

보호예수란 회사가 주식을 새로 발행할 때, 대주주들이 일정 기간 주식을 팔지 못하게 막아 주식 시장을 안정시키는 제도입니다.

보호예수, 개인투자자를 지켜 준다고?

보호예수란 회사가 새 주식을 발행할 때, 대주주들이 일정 기간 동안 주식을 팔지 못하도록 제한하는 제도입니다. 보호예수 기간 동안, 대주주들은 주식을 보유하고 있긴 하지만 사실 해당 주식들은 금융기관에 대주주들의 이름으로 보관되어 있습니다. 보호예수 제도는 이렇게 대주주들이 일정 기간 동안 주식을 매도하지 못하게 함으로써 개인투자자들을 보호하는 역할을 하는데요. 대주주들이 주식을 발행받자마자 시장에 전부 매도해 버린다면, 주가가 순식간에 급락할 수 있기 때문입니다.

보호예수 제도는 주로 기업들이 IPO를 하며 공모주를 발행하거나 유상증자를 통해 신규 주식을 발행할 때 적용됩니다.[*] 공모주 청약 때는 많은 물량을 가져가는 기관투자자, 유상증자 때는 신규 주식을 대거 사들이는 대주주와 보호예수 기간을 약속하죠. 대주주가 보유하고 있는 주식들을 한 번에 매도하면 주가가 떨어지기 때문에 회사 입장에서도 보호예수는 기업가치(시가총액)를 보호할 수 있는 수단이 됩니다.

공모주 청약과 보호예수

보통 어떤 주식의 보호예수 기간이 끝나면, 보호예수 때문에 발이 묶여 있던 기관은 '이제 주식을 팔아서 차익실현을 해야겠다'라고 생각하며 보유한 주식을 매도합니다. 그런데 기관이 가진 주식의 물량이 굉장히 많다 보니, 주식시장에서는 해당 주식의 공급이 늘어나고 주가가 하락하는 게 일반적입니다. 즉 대개 '보호예수 기간이 끝난다 → 주가가 하락한다'는 공식이 성립합니다. 이렇듯 보호예수 기간 종료는 갓 상장한 기업의 주가에 큰 영향을 주는 이벤트입니다.

그래서 공모주 청약에 참여할 때는 보호예수에 대한 정보를 알고 가는 것이 중요합니다. 전체 주식 중 기관투자자들에게 할당되는 주식이 얼마인지, 기관마다 보호예수 기간은 언

---

[*] 공모주에 적용되는 보호예수를 '의무보유 확약'이라고 부르기도 합니다.

제까지인지 등을 파악하면 주가 하락에 잘 대비할 수 있습니다. 보통 보호예수 물량이 많으면 그만큼 상장 초기에 주가가 안정적입니다. 기관이 많은 물량을 가지고 있으면서도 팔지 못하기 때문에 비교적 시장에 풀리는 물량이 적어 주가가 오를 가능성이 높죠. 어떤 기관은 보호예수 기간이 끝나도 주식을 팔지 않기도 합니다. 이런 경우에는 보호예수 기간이 끝나면 주가가 하락한다는 통념과 반대로 주가가 떨어지지 않을 수도 있습니다.

뜨거웠던 공모주 시장, 이후에는 보호예수를 주목하자

코로나19 팬데믹 시작 이후 주식시장 호황과 함께 SK바이오사이언스, 카카오뱅크, 크래프톤 등 여러 기업들이 주식시장에 상장하며 공모주 시장은 굉장히 뜨거웠습니다. 뜨거웠던 청약 시즌이 지나고 각 신규 상장기업마다 보호예수 기간이 끝났는데요. SK바이오사이언스는 보호예수 기간 해제 이후 주가가 크게 하락한 반면, 크래프톤은 보합세, 카카오뱅크는 오히려 소폭 상승했습니다. 언제나 그렇듯 이론과 실제는 다른 법이니까요.

핵심만 콕콕

- 보호예수란 대주주들이 보유한 주식을 일정기간 팔지 못하도록 하는 제도입니다.
- 보호예수는 대주주들이 일시에 주식을 대거 처분하는 것을 막아 개인투자자들을 보호하는 역할을 합니다.
- 공모주 투자 시 보호예수 기간과 물량을 주목할 필요가 있습니다.

27 | 물과 기름 같은
 가치주와 성장주

가치주는 기업가치보다 주가가 저평가된 주식을, 성장주는 지금은 그리 규모가 크지 않지만 향후 크게 성장할 것으로 보이는 기업의 주식을 가리킵니다.

정가보다 싼 주식, 가치주

가치주Value Stock는 주가가 기업의 본래 가치보다 저렴하다고 판단되는 주식입니다. 한 기업의 가치는 기업의 실적이나 자산 등을 통해 추산되는데, 일반적으로 '실적이나 수익, 자산 상태를 보면 주가가 지금보다 더 비싸야 할 것 같은데 왜 이렇게 저평가되어 있지(싸지)?'라는 의문이 드는 주식이 가치주로 분류됩니다.

가치주를 평가할 때는 주로 주가 수익 비율PER, Price-to-Earnings Ratio이라는 지표를 사용합니다. PER은 현재 주가를 주당순이익EPS, Earnings Per Share으로 나눈 지표인데, 업계 평균보다 PER이 낮은 기업들의 주식이 주로 가치주로 불립니다. 그러나 현재 주가가 기업 가치보다 저평가되어 있다는 것은 주관적인 평가일 수 있기 때문에, 가치주를 명확하게 정의하는 것은 쉬운 일이 아니긴 합니다.

가치주 투자로 유명한 투자자가 바로 워렌 버핏**Warren Buffet**인데요. 워렌 버핏은 1987년 10월 미국 증시가 대폭락했던 '블랙 먼데이**Black Monday**' 사태 이후 코카콜라의 주식을 대거 사들였습니다. 주가가 기업의 가치보다 저평가되어 있다는 판단에 서였죠. 이후 코카콜라의 주가는 계속해서 오르며 버핏을 세계 최고의 부자 중 한 명으로 만들어 주었습니다. 버핏의 투자 원칙은 '좋은 주식을 좋은 가격에 사는 것'이라고 하죠.

미래가 기대되는 주식, 성장주

성장주**Growth Stock**는 미래에 폭발적으로 성장할 것으로 기대되는 기업의 주식입니다. 주로 새로운 시장을 주도하거나 트렌드 변화에 올라탈 것으로 기대되는 기업들의 주식이 성장주로 분류됩니다. 성장주를 판단하는 기준은 다소 주관적인데요. 예를 들어, 미래에는 전기차가 대세가 될 것이라고 예상된다면 전기차와 관련 있는 테슬라나 현대차 같은 회사의 주식이 '성장주'가 되는 것이죠. 성장주 역시도 가치주와 마찬가지로 정해진 구분 방법이 있는 것은 아닙니다.

가치주와 성장주의 구분법, 듀레이션?

혹자는 가치주와 성장주를 구분하는 기준으로 듀레이션 Duration이라는 개념을 제시하기도 합니다. 듀레이션은 채권에서 쓰이는 개념으로, 투자 원금을 회수하기까지 걸리는 시간을 뜻합니다. 주식투자에서도 채권처럼 듀레이션 개념을 적용할 수 있습니다. 앞서 가치주는 PER이 낮은 주식이라고 말씀드렸는데요. 워렌 버핏은 12~15 정도가 적정 PER이고, PER이 30을 넘어가면 주가에 '거품'이 낀 것이라 말하기도 했죠.

그러면 PER이 3 정도로 낮은 A 주식을 생각해 보겠습니다. 'PER = 주가/주당순이익EPS'이기 때문에 PER이 3이라면 주가가 3이고 한 해의 EPS가 1이 된다고 가정해 볼 수 있겠죠. 이 말은 기업이 3년 동안 수익을 내야 주가에 해당하는 만큼의 이익을 낼 수 있다는 얘기입니다. 가치주는 이미 어느 정도 성장해 수익을 잘 내고 있는 기업의 주식인 만큼 비교적 듀레이션이 짧겠죠. 하지만 성장주는 미래에 언젠가는 성장해서 수익을 낼 것으로 기대되지만, 아직은 수익을 잘 내지 못하기 때문에 듀레이션이 긴 편입니다.

일반적으로 듀레이션이 짧아 투자금과 이익을 빠르게 회수할 수 있는 주식을 가치주, 듀레이션이 길어 투자금과 이익 회수가 오래 걸리는 주식을 성장주라고 구분하기도 합니다.

금리와 가치주 & 성장주의 연관성

주식시장에는 일반적으로 통용되는 공식이 있습니다. 그 중 하나가 "금리(이자율)가 오를 때는 가치주에, 금리가 내릴 때는 성장주에 투자하라"는 것인데요. 이 공식을 쉽게 이해하려면 보통 금리가 오르면 주가는 내려가고, 금리가 내리면 주가는 올라간다는 경향이 있다는 것을 알아야 합니다. 2021년 초 이른바 '동학개미운동'으로 주식투자 열기가 뜨거웠는데요. 이 당시 금리가 매우 낮은 수준이었고 이에 사람들이 주식시장에 몰려 주식의 가치가 올라갔다는 걸 기억하면 됩니다. 쉽게 생각하면, 금리가 낮으면 은행에 돈을 맡겨도 이자율이 높지 않으니 수익률이 높은 주식시장에 사람들이 몰리는 것이죠.

반대로 금리가 오르면 사람들은 위험자산인 주식에 투자하기 보다, 은행에 돈을 맡기게 됩니다. 이때 가격이 내려가는 것은 가치주든 성장주든 마찬가지입니다. 그런데 듀레이션이 짧은 가치주는 비교적 짧은 기간 동안 가격이 내려가지만, 듀레이션이 긴 성장주는 오랜 기간에 걸쳐 계속해서 가격이 내려가게 됩니다. 당연히 이 시기에는 가치주에 투자하는 것이 더 이득입니다. 주가 하락이 성장주에 비해 덜하기 때문입니다. 반대로 금리가 내릴 때는 가치주보다 더 오랜 기간에 걸쳐 가격이 올라갈 성장주에 투자하는 것이 이득이겠죠.

코로나19로 오랜 기간 저금리 시대가 유지되면서 2021년까지는 성장주가 많은 관심을 받았습니다. 테슬라와 엔비디아 등 미래가 유망한 기업들의 주가가 폭발적으로 상승했죠. 하지만 2022년 세계 각국의 금리 인상이 본격화하며 이들 기업의 주가도 가파르게 하락하고 말았습니다. 이렇게 주식시장에서 절대적인 공식이란 없는데요. 자신이 투자하고 있는 기업의 주식은 어떤 주식인지 또 금리는 어떻게 변동하고 있는지 잘 확인해야겠죠?

- 가치주는 기업가치보다 주가가 싼 기업의 주식을, 성장주는 지금은 기업규모가 작지만 크게 성장할 것으로 예상되는 기업의 주식을 의미합니다.
- 가치주와 성장주는 투자금과 이익의 회수기간인 듀레이션을 통해 구분하기도 합니다.
- 보통 금리가 내릴 때는 성장주, 금리가 오를 때는 가치주가 강세를 보입니다.

참고
문헌

"가치주는 뭐고 성장주는 또 무엇일까", 〈생글생글〉, 2020.11.23.
"카니발·쿠어스맥주…금리 상승기엔 가치주 뜬다", 〈한국경제〉, 2021.03.07.
"주식시장 이끄는 '성장주'…금리 오르면 무너질까?", 〈이투데이〉, 2020.09.17.

커뮤니티에서 떡상한 주식
밈주식

밈주식이란 소셜미디어나 온라인 커뮤니티에서 유행처럼 퍼져 나가는 주식을 뜻합니다.

밈주식이란?

밈주식Meme Stock은 소셜미디어나 온라인 커뮤니티 등에서 사람들의 입에 오르내리며 높은 관심을 받고, 급등세를 보이는 주식을 말합니다. 여기에서 밈**meme**이란 인터넷에서 퍼져 있는 유행어 또는 이미지 등을 포괄적으로 이르는 말인데요. 본래 밈은 〈이기적 유전자〉라는 저작으로 유명한 진화생물학자 리처드 도킨스가 오랜 기간 전승되어 온 정신적 산물(종교, 사상, 이념 등)을 가리키기 위해 사용한 용어였지만 이후 인터넷의 확산과 함께 인터넷 상의 유행을 가리키는 말로 사용되기 시작했습니다.

밈주식이란 밈**meme**과 주식**stock**의 합성어로 유행처럼 사고 파는 주식을 뜻합니다. 주로 미국의 소셜 뉴스 커뮤니티인 레딧**Reddit**에서 유저들의 관심을 받고 주가가 급상승하는 주식이 밈주식이 됩니다. 그래서 밈주식을 '레딧 주식'이라고 부르기도 하죠. 2021년 초 '게임스탑 사태'[*] 때 주목을 받은 게임스탑 주식이 밈주식의 조상님 격이라고 할 수 있습니다. 당시 레딧의 주식 게시판이었던 월스트리트베츠**WSB, WallStreetBets**에서 활동하던 개인투자자들이 힘을 모아 게임스탑의 주가를 끌어올렸고, 이렇게 유명세를 탄 게임스탑 주식을 다른 개인투자자들까지 집중적으로 매수하면서 게임스탑 주식을 공매도[**]했던 기관들이 막대한 손해를 보기도 했습니다. 공매도는 주가가 내려갈 때 돈을 버는 투자 방법입니다. 여러 기관들이 '게임스탑 주식이 과대평가됐다'며 공매도에 나섰었는데요. 그러자 이 소식을 들은 개인투자자들이 게임스탑의 주식을 대거 매수하면서 주가가 폭등했고, 결국 게임스탑 주식을 공매도했던 기관들은 두 손을 들고 항복할 수밖에 없었습니다.

이렇듯 거대 공매도 세력에 맞서 개인투자자의 힘을 보여줬던 '게임스탑 사태'는 밈주식의 시초가 되었죠. 게임스탑 사태를 계기로 개인투자자들은 뜻을 모으면 강력한 힘을 가질

[*]   게임스탑 사태에 대한 자세한 내용은 36장을 참고하세요!
[**] 공매도에 대한 자세한 설명은 33장을 참고하세요!

수 있다는 걸 알게 되었고, 이를 기점으로 다른 밈주식도 생겨 났습니다. 극장 체인점을 운영하는 AMC, 건강보험 회사 클로 버헬스 등도 대표적인 밈주식으로 꼽힙니다. 밈주식들은 대부분 미국 증시에 상장돼 있는데, 미국 주식시장의 경우 우리나라 주식시장과 달리 상승폭과 하락폭이 제한되어 있지 않아 매수세가 몰리면 폭등이 가능합니다. 관심을 받은 밈주식이 제한 없이 상승하고, 더 많은 관심을 받는 구조가 만들어지는 것이죠.

밈주식은 왜 흥했나?

밈주식은 2021년 엄청난 주목을 받았습니다. 당시 코로나 19 팬데믹으로 미국의 연방준비제도 등 세계 각국 중앙은행이 금리를 크게 내리고, 정부도 재난지원금으로 시중에 막대한 양의 돈을 공급했습니다. 이렇게 시중에 풀린 돈의 양이 늘자, 이 자금들이 주식시장으로 흘러 들어가기 시작했죠. 넘쳐나는 돈은 대기업뿐만 아니라, 주가가 널뛰기하는 종목으로까지 몰려들었습니다. '단타'로 일확천금을 노리는 투자자들의 타깃이 된 것이 바로 밈주식이었습니다. 사람들의 높은 관심을 받는 주식은 오를 가능성이 높다는 판단이었죠.

또한 밈주식이 뜨는 데는 개인투자자의 파워가 강해진 것도 한몫했습니다. 게임스탑 사태 이후 개인투자자들은 기관투자자 중심으로 굴러가는 주식시장을 뒤집자는 생각을 가지고 온라인 커뮤니티를 중심으로 의견을 모으고 있습니다. 이미 게임스탑으로 개인투자자가 기관을 이길 수 있다는 것을 증명 했으니 앞으로도 의견을 잘 모으면 기관을 이길 수 있다는 것 이죠. 특히나 2030 젊은 투자자들을 중심으로 유대감이 생기 며 밈주식은 새로운 트렌드로 자리 잡았습니다. 이들은 애널 리스트 리포트보다 커뮤니티의 분위기를 참고해 주식투자를 하기도 하죠.

밈주식의 명 vs 암

밈주식은 MZ세대 투자자들의 특성에 맞는 새로운 유형의 주식으로 볼 수 있습니다. MZ세대는 온라인 커뮤니티에서 접할 수 있는 투자자들의 의견 역시 중요한 투자 정보라고 인식합니다. 또한 주식의 가격이 기업의 가치뿐만 아니라 사람들의 심리에 의해 움직일 수 있음을 잘 이해하고 있죠. 개인투자자의 힘이 커지면서, 이들의 의견이 주가에 잘 반영되는 **밈주식은 젊은 투자자들에게 매력적인 투자처로 부상**하고 있습니다.

반면 **밈주식이 대부분 과대평가되어 있다**는 점에서 경고하는 전문가도 적지 않습니다. 실제로 많은 밈주식들은 주가에 비해 기업의 펀더멘털**Fundamental**(경제적 기초)이 부족한 경우가 많습니다. 전문가들은 결국 주가는 기업가치에 수렴하기 때문에 밈주식은 폭등세를 보인 후 다시 급락할 가능성이 높다고 경고합니다. 또한 밈주식은 변동성이 크기 때문에 투자에 리스크가 많이 따라오기도 합니다. 어떤 전문가들은 기업가치가 아닌, 사람들의 심리에 의해 움직이는 밈주식은 투자가 아니라 도박이라며 강력하게 비판하기도 했죠.

밈주식에 잘 투자하려면

전문가들은 밈주식은 통계적으로 급등세를 보인 후 9일 안에 폭락하는 경향이 있기 때문에 급등한 후 1~2주 안에 매도할 것을 추천합니다. 또한 사람들의 의견을 맹목적으로 따라 밈주식에 투자하기보다는 밈주식이라도 왜 오르는지, 기업의 펀더멘털은 탄탄한지, 시장 상황은 어떤지 등을 잘 분석하고 투자할 것을 조언합니다. 밈주식도 기업과 시장의 환경에 영향을 받기 때문입니다.

이번 장에서는 미국 주식시장에서 새로운 트렌드로 자리 잡고 있는 밈주식에 대해 알아보았는데요. 밈주식의 열풍은 그치지 않고 계속해서 유지될지 아니면 열풍이 사그라들지 잘 지켜봐야 하겠습니다.

핵심만 콕콕

- 밈주식이란 MZ세대 사이에서 유행처럼 퍼져 나가는 주식을 의미합니다.
- 2020년 게임스탑 사태 이후 개인투자자들의 힘이 커지자 밈주식도 많은 주목을 받았습니다.
- 밈주식은 갑자기 급등하기도 하지만, 리스크도 크기 때문에 투자에 주의가 필요합니다.

참고
문헌

"게임스톱 AMC? 경고등 켜진 '밈주식' 모든 것을 알려드립니다", 〈매경프리미엄〉, 2021.06.12.

"[투자노트] '밈 주식'에 점령당한 미 ETF들, 올라탈 텐가 피할 텐가", 〈조선비즈〉, 2021.06.08.

""밈 음악 꺼지면 초보투자자 대규모 손실"…투자베테랑의 경고", 〈이데일리〉, 2021.06.05.

"'밈 주식' AMC, 서학개미 이달들어 2조원 거래", 〈연합뉴스〉, 2021.06.11.

29 | 주식을 쪼갠다고? 액면분할

액면분할이란 주가가 비싸진 기업들이 주식을 여러 개로 쪼개 주가를 낮추는 것으로, 주식 거래를 활성화하기 위한 목적으로 진행됩니다.

액면분할이 뭐지?

액면분할이란 주식을 여러 개로 쪼개 주식 한 주의 가격을 떨어뜨리고, 주식 수는 늘리는 것을 뜻합니다. 가령 증시에서 거래되는 주식 한 주의 가격이 300만 원이라면, 이를 100주로 쪼개 주당 가격을 3만 원으로 만드는 것이죠. 액면분할은 주로 주가가 매우 높은 기업들이 단행하는데요. 주식 가격이 너무 높으면 시장에서 거래가 활발히 이뤄지지 못하기 때문에, 일반 투자자들의 거래가 활성화될 수 있도록 주식을 쪼개 가격을 낮추는 것입니다. 가령 2018년 삼성전자가 액면분할을 단행하기 이전 주가는 200만 원대 후반으로, 일반 개인투자자들은 쉽게 사고 팔기 어려웠습니다. 이후 삼성전자가 1/50의 액면분할을 단행해 주가를 5만 원대로 낮추자, 거래량이 2배 수준으로 늘기도 했습니다.

그런데 왜 주식을 쪼개는 것이 '액면'분할인 것일까요? 사실 모든 주식은 주식회사가 설립될 때 결정되는 액면가를 지니고 있습니다. 가령 창업자들이 자본금 500만 원을 출자해 회사를 만들고, 주식을 1만 주 발행하기로 한다면 주당 액면가는 500 원이 되는 것입니다. 그리고 이 회사가 증권시장에 상장돼 주식이 시장에서 거래되기 시작하면 보통 액면가를 훌쩍 뛰어넘는 가격에 거래되죠. 현재 삼성전자의 주식 액면가는 100원인 데, 시장에서는 7만 원(2023년 8월 기준) 가까운 가격에 거래되고 있습니다. 액면분할을 하면 먼저 주식의 액면가액을 쪼개게 되는데요. 액면가가 500원인 주식을 100주로 분할하면 주당 액면가는 5원이 되고, 만약 이 주식이 증시에서 거래될 경우 시가 역시 액면가를 따라 1/100로 쪼개지는 것입니다.

액면분할하면 주가는 무조건 오를까?

그렇다면 액면분할을 하면 기업의 주가는 어떻게 될까요? 일반적으로 주식을 여러 개로 쪼개 주가를 낮추면 보다 많은 사람들이 주식을 살 수 있게 돼 주가가 올라갑니다. 카카오는 2021년 4월 액면분할을 하기 전 주가가 55만 원대에 이르렀는

한입 경제 상식사전

데, 주식이 1/5로 쪼개지자 개인투자자들의 매수도 크게 늘어 일시적으로 주가가 30% 가까이 상승하기도 했습니다. 카카오의 경쟁자인 네이버의 주가가 2달간 거의 제자리 걸음을 한 것을 감안하면, 액면분할이 주가 상승의 계기가 됐다는 의견도 꽤나 일리가 있어 보입니다.

하지만 액면분할을 한다고 주가가 항상 오르는 것은 아닙니다. 삼성전자의 경우 액면분할을 단행하자 거래량이 크게 늘었지만, 주가는 3개월간 13%가량 하락했습니다. 물론 당시의 주가 하락은 실적 전망이 악화된 탓이 크지만 액면분할이 곧장 주가상승으로 이어지지 않는다는 하나의 예시가 됐죠. 네이버 역시 2018년 말 1/5로 액면분할을 단행했지만 이후 한 달 간 주가가 18%가량 내렸습니다. 액면분할의 경우 증자처럼 기업의 재무구조와 기업가치에 직접적인 영향을 미치는 것은 아니기에 결국 주가는 기업의 펀더멘털에 따라 적정 가격으로 수렴한다는 분석이 지배적입니다.

핵심만 콕콕

- 액면분할이란 주식을 여러 개로 쪼개 주식 한 주의 가격을 낮추는 것을 의미합니다.
- 액면분할은 주로 주가가 지나치게 높은 기업들이 거래 활성화를 위해 단행합니다.
- 액면분할은 주가 상승의 계기가 된다는 견해가 있지만, 반드시 그런 것은 아닙니다.

참고 "카카오 제2국민주로 떴다…액면분할 자회사 상장 훈풍", 〈매일경제〉,
문헌 2021.06.15.
      "네이버는 액분후 한 달간 18% 하락했는데…'호재만발' 카카오는?", 〈NEWS1〉,
      2021.04.11.

30 | 자본금이 늘어나고 줄어드는
증자·감자

증자란 자본금을 늘리는 것, 감자란 자본금을 줄이는 것을 의미합니다.

자본금과 자본

증자와 감자를 이해하려면 먼저 자본금과 자본을 알아야 합니다. 자본금은 회사를 세울 때 주주들이 내놓은 돈을 뜻하는데요. 만약 A, B, C가 각각 5억 원, 3억 원, 2억 원씩 출자해 회사를 설립하면, 총자본금은 10억 원이 되고 각각의 지분율은 50%, 30%, 20%가 됩니다. 회사는 이 자본금으로 공장도 짓고, 사람도 고용해 사업을 펼쳐 나가죠.

회계상 자본과 자본금은 조금 다릅니다. 자본은 단순히 자산과 부채의 차액을 뜻하는데요. 부채보다 자산이 많으면 자본이 (+), 적으면 자본은 (−)가 되죠. 자본금은 자본의 구성

항목 중 하나입니다. 자본은 자본금과 각종 잉여금(이익잉여금 +주식발행초과금 등)으로 구성되며 자본은 곧 자본금과 누적 이 윤을 더한 것이라고 생각하면 쉽습니다.

유상증자와 무상증자

증자란 주식을 추가로 발행해 자본금을 늘리는 것입니다. 자본금은 (주식 액면가)×(주식 수)로 결정되기에 주식을 새로 찍어내면 자본금도 저절로 늘어나죠. 이때, 새 주식을 발행해 돈을 받고 파는 걸 유상증자, 기존 주주에게 공짜로 주식을 나눠주는 걸 무상증자라고 합니다.

먼저 유상증자를 알아볼까요? 회사가 사업을 하다 보면 자본금이 모자랄 때가 생깁니다. 물건이 잘 팔려 공장을 확장해야 하거나 갑자기 빚을 갚아야 하는 상황이 대표적이죠. 은행 대출을 쓰거나 채권을 발행할 수도 있지만, 둘 다 언젠간 갚아야 하는 빚입니다. 금리가 높으면 아예 자금 조달이 막힐 수도 있죠. 그럴 때 유상증자를 통해 돈을 조달할 수 있습니다. 주식을 갖는 건 곧 기업의 주인이 되는 것이기에, 주식 판매 대금을 회사가 갚아주지 않아도 됩니다. 유상증자를 통해 주식을 새로 찍은 만큼 주식 수와 자본금이 모두 늘어나는 거죠. 실제로 기업에 돈이 들어오는 만큼 기업가치(시가총액)에도 영향을 줍니다.

기존 주주에게 주식을 공짜로 나눠주는 무상증자도 있습니다. 유상증자처럼, 꼭 돈이 필요해서 증자를 하는 것만은 아닙니다. 사업을 하다 보면 자본금을 늘려야 하는 상황이 생기죠. 이럴 때는 주식을 팔지 않고, 잉여금을 자본금으로 돌리는 방식으로 무상증자를 할 수 있습니다. 무상증자를 하면 주식 수가 늘어나면서 자본금도 늘어납니다. 하지만 외부에서 돈이 들어오는 것은 아니기에, 기업가치(시가총액)나 현금흐름에는 변화가 없습니다.

유상감자와 무상감자

증자와 반대로 주식 수를 줄여 자본금을 줄이는 걸 감자라고 합니다. 회사 크기에 비해 자본금 규모가 너무 클 때 실시하는데요. 크게 주가 부양(유상감자)과 회사 재무 건전성 확보(무상감자)라는 두 가지 목적이 있습니다. 회사가 어려워 자본잠식이 발생할 우려가 있다면 자본금을 줄여 자본잠식률을 낮추기 위해서도 사용되죠.

유상감자는 회사가 돈을 주고 주식을 사들여 자본금을 줄이는 것입니다. 보통 회사 규모에 비해 자본금(주식 수×액면가) 규모가 너무 크면 주가가 잘 오르지 않습니다. 주당순이익 같은 성과 지표가 낮아지기 때문이죠. 그래서 돈을 잘 버는 회사는 기존 주주의 주식을 사들여 자본금을 줄입니다. 그러면 기업 가치는 그대로인 상태에서 주식 수가 줄어드니 주가는 상승하죠. 별개로 사모펀드나 대주주가 투자금을 회수하기 위해 인수한 회사에서 유상감자를 통해 회사의 자본금을 빼가기도 합니다. 인수나 합병을 위해 기업 규모를 줄이는 목적으로도 실시됩니다.

무상감자란 주주들에게 별다른 보상 없이 주식 수를 줄여버리는 방식입니다. 보통 회사의 자본잠식률이 높아지거나 누적된 결손금을 털어내고 싶을 때 단행하죠. 기업 가치나 현금흐름의 변화는 없지만, 자본금이 줄어들며 주주의 보유 주식

무상감자, 왜 하는 걸까?

자본금 50억 원짜리 회사가 있는데, 영업 손실이 누적되면서 자본(자본금—결손금)이 20억 원밖에 안 남았다고 가정해 보겠습니다. 그러면 자본잠식률은 60%에 달합니다. 보통 자본잠식률이 50%를 넘어가면 주식시장에서 쫓겨날 위기에 처하는데요. 자본잠식률을 낮추려면 자본금 규모를 줄이면 됩니다. 자본금을 50억 원에서 20억 원으로 줄여 버리고, 30억 원을 감자차익으로 인식하면 자본잠식률은 0%로 낮아집니다. 하지만, 이것이 실제로 회사의 재무상태를 개선하는 건 아닙니다. 단순히 회계적인 방법으로 재무상태가 좋아 보이게끔 포장하는 것이죠.

역시 줄어듭니다.

시장에서의 주가 변화

이론적으로는 증자와 감자로 인해 주식의 가치가 크게 변화하지 않습니다. 하지만 실제로 증자와 감자 소식이 들려오면 주가는 크게 요동치는데요. 일반적으로 아래와 같은 경향이 있습니다.

- **유상증자:** 유상증자를 실시하면 기업의 자산이나 이익은 그대로인데, 주식 수가 늘어나기에 주당순이익(EPS)이나 주당순자산(BPS) 같은 재무지표가 낮아집니다. 또 보통 유상증자는 기업에 돈이 모자란다는 신호로 받아들여져, 발표 후 주가가 급락할 수 있습니다.
- **무상증자:** 무상증자는 잉여금을 자본금으로 바꾸는 것으로, 기업

에 잉여금이 풍부하다는 뜻으로 해석됩니다. 따라서 무상증자 소식이 나오면 주가가 오르는 경우가 많습니다.

- **유상감자:** 유상증자와 반대로 기업의 자산과 이익은 그대로인데, 주식 수가 줄어들며 각종 재무지표가 개선됩니다. 그래서 보통 유상감자는 호재로 인식됩니다.
- **무상감자:** 보통 무상감자는 기업이 재무적인 위기에 처했을 때 관리종목 지정 혹은 상장폐지를 막기 위한 방편으로 사용됩니다. 따라서 무상감자가 발표되면 주가가 자주 폭락하곤 하죠.

핵심만 콕콕

- 증자는 자본금을 늘리는 것, 감자는 자본금을 줄이는 것입니다.
- 유상증자는 새로 찍어낸 주식을 팔아 돈을 마련하는 증자 방식이고, 무상증자는 새로 찍어낸 주식을 공짜로 주주들에게 나눠주는 증자 방식입니다.
- 유상감자는 기존 주주들이 가진 주식을 돈을 주고 사들여서 소각하는 감자 방식이고, 무상감자는 기존 주주들의 주식을 가져오면서 아무런 보상을 해주지 않는 감자 방식입니다.
- 흔히 유상증자와 무상감자는 악재로, 무상증자와 유상감자는 호재로 인식됩니다.

한입 경제 상식사전

주식시장에서의 퇴출 선고
상장폐지

상장폐지란 특정 기업의 주식이 증권시장에서 퇴출되는 것을 의미합니다.

상장폐지 A to Z

상장폐지는 거래소가 특정 주식의 거래가 불가능하도록 주식시장에서 퇴출시키는 것을 말합니다. 공식적인 주식시장에서 해당 주식을 거래할 수 없게 되는 것인데요. 한 회사 주식 전체의 거래를 막는 큰 제재이기 때문에 상장폐지에는 몇 가지 조건과 절차가 따릅니다.

먼저 상장폐지의 절차를 살펴보겠습니다. 상장폐지가 결정되기 전에는 보통 해당 주식이 관리종목으로 지정됩니다. 관리종목이란 상장폐지 가능성이 높아 투자 시 주의가 필요하다고 공시되는 주식 종목을 말하는데요. 사업보고서를 제출하지 않거나 자본잠식이 일어난 경우, 주식 거래량이 너무 적은 경우, 일반투자자의 비율이 너무 낮은 경우 등의 조건 중 하나라도 해당이 되면 관리종목으로 지정됩니다. 관리종목으로 지정이 된 종목은 누군가에겐 저평가된 투자처로 생각이 될 수도 있지만, 대부분의 경우 투자자들에게 '믿기 어려운 기업의 주식'이라는 부정적인 인식을 심어 주게 됩니다. 또 관리종목으로 지정될 경우 상황에 따라 해당 기업 주식의 거래가 정지되기도 하죠.

이렇게 관리종목으로 지정된 기업이 부실사유를 개선하지 않을 경우 '상장적격성 실질심사'를 통해 상장폐지 여부를 결정하게 됩니다. 만약 상장적격성 실질심사를 통해 한 회사의 상장폐지가 결정되면 보통 '정리매매 기간'이 부여됩니다. 주식시장에서 거래를 종료하기 전 마지막으로 주식을 거래할 기회를 주는 것입니다. 보통 우리나라 주식시장에서 일일 최대 하락폭을 30%로 제한한 것과 달리, 정리매매 기간에는 하락폭 제한이 없습니다. 정리매매 기간에는 주식 가격이 30%보다 더 큰 폭으로 떨어지기도 하죠. 그래서 어떤 기업의 주식이 상장폐지 될 수 있다는 소식이 들리면 '주식이 휴지 조각이 될 수 있다'는 우려가 나오곤 합니다. 정리매매 기간과는 별도로, 상장폐지 결정에 대해 7일 이내에 이의신청을 할 수도 있습니다. 이후 15일 이내에 재심사가 이루어지는데, 이의 신청이 받아들여지면 재심사가 이루어지겠지만, 아니라면 예정대로 상장폐지가 진행됩니다. 상장폐지 이후에는 주식을 장외에서만 거래할 수 있습니다.

상장폐지의 조건도 알아봐야겠죠? 상장폐지 요건은 정말 다양하지만, 코스닥을 기준으로 대표적인 경우 몇 가지만 짚어 보겠습니다. 먼저, **매출액이 2년 연속으로 30억 원 미만인 경우** 상장폐지 요건에 해당합니다. 또한 **5년 연속 영업손실이 이어져도** 마찬가지입니다. 관리종목 지정 요건과 비슷하게 **자본잠식이 이뤄지거나 자기자본 비율이 지나치게 낮거나 감사보고서를 미제출하거나 회계 감사에서 '의견거절' 처분을 받은 경우**에도 상장폐지 대상이 될 수 있습니다. 정리하자면 재정상태가 나쁘거나 회계법인이 감사 의견을 줄 수 없을 정도로 운영에 부실한데도 개선 의지를 보여 주지 않는 경우, 회사가 부도 난 경우, 특정 이유로 기업의 계속적인 사업에 차질이 있다고 판단되는 경우에 상장폐지가 될 수 있습니다.

사례로 알아보는 상장폐지

우리나라에서도 상장폐지 사례는 정말 많았습니다. 그중에서도 특이한 경우나 최근 사례들을 조금 살펴보겠습니다. 가장 먼저 살펴볼 사례는 우리나라의 전기밥솥 기업 쿠첸입니다. 쿠첸의 케이스가 특이한 이유는 자발적으로 상장폐지를 결정했기 때문인데요. 쿠첸은 모회사와 합병을 위해 상장폐지를 신청했습니다. 이 경우에는 상장폐지가 되더라도 주가가 떨어질 이유가 없습니다. 기업 경영상의 필요로 모회사와 합병을 하게 된 것이기 때문입니다. 실제로 많은 쿠첸 주주들이 주식을 그대로 가지고 있거나 손실 없이 주식을 매도했습니다.

다음으로 살펴볼 사례는 신라젠입니다. 신라젠은 2006년 설립된 우리나라의 대표 바이오벤처기업으로, 한때 시가총액이 10조 원에 달하고, 코스닥 시가총액 순위 2위에 오를 만큼 각광받던 기업이었습니다. 신라젠은 면역항암제 개발 기업으로, 2014년 '펙사벡'이라는 면역항암제 후보물질 개발사를 인수했고, 2016년 기술력을 인정받아 코스닥시장에 상장됐죠. 특히 신라젠은 펙사벡의 임상 3상 결과가 긍정적으로 기대되던 2017년에 주가가 최고점을 기록하고, 셀트리온과 라이벌 구도를 형성하며 한국의 바이오 열풍의 대표 주자로 군림했습니다. 하지만 신라젠의 열기는 그리 오래가지 못했습니다. 2019년 펙사벡의 임상 시험 중단 소식이 알려지면서, 그동안 공들여 온 면역항암제 기술에 대한 의문이 잇따랐죠.

미국 데이터모니터링위원회**DMC, Data Monitoring Committee**의 감사 결과, 말기 간암 환자 중 사망율을 유의미하게 개선한 효과가 없었다는 판단이었습니다. 여기에 2020년 5월, 문은상 전 대표를 비롯한 경영진이 횡령과 배임 혐의로 구속·기소되자, 신라젠에 대한 주주들의 신뢰도는 급격히 악화되었습니다. 결국 한국거래소는 신라젠의 상장 적격성이 떨어진 다고 판단해 즉시 주식 거래를 중단시키는 제재를 가했죠. 한국거래소는 신라젠에 경영 개선 기간 1년을 부여했지만, 별다른 성과가 없자 2022년 1월 1심 격인 기업심사위원회에서 상장폐지 결정을 내렸습니다. 하지만 1월 18일, 2심 격인 코스닥 시장위원회가 상장폐지를 보류하고, 6개월간의 추가 개선 기간을 부여하면서 신라젠은 마지막이 될 수도 있는 기회를 얻게 되었습니다.[*] 결국 신라젠은 2022년 10월 경영 개선 노력을 인정받아 거래소의 상장유지 판정을 받을 수 있었죠. 이렇듯 신약 개발과 같이 리스크가 큰 사업을 영위하는 바이오 기업들이 종종 상장폐지 위기에 놓이기도 합니다.

핵심만 콕콕

- 상장폐지란 특정 기업의 주식이 거래소에서 퇴출되는 것을 의미합니다.
- 상장폐지가 이뤄질 경우 코스피나 코스닥 시장에서의 거래는 불가능하지만, 장외 거래는 가능합니다.
- 기업의 재무상태가 악화되거나, 부실한 회계 관리 및 운영이 드러날 경우 상장폐지 대상이 될 수 있습니다.

참고 문헌

"주권상장", KRX(한국거래소), 2022.03.23 열람.
""이례적 자진 상장폐지…맘스터치", 매각 임박했나", 〈뉴데일리〉, 2022.01.20.
"부방, 쿠펜 지분 100% 확보…완전 자회사 편입후 '상폐'", 〈매일경제〉, 2019.06.17.
"신라젠 '상장 폐지' 일단 유예…거래소, 6개월 개선기간 부여", 〈한겨레신문〉, 2022.02.18.

[*] 상장폐지는 기업심사위원회(1심) – 1차 시장위원회(2심) – 2차 시장위원회(3심)의 3심제로 이뤄집니다.

32 | 한국 경제 & 주식 40년사

2021년 6월 코스피 지수는 3,300선을 돌파했습니다. 대한민국 주식의 역사를 새롭게 쓴 것인데요. 2007년 처음 2,000선을 돌파한 뒤 14년이 지난 2021년 '마의 3,000선'을 돌파한 코스피는 한동안 상승세를 보이다가 미국의 긴축 움직임과 함께 다시 2,000대 후반으로 주저앉고 말았습니다.

이번 장에서는 지금까지 우리나라의 주식이 언제 어떻게 오르고, 떨어졌는지 코스피 지수와 한국의 경제 상황을 중심으로 살펴보고자 합니다. 1980년대 이후 호황의 순간에서 코스피의 상승을 주도했던 산업은 무엇이었는지, 종종 주가 폭락을 이끌었던 요인은 무엇인지 자세히 들여다볼까요?

3저 호황과 트로이카 주식

1980년대말 코스피 지수는 3저 호황과 트로이카 주식의 호조에 힘입어 사상 최초로 1,000선을 돌파했습니다. 1980년대 후반에는 저금리·저유가·저달러(3저)로 우리 경제가 '단군 이래 최대 호황'을 맞게 되는데요. 국제적으로 금리가 낮아져 돈을 쉽게 빌릴 수 있게 됐고, 유가도 내려가 기업들의 생산 비용이 줄었습니다.

또 달러가치가 낮아짐에 따라 우리 기업의 수출도 유리해졌죠. 보통 달러가치가 내려가면 수출이 잘 안 된다고 생각하실 텐데요. 하지만 이때는 수출 경쟁국이었던 일본과 비교해야 합니다. 달러가치가 올라가면 엔화 가치가 상대적으로 낮아져 일본 제품의 수출이 더 잘 되기 시작합니다. 수출 경쟁력이 일본에 밀리는 것이죠. 하지만 당시 달러가치가 낮아지면서 우리나라의 수출 경쟁력이 일본보다 높아졌습니다.

이 당시 주가 상승을 견인했던 산업들이 바로 '트로이카'라고 불렸던 건설·금융(은행 및 증권)·무역(종합상사) 업종이었습니다. 전례 없는 호황을 맞아 건설과 수출 경기가 좋아져 건설과 무역 기업의 실적이 개선됐고, 정부 차원의 금융산업 개편과 개방으로 증권주가 최대 수혜주가 될 것이라는 기대가 커졌기 때문인데요. 트로이카 산업은 1987~1989년 코스피 붐을 이끌었던 주인공이었습니다.

1997 IMF 외환위기

1990년대 초는 우리 경제의 황금기였습니다. 대외적으로는 소련이 해체되면서 미국 중심의 자유주의적 세계 질서가 정착하고, 대내적으로는 군사 독재가 종식되면서 정치적 안정이 찾아왔죠. 1980년대 3저 호황의 영향으로 1990년대 초·중반까지 호황이 지속했습니다. 하지만 1990년대 중반 이후 수출 실적과 경제 성장이 둔화하기 시작했습니다. 게다가 1997년 태국 등 동남아시아 국가에서 시작된 외환위기가 우리나라에 까지 번지면서 우리 경제사상 최대의 위기라고 회자되는 'IMF 외환위기'가 시작됐죠.

영화 〈국가 부도의 날〉을 보면 1997년 IMF 외환위기 당시의 상황이 생생하게 그려집니다. 당시 우리나라는 무역적자가 커지면서 외환보유고가 크게 줄었고, 동남아에서 시작된 외환 위기가 우리나라로 확산하면서 달러가 급격하게 부족해졌습니다. 결국 달러 채권 상환이 어려워지며 국가 부도 위기가 닥쳤는데요. IMF의 구제금융을 받아 부도는 모면했지만, 경제는 급격하게 수축했고 혹독한 구조조정이 시작됐습니다.

외환위기가 시작되자 우리나라 원화의 가치가 폭락했고,

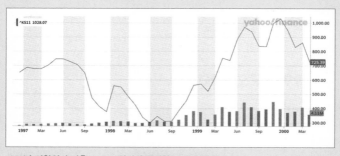

1997년 외환위기 이후 2~300선까지 폭락한 코스피 지수   [출처: 야후파이낸스]

동시에 **우량 기업들의 주가와 부동산 가격도 크게 떨어졌습니다.** 1980년대 1,000포인트를 돌파했던 코스피가 외환위기로 280선까지 밀렸죠. 이 당시 주식과 부동산을 사들여 부자가 된 사람들이 꽤 많았습니다. 영화 〈국가 부도의 날〉에서 배우 유아인이 연기한 '윤정학' 역시 이런 방식으로 큰돈을 벌었습니다. 원화 가치가 폭락할 것을 알고 미리 원화를 달러로 바꿔 둔 뒤, 실제로 원화가 폭락하자 달러를 다시 원화로 바꿔 가격이 폭락한 자산들(주식, 부동산 등)을 사들인 것이죠. 이렇게 사들인 자산은 **얼마 지나지 않아 급속도로 반등**하기 시작했습니다.

2000년대 초반 닷컴버블

외환위기 발발 이듬해인 1998년 코스피는 급반등을 시작합니다. 마치 2020년 코로나19 확산으로 폭락했던 주식이 빠르게 반등했듯, 이 당시에도 280까지 밀렸던 코스피가 1년 만에 3배 가까이 급등했죠. 이때 주가 상승을 이끈 키워드는 바로 '인터넷'이었습니다. 전 세계적으로 인터넷이 산업의 지형을 완전히 바꿔 놓을 것이라는 여론이 높아졌고, IT기업들의 주식에 엄청난 자금이 몰렸습니다. 이때는 특히 중·소형주 위주였던 코스닥 지수가 엄청난 상승 폭을 보여 줬는데, 코스닥은 한때 2,900선을 넘어서면서 사상 최고기록을 경신했습니다.

하지만 거품은 순식간에 꺼지고 말았습니다. 이른바 **'닷컴**

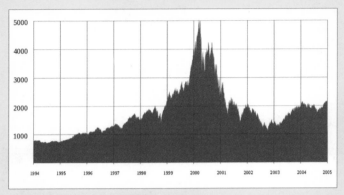

닷컴버블이 터지며 순식간에 1/5토막 난 미국의 나스닥 지수 [출처: Wikipedia]

버블Dot-com Bubble'이 터지면서 전 세계 IT 기술주들의 주가는
순식간에 폭락하고 말았습니다. 코스닥도 600선까지 급락하
면서 시장에 엄청난 충격을 안겨 줬죠. 이때 폭락한 코스닥은
약 20년이 지난 지금도 낙폭을 회복하지 못한 채 1,000선 언저
리에서 머무르고 있습니다. 비교적 중·대형주 위주였던 코스
피도 500선까지 폭락했었죠. 이렇게 보면 당시 주식시장의 거
품이 심했다는 것을 알 수 있습니다.

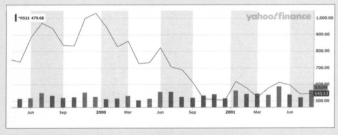

2000년대 초 닷컴버블이 터지면서 500선까지 떨어진 코스피 지수 [출처: 야후파이낸스]

한입 경제 상식사전

2000년대 재테크 열풍과 주식형 펀드

닷컴버블이 터진 뒤 우리 증시는 빠르게 회복하는 듯 보였지만, 2001년 9.11테러, 2002년 신용카드 대출 부실 사태, 2003년 미국의 이라크 침공 등의 리스크로 인해 다시 어려움을 겪었습니다. 하지만 이런 악재들이 어느 정도 잠잠해진 2003년 하반기부터 증시는 전 세계적인 경기 호황과 함께 안정적인 상승세를 보여 주기 시작했습니다. 특히 중국의 성장으로 인한 우리 기업들의 수출 호조, IMF 이후 세계화로 인한 금융시장 개방 등도 증시에 긍정적인 영향을 미쳤죠.

특히 이 당시에는 개인투자자들을 중심으로 재테크 열풍이 불었습니다. IMF 위기가 종식된 이후 계속해서 저금리 시대가 이어지며 높은 수익률을 내는 주식 기반 금융상품에 많은 자금이 몰렸습니다. 이때 글로벌 증시도 호조였기에 '주식형 펀드'가 큰 인기를 끌었는데요. 펀드 자금들이 국내 증시로 몰리면서 2007년에는 사상 최초로 코스피가 2,000선을 돌파합니다. 미국의 저금리가 지속되면서 외국인 투자자들도 우리나라 시장에 관심을 갖기 시작했고, 철강, 조선, 화학, 기계 분야의 기업들이 증시 '주도주'로 자리매김했죠.

2008 금융위기

잘 나가던 증시는 2008 금융위기를 계기로 다시 한 차례의 폭락을 경험합니다. 미국에서 시작된 금융위기가 전 세계적인 경제 위기를 몰고 온 것인데요. 금융위기의 중심에는 '부동산'이 있었습니다. 미국 정부는 부동산 경기를 부양해 중산층을 늘리고자 했습니다. 부동산 경기가 활성화되어 부동산 가격이 오르면, 가계 자산이 증가해 소비도 늘고 경기도 좋아질 것이라는 판단이었죠. 미국 정부의 부양책에 힘입어 미국 내 부동산 가격은 계속 올라갔습니다.

부동산 가격이 꾸준히 오르자 은행들은 부동산을 담보로 저신용자에게도 많은 돈을 대출해 줬습니다. 신용 등급이 낮은 사람에게 해 준 주택담보대출을 '서브프라임 모기지'라고 하는데요. 은행들은 어차피 채무자가 돈을 갚지 못해도, 담보로 잡은 부동산 가격이 계속 오르니 상관이 없다고 생각했죠. 심지어 월가 투자회사들은 은행들의 담보대출을 기초자산으

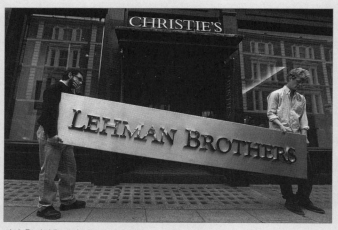

파산 후 간판을 내린 리먼 브라더스 [출처: The Balance]

한입 경제 상식사전

로 엄청나게 다양한 금융상품들을 만들어 팔았습니다.

그런데 **금리가 올라가고 미국의 부동산 경기가 침체되기 시작하면서 위기가 시작**됐습니다. 금리가 오르자 이자 부담이 커진 저신용자들은 부동산을 담보로 빌린 돈을 갚지 못했고, 은행들은 담보물인 부동산 가격이 폭락하면서 위기에 빠졌습니다. 담보대출이 부도나면서 이를 이용해 금융상품을 만들어 판 투자은행들도 줄줄이 부도를 맞게 되었습니다. 굴지의 투자은행인 '리먼 브라더스'가 파산하고 베어 스턴스, 메릴린치와 같은 유명 투자은행들도 다른 곳으로 흡수합병됐습니다.

은행들을 중심으로 발생한 신용위기가 경제 전반으로 확산하면서, 당시 미국을 비롯한 **세계 각국의 증시가 폭락**했고, 우리나라의 증시도 고전을 면치 못했습니다. 2007년 2,000선을 돌파했던 코스피는 위기가 닥치자 순식간에 930선까지 주저앉아 버렸죠. 하지만 이후 코스피는 다행히도 빠른 회복세를 보였습니다.

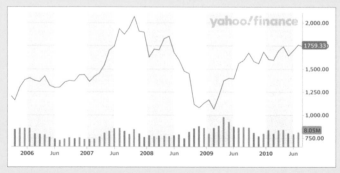

2008년 금융위기 이후 급락한 코스피 지수　　　[출처: 야후파이낸스]

주가가 폭락할 때 자금을 조금씩 나눠 주식을 꾸준히 분할 매수한 투자자들은 이후 주가가 오를 때 큰 수익을 올릴 수 있었는데요. 이때 '투자의 귀재' 워런 버핏은 주가가 폭락한 우량 기업들의 주식을 대규모로 매수해 이후 10조 원이 넘는 수익을 올렸다고 하죠.

차·화·정 랠리

2008년 금융위기 이후 미국을 비롯한 세계 각국은 강력한 경기부양책을 시행했습니다. 이때 '양적완화'라는 말이 처음 등장했습니다. 당시 벤 버냉키 미국 연방준비제도 의장은 시중에 돈이 돌지 않아 경기가 침체되자, 막대한 양의 돈을 찍어 시중에 풀기 시작했습니다. 이런 양적완화 정책의 도움으로 2009년 2월 말부터 주가는 급속도로 반등했고, 상승 랠리가 2년 넘게 이어졌죠.

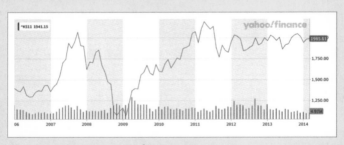

2009년부터 시작된 '차·화·정' 랠리[*]

[출처: 야후파이낸스]

---

* 2011년 미국의 신용등급 강등과 유럽 재정 위기로 급락 후 코스피는 다시 박스권에 갇히게 됩니다.

이때 코스피 상승을 이끈 대표적인 산업군이 바로 '자동차, 화학, 그리고 정유 산업(차·화·정)'이었습니다. 당시 중국 경제가 급성장하며 자동차 수출이 크게 늘었고, 고유가가 이어지며 화학과 정유 산업의 이익률이 높아졌죠. 자동차에서는 현대차와 기아차가, 화학에서는 LG화학, 한화케미칼 등이 정유에서는 SK이노베이션과 GS 등이 상승 랠리를 이끌었습니다.

차·화·정의 급성장으로 코스피도 단숨에 2,000선을 회복하며 금융위기 이전 수준을 돌파했습니다. 하지만 2011년 미국의 신용등급 강등과 유럽 재정위기로 수출 기업들의 업황이 다시 안 좋아졌고, 코스피 지수는 1,700선까지 추락하게 됩니다. 2017년 반도체 기업들이 다시 코스피 지수를 끌어올리기 전까지 코스피는 박스권에 갇히죠.

반도체 슈퍼사이클

2017년 우리나라 반도체 업계는 역사상 유례가 없을 정도의 호황을 기록하기 시작했습니다. 당시 구글과 아마존, 페이스북 등 글로벌 빅테크 기업들이 서버 증설에 나서면서 서버용 메모리 반도체 수요가 급등했는데, 전 세계에 고성능 메모리 반도체를 만들 수 있는 기업은 몇 없었기에, 메모리 반도체 최강자인 삼성전자와 SK하이닉스는 엄청난 돈을 벌어들였습니다.

이런 호황은 2018년까지 이어져 '반도체 슈퍼사이클(대호황)'이란 말이 유행하기도 했습니다. 당시 삼성전자와 SK하이닉스의 주가가 크게 올라 코스피에서 두 기업의 시가총액이 차지하는 비중이 25%를 넘겼습니다. 코스피도 한때 2,600선을 돌파했죠.

하지만 이렇게 훈풍이 불던 코스피에도 다시 한번 겨울이 찾아오는데요. 2008 금융위기 이후 막대한 돈을 시중에 풀어왔던 미국이 2018년 기준금리를 인상하며 시중에 풀린 돈을 회수하기 시작한 영향으로 코스피는 다시 내리막을 걷기 시작했습니다. 미국이 기준금리를 인상할 때마다 주가는 하락세를 보였죠. 그렇게 코스피는 또다시 박스권에 갇히고 말았습니다.

2020 코로나19 확산과 BBIG

2020년 3월 코로나19가 전 세계적으로 확산하고, WHO(세계보건기구)가 팬데믹을 선언하면서 주식시장도 얼어붙게 됩니다. 코로나19가 확산하면 일단 사람들이 여행이나 쇼핑 같은 외부 활동을 줄일 테고, 자연스럽게 기업들의 실적도 악화될 것이라는 전망이 많았습니다. 특히 여행과 항공, 면세점 주식들이 가장 큰 타격을 입었죠. 2008 금융위기가 은행권의 문제였다면, 2020 코로나19 사태는 전 세계 모든 기업의 문제였습니다.

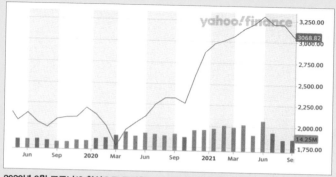

2020년 3월 코로나19 확산으로 급락한 뒤 빠른 속도로 반등한 코스피   [출처: 야후파이낸스]

    기업의 실적 전망이 악화되면서 기업은 돈을 빌리기 어려워 졌고, 국제적인 경제위기가 발생할 수 있다는 우려가 커졌습니다. 이런 전망에 기업의 주가도 폭락했습니다. 하지만 미국을 비롯한 각국의 정부와 중앙은행은 2008 금융위기 때와 마찬가지로 **막대한 돈을 풀어 기업들에 자금을 공급**했고, 경제는 빠른 회복세를 보이기 시작했습니다. 폭락했던 주가도 금세 코로나 이전 수준을 회복했죠. 이때 개인투자자들 사이에서도 주식투자 열풍이 불면서 주가는 더 빠르게 올랐습니다.

    팬데믹 직후 코스피는 1,700선까지 곤두박질쳤지만, 전례 없던 반등을 보여 주며 순식간에 사상 최초로 3,000선을 뚫어 버렸습니다. 이른바 '동학개미운동'이 벌어지며 개인투자자들의 엄청난 매수세가 이어졌습니다. 이때 코스피 상승을 주도한 기업들은 주로 BBIG, 즉 **전기차 배터리**^Battery, **바이오**^Bio, 인터넷**Internet**, 게임**Game** 기업들이었습니다. 코로나19 이후 에너지 전환과 디지털 전환이 빨라지면서 전기차의 핵심부품인 전기차 배터리, 언택트 열풍을 이끈 인터넷과 게임, 그리고 치료제와 진단키트를 만드는 바이오 사업이 높은 관심을 받았죠.

2021년 시작된 미국의 긴축

한때 3,300선을 돌파했던 코스피는 2021년 말 미국의 긴축 소식이 전해지며 내리막을 걸었습니다. 미국은 코로나19 대응을 위해 막대한 돈을 풀었는데, 경기가 회복되면서 물가가 지나치게 빠르게 오르기 시작했던 것이죠. 결국 미국의 중앙은행 격인 연방준비제도**Fed**는 테이퍼링과 기준금리 인상을 통해 시중에 풀린 돈을 회수하고 물가 상승을 억제하겠다는 계획을 밝힙니다. 그러자 전 세계 주식시장이 위축되기 시작했습니다. 금리가 올라가면 사람들은 주식과 같은 위험자산보다 은행 예금과 같은 안전 자산을 선택하게 되고, 그러면 주식시장에서 돈이 빠져나가기 때문이죠.

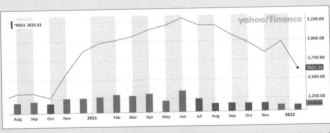

2021년 6월 이후 미국의 긴축 우려에 추세적 하락세를 보이는 코스피 지수 [출처: 야후파이낸스]

미국 연방준비제도는 2022년 3월 기준금리를 0.25%P 올린 것을 시작으로 꾸준히 금리를 올려 2023년 8월 기준금리는 5.25~5.50%에 이르렀습니다. 미국이 금리를 빠르게 올리면서 우리나라 기업의 주가도 큰 폭의 조정을 받았는데요. 2022년 초 3,000선을 다시 돌파했던 코스피는 2022년 2,100선까지 밀렸습니다. 고점 대비 30% 넘게 빠진 셈입니다. 2023년에는 미국과 우리나라의 금리 인상이 막바지에 달했다는 전망이 나오면서 지수도 다시 상승세를 타기 시작했습니다. 특히 2022년 말 챗GPT의 등장과 함께 시작된 생성형 AI 열풍과 이차전지(전기차 배터리) 기업에 대한 높아진 관심으로 2023년 반도체와 배터리 관련 기업의 주가가 크게 뛰었죠.

이렇게 이번 장에서는 약 40년 간 코스피 지수와 한국의 경제의 흐름을 함께 살펴봤는데요. 우연의 일치일지도 모르지만, 약 10년마다(1997 IMF – 2008 금융위기 – 2020 코로나19) 위기로 인한 폭락과 급등이 나타나는 것을 확인할 수 있었습니다. 코로나19 이후 박스권을 탈출해 역대급 신기록을 세웠던 코스피, 과연 2022년, 긴축의 압박을 잘 견뎌 내고 다시 한번 비상할 수 있을까요? 그러나 경기 둔화에 짧은 주행 거리, 부족한 전기차 충전소 등 전기차의 단점이 부각되면서 전기차 수요가 점점 줄어들기 시작했는데요. 이에 정점을 찍은 배터리 관련 기업 주가는 하락세를 기록했습니다.

공매도란 주식을 빌려서 매도한 뒤 주가가 떨어지면 주식을 사서 갚는 투자방식으로, 주가가 떨어질 때 수익을 올릴 수 있습니다.

공매도란?

공매도는 한자로 '없는 것을 판다'는 의미입니다. 먼저 **돈을 들이지 않고 주식을 빌린 후, 나중에 주식 가격이 내려가면 싼 가격에 주식을 사서 갚는 것**이죠. 숫자로 이해하면 좀 더 감이 잘 오실 텐데요. 일단 만 원짜리 A회사 주식 100주를 신용으로 빌려온 뒤, 이 주식을 바로 시장에 팔아 버립니다. 그러면 수중에는 곧바로 100만 원이 생기죠. 그리고 나중에 A회사의 주식이 5,000원으로 내렸을 때 다시 100주를 사서 갚으면 돈 한 푼 들이지 않고 50만 원의 차액을 얻게 됩니다. 정리하면 공매도는 주식을 빌려서 거래한 뒤, 주식 가격이 내려가면 이익을 얻는 거래 방식입니다.

여기서 중요한 것은 **공매도는 주가가 내려갈 때 돈을 버는 구조**라는 것입니다. 그러다 보니 공매도를 대규모로 할 수 있는 기관과 외국인은 공매도로 차익을 얻기 위해 특정 회사의 주가를 고의적으로 떨어뜨리기도 하는데, 혹자는 공매도가 기업들의 주가를 떨어뜨리는 원흉이라고 지적하기도 합니다. 하지만 공매도로 항상 수익을 낼 수 있는 것은 아닙니다. 주식을 빌려올 때보다 주가가 올라가면 공매도 투자자는 오히려 손해를 보게 되죠. 공매도가 많아진다고 주가가 항상 떨어지는 것도 아닌데요. 공매도를 진행했던 주식의 가격이 올라 공매도를 그만 두고자 할 경우, 기관들이 해당 주식을 매수해 갚아야 합니다. 이렇게 기관들이 주식을 매수하는 과정에서 수요가 몰리며 주가가 오르기도 하죠.

우리나라의 공매도 현황

공매도는 차입 공매도와 무차입 공매도로 나뉩니다. 차입 공매도는 앞선 예시처럼 주식을 먼저 빌리고 매도하는 방식입니다. 반면 무차입 공매도는 주식을 빌리지도 않고 마치 주식을 이미 빌려 둔 것처럼 매도하는 방식입니다. 우리나라에서는 2000년부터 차입 공매도만 가능한데요. 주식을 빌리지도 않은 채 매도하는 무차입 공매도는 너무 위험하다고 판단했기 때문입니다.

우리나라는 2020년 3월, 코로나19가 본격적으로 유행하자 공매도를 금지했습니다. 코로나19 팬데믹으로 경기침체가 예상되면서 주가가 너무 급격하게 떨어졌기 때문인데요. **공매도를 금지해 주가의 낙폭을 제한**한다는 의도였죠. 애당초 6개월간 공매도를 금지하기로 했으나 정부는 공매도 금지를 연장해 약 1년 동안 공매도가 금지되었습니다. 그리고 금지 기간이 끝나는 2021년 5월 정부는 중·대형 종목에 대해서만 공매도를 재개하기로 했죠. 하지만 2023년 11월, 정부는 공매도 제도의 문제점을 고치겠다며 또다시 공매도 전면 금지를 선언합니다. 외국계 증권사들의 불법 공매도 행위가 적발된 후 나온 조치였죠.

공매도, 찬성과 반대

2021년 공매도 재개를 두고 개인투자자들과 정부 당국 사이에 마찰이 있었습니다. 당국은 공매도를 재개하겠다고 밝혔지만, 개인투자자들은 공매도가 '기울어진 운동장'이라며 공매도 재개에 반대했습니다. 공매도 재개에 찬성하는 사람과 반대하는 사람들이 내세우는 이유는 무엇일까요?

먼저, **공매도 재개에 찬성**하는 사람들은 **공매도가 시장의 '거품'을 제거해 준다**고 주장합니다. 주식시장이 단기적으로 과열되면 주가가 급등하는 '버블' 현상이 발생하게 되는데, 이

때 공매도가 존재하면 주가가 정상적인 수준으로 돌아갈 수 있다는 것입니다. 공매도 투자자들은 주가가 하락할 때 수익을 얻기에 거품이 낀 주식들을 열심히 찾아 공매도를 진행하곤 하는데요. 그러면 자연스럽게 거품이 낀 주식들의 주가가 내려가고, 버블이 꺼지겠죠.

공매도 재개에 찬성하는 사람들은 **공매도가 주식시장의 거래를 원활하게 해준다**고 주장합니다. 비록 주식을 빌려서 매도하는 것이긴 하나 공매도가 진행되면 매수와 매도 주문이 많아져 주식 거래가 쉬워집니다. 특히 소형주식은 거래가 많이 없는 경우가 많은데, 공매도가 존재할 경우 매수와 매도 주문이 늘어나 소형주도 쉽게 사고팔 수 있게 됩니다.

하지만 공매도에 반대하는 사람들은 **공매도 시장이 '기울어진 운동장'**이라고 주장합니다. 공매도는 기관과 외국인의 전유물입니다. 원칙적으로 개인투자자들도 공매도를 할 수 있지만, 절차가 복잡해 직접 공매도를 하기는 쉽지 않습니다. 반면 기관과 외국인은 신용도 높고 거래액도 크기 때문에 주식을 쉽게 빌릴 수 있죠. 실제로 과거 공매도 시장에서 개인투자자의 비중은 1% 정도밖에 되지 않았습니다. 개인투자자들은 주식이 떨어지는 것에 베팅할 수 있는 수단이 기관에 비해 절대적으로 적은 것인데요. 공매도를 '기울어진 운동장'이라고 표현하는 이유입니다.

- 공매도는 주식을 빌려 매도한 뒤, 주가가 떨어지면 주식을 되사서 갚는 방식으로 수익을 올리는 투자 기법입니다.
- 우리나라에서는 코로나19 이후 공매도가 금지되었지만, 이후 조금씩 공매도가 재개되고 있습니다.
- 공매도 재개에 찬성하는 사람들은 공매도가 시장을 원활하게 돌아가게 한다고 주장하지만, 반대하는 사람들은 공매도 시장이 '기울어진 운동장'이라고 주장합니다.

참고
문헌

""너는 누구냐?"…개미 '공공의 적' 공매도 세력 파헤쳤습니다", 〈매일경제〉, 2021.01.17.
"공매도 부분재개 이후(5.3일~9.17일) 개인투자자 공매도 동향 및 접근성 제고 방안", 〈금융위원회_대한민국 정책브리핑〉, 2021.09.23.

34 주가가 떨어지면 득이 되는
인버스 & 곱버스

인버스란 주가가 하락할 때 수익을 얻는 투자상품을 말합니다. 곱버스란 주가 하락 비율의 몇 배의 수익을 얻을 수 있는 인버스 상품입니다.

인버스 & 곱버스란?

주가가 하락할 때 주목받는 것이 바로 '인버스'와 '곱버스' 상품입니다. 곱버스란 '인버스'와 '레버리지'를 합친 금융상품인데요. 인버스는 무엇인지, 레버리지와 곱버스는 또 무엇인지 한번 살펴보겠습니다.

인버스 투자란 주가지수의 하락에 베팅하는 투자 방식을 말합니다. 인버스 상품은 코스피, 코스닥 등 주가지수가 하락할 때 그에 상응하는 수익을 내는 상품입니다. 예를 들어, 코스피 인버스 상품을 사면, 코스피가 1% 떨어질 때 1%의 수익을 내는 것이죠. (물론 1:1 비율이 완벽히 지켜지는 것은 아닙니다.)

기관투자자들이 주가 하락에 베팅하는 방법이 공매도라면, 개인투자자들은 인버스 상품을 활용할 수 있는데요. 공매도는 개별 주식 종목에 대해 이뤄진다면, 인버스 상품은 특정 주가 지수를 따라가는 ETF 상품이란 점에서 차이가 있습니다. 코스피 지수를 추종하는 인버스 상품으로는 'KODEX 인버스' 'TIGER 인버스' 'KINDEX 인버스' 등이 대표적입니다.

레버리지**leverage**는 '지렛대 효과'로, 남의 돈을 빌려 더 높은 수익을 내는 투자 방식을 의미합니다. 본인의 돈 100만 원과 남에게 빌린 돈 900만 원으로 주식을 1,000만 원어치 샀다고 해 볼까요? 이때 주가가 10% 오르면 100만 원의 이익을 얻게 되겠죠. 본인의 돈 100만 원으로만 주식을 샀다면 10만 원의 이익(수익률 10%)밖에 올리지 못했겠지만, 남의 돈 900만 원을 빌려 함께 투자함으로써 100만 원의 이익(수익률 100%)을 올릴 수 있었던 것입니다.

이렇게 레버리지 효과를 내는 금융상품을 '**레버리지 상품**'이라고 하는데요. 레버리지 상품은 **주가가 오를 때 주가상승률의 몇 배의 수익을 내는 상품**으로, 레버리지 상품을 활용하면 남의 돈을 빌리지 않더라도 남의 돈을 빌려 투자한 효과를 낼 수 있습니다. 가령, 10배짜리 레버리지 상품을 산다면 주가가 10% 오를 때 100%의 수익을 올릴 수 있습니다. 100만 원으로 주식을 샀다면 주가가 10% 올랐을 때 10만 원의 수익을 낼 수 있습니다. 그런데 100만 원으로 10배짜리 레버리지 상품을 살 경우, 주가가 10% 올랐을 때 100만 원의 수익을 낼 수 있으니 남의 돈 900만 원을 빌려서 함께 투자한 효과를 내는 것입니다. KOSPI 지수를 추종하는 레버리지 상품으로는 'KODEX 레버리지' 등이 대표적입니다.

곱버스는 '레버리지(곱하기)'와 '인버스'를 합친 단어로, 주가지수가 하락할 때 하락률의 몇 배에 달하는 수익을 얻는 금융 상품인데요. 코스피 시장의 경우 기초가 탄탄한 기업들이 속해 있기 때문에 별다른 호재나 악재가 없는 이상 가격변동이 심하게 일어나진 않습니다. 따라서 코스피 인버스 상품에 투자하더라도 다이내믹한 수익률 변화는 기대하기 힘들죠. 좀 더 다이내믹한 인버스 상품을 원하는 개인투자자들을 위해 등장한 상품이 바로 곱버스인데요. 곱버스는 주가지수가 1% 하락하면 2%, 3% 등 몇 배로 수익을 얻는 상품입니다. 곱버스 상품을 통해 '레버리지(지렛대)' 효과를 낼 수 있는 것이죠. 코스피 지수를 추종하는 곱버스 상품은 'KODEX 200선물인버스2X' 'TIGER 200선물인버스2X' 등이 대표적입니다.

다만, 주의해야 할 것은 곱버스 상품은 주가지수의 2배를 따라가는 것이 아니라, **하루 등락률의 2배를 반영**한다는 것인데요. 만약 2배짜리 곱버스 상품이 추종하는 주가지수가 오늘 1,000에서 900으로 10% 내렸다가, 내일 다시 10% 오른다면 곱버스 상품 가격은 어떻게 될까요? 먼저, 주가지수는 990이 되어 결과적으로 1% 하락한 셈이 됩니다. 그러면 2배짜리 곱버스 상품 가격은 2% 상승한다고 생각하는 것이 자연스러워 보입니다. 하지만 사실은 4% 하락하는데요. 2배 곱버스 상품은 하루하루의 주가지수 등락률의 -2배씩을 가격에 반영하기 때문입니다. 일단 오늘 주가지수가 10% 하락했으니 곱버스 상품 가격은 오늘 20%(10%의 2배) 상승하겠죠? 그리고 내일 주가지수가 10% 상승하니, 곱버스 상품 가격은 20% 하락하게 됩니다. 그러면 결과적으로 곱버스 상품 가격은 4% 하락한 셈이 되죠(100×1.2×0.8=96). 그래서 주가의 등락이 심할 때와 주가가 횡보*할 때 곱버스의 수익률은 크게 악화됩니다.

곱버스는 왜 관심을 받았나?

곱버스는 하락장에 베팅하는 투자 방법입니다. 2020년 초 코로나19로 주가가 하락할 것이라고 예상한 사람들이 많았겠죠? 실제로 이때 인버스, 곱버스 상품이 주목을 받기 시작했고 많은 자금이 몰렸습니다. 그리고 코로나19가 팬데믹으로 이어지며 주가가 폭락하자 단기간에 곱버스로 큰 수익을 낸 개인 투자자들이 등장했죠.

하지만 코로나19 팬데믹 이후의 곱버스 이슈들을 돌아보

---

* 주가가 큰 변동 없이 비슷한 수준으로 유지되는 것을 의미합니다.

면 곱버스 투자가 항상 높은 수익을 냈던 것은 아닙니다. 2020년 중순 소위 '동학개미운동'으로 불리는 개인투자자들의 주식 붐이 일면서 주식시장은 상승을 거듭했습니다. 코스피가 역대 최고치를 계속해서 경신하면서 곱버스 상품에 많은 투자자들이 몰렸습니다. 많은 개인투자자들이 '이제 고점이니까 떨어질 일만 남았다'라고 생각해 곱버스 투자에 나선 것입니다. 하지만 코스피는 2021년 초까지 계속 상승했고, 이때 많은 투자자들이 곱버스 투자로 손해를 봤습니다. 곱버스 상품의 특성상 주식이 1%씩만 올라도 손해가 점점 커지기에 주가가 오르면서 곱버스 투자자들의 손실이 쌓여 갔죠. 그래서 한때 '곱버스에 몰렸던 개인투자자들이 큰 손실을 봤다'는 내용의 뉴스가 경제지를 뒤덮기도 했습니다.

곱버스를 오래 가지고 있으면 왜 위험할까?

흔히 '곱버스는 오래 가지고 있으면 위험하다'라고 이야기합니다. 이유는 '음의 복리효과'와 '롤오버 비용' 때문인데요. 먼저 '음의 복리효과'란 주가가 상승과 하락을 반복할 때 수익율이 더 악화되는 현상을 말합니다. 앞서 2배짜리 곱버스 상품은 일일 주가지수 등락률의 2배씩을 가격에 반영한다고 했죠. 그러다 보니 주가지수의 등락이 반복되면, 가격 하락율이 더 부풀려지는 현상이 나타납니다. 주가지수가 4일간

10%씩 상승과 하락을 반복한다고 해 보겠습니다. 주가지수가 1,000에서 시작했다면, 1일차에는 1,100(100×1.1), 2일차에는 990(100×1.1×0.9), 3일차에는 1,089(100×1.1×0.9×1.1), 4일차에는 980.1(100×1.1×0.9×1.1×0.9)이 됩니다. 결과적으로 약 2% 하락한 셈이 됩니다. 만약 2배짜리 곱버스 상품이었다면 매일 20%씩 상승과 하락이 반복되는 것이니, 1일차에는 1,200, 2일차에는 960, 3일차에는 1,152, 4일차에는 921.6이 됩니다. 거의 8% 가까이 하락한 것이죠. 이렇게 곱버스 상품은 등락이 반복될 때마다 손실이 커지는 '음의 복리효과'가 나타나기에, 장기 보유에 적합하지 않습니다.

둘째로, '롤오버 비용'도 문제인데요. 곱버스 상품의 경우 주가지수 '현물'이 아닌, '선물Futures'을 추종합니다. 선물이란 미래의 정해진 시점에 특정한 상품을 특정한 가격에 양도받을 수 있도록 맺는 계약을 뜻하는데요.* 쉽게 말해, 미래에 받을 상품을 미리 결제해 둔다고 생각하시면 됩니다. 그런데 주식 선물의 경우 만기가 3개월마다 다가오기 때문에, 선물 지수를 추종하는 곱버스 상품의 펀드 매니저는 만기에 다다른 선물 상품을 매도하고 새로운 선물 상품을 매수해야 합니다. 이 과정을 '롤오버Roll-over'라고 하죠. 그런데 이때, 새로 매수하는 선물 상품의 가격이 만기에 다다른 선물 상품의 가격보다 높

---

* 선물에 대한 자세한 내용은 37장을 참고하세요!

한입 경제 상식사전

다면 가지고 있는 선물을 모두 팔아도 더 적은 양의 선물 상품만 매수할 수 있습니다. 가령, 계약 당 가격이 5만 원인 3월물 선물을 10계약 가지고 있었는데 6월물 선물 가격이 10만 원으로 훌쩍 올라 버렸다면, 3월물 선물을 전부 팔아도 6월물 선물은 5계약밖에 매수하지 못하겠죠. 이렇게 다음 선물 상품의 가격이 가지고 있는 선물 상품의 가격보다 높은 현상을 '콘탱고Contango'라고 하며, 콘탱고 상황에서 발생하는 선물 교체 비용을 '콘탱고로 인한 롤오버 비용'이라고 합니다.

만약 선물 지수를 추종하는 곱버스 상품을 장기보유한다면, '음의 복리효과'와 '롤오버 비용'으로 인한 손실을 계속 떠안게 되기 때문에 손해가 점점 커질 수 있습니다. 뿐만 아니라 곱버스 상품은 선물거래가 포함되기 때문에 운용보수가 일반적인 ETF보다 높은 편에 속합니다. 따라서 곱버스 상품은 주가가 내릴 것으로 확신할 때 단기적으로 투자하기엔 나쁘지 않지만 장기적으로 보유하기엔 부담이 많이 따릅니다.

핵심만 콕콕

- 인버스 상품이란 주가지수가 하락할 때 수익을 올리는 투자상품입니다.
- 곱버스란 주가지수가 1% 하락할 때, 하락율의 몇 배의 수익을 올리는 투자상품입니다.
- '인버스'와 '곱버스' 상품은 주가 하락 시 수익을 올릴 수 있지만, 주가 변동 폭에 따라 매우 큰 손실을 입을 수도 있습니다.

참고 문헌

"〈시사금융용어〉 레버리지 효과", 〈연합인포맥스〉, 2017.04.25.
"2~3배 레버리지 ETF 투자 급증 주의보", 〈매일경제〉, 2022.03.10.
"곱버스의 함정…박스권에선 들고만 있어도 '손실'", 〈비즈워치〉, 2021.04.09.
"주식 장기투자에선 '곱버스' 불리…개인투자자들, 곱버스 태생적 약점 숙지해야",
〈한국금융신문〉, 2020.12.09.

35 | 아키고스 캐피탈 사건과 블록딜

> 블록딜이란 주식을 대량 보유한 기관이나 개인이 미리 매수자를 구해 대량의 주식을 일괄적으로 매도하는 것을 의미합니다.

블록딜이 뭐지?

블록딜Block Deal은 주식을 대량으로 보유한 대주주가 미리 주식을 살 사람을 구해 두고, 장외 거래를 통해 주식을 한꺼번에 파는 것을 말합니다. 한꺼번에 대량의 주식을 팔기 때문에 '블록'이라는 이름이 붙은 것이죠. 블록딜은 많은 주식을 한번에 매도하는 대신, 매도 시점의 실제 주식 가격보다 할인된 가격으로 거래가 이루어집니다.

블록딜은 증권시장의 개장시간이 아닌, 장외시간에 주로 이뤄집니다. 블록딜이 발생할 경우 워낙 대량의 주식이 한번에 거래되기 때문에 증권시장에 큰 충격이 발생할 수 있는데요. 장내시간에 블록딜이 이뤄질 경우 주가가 순간적으로 크게 떨어질 수 있기에, 이런 사태를 막고자 장외시간에 이뤄지는 것이 일반적입니다. 하지만 장외시간에 블록딜이 이뤄지더라도 다음날 주가가 떨어지는 일이 비일비재한데요. 누군가 주식을 대량으로 매도했다는 사실 자체가 투자자들에게 불안감을 주기 때문입니다.

블록딜, 좋은 거야 안 좋은 거야?

블록딜은 **일반적으로 개인투자자들에게 악재로 분류**됩니다. 기업의 대주주가 주식을 대량으로 판매한다는 것 자체가 '회사에 무슨 일 있나?' 하는 의심이 들게 하기 때문인데요. 게다가 블록딜은 일반적으로 정상적인 주가보다 할인된 가격에 체결되는 경우가 많기 때문에 주가가 떨어지는 것이 일반적입니다. 쉽게 말하면 블록딜은 '주식을 도매하는 것'이라고 생각하시면 편할 것 같은데요. 물건을 낱개로 팔 경우 제 값을 받고 팔기 쉽지만, 수백 개를 한 번에 처분해야 할 경우 가격을 할인하지 않으면 물건이 잘 안 팔리겠죠.

주식도 마찬가지입니다. 보통 블록딜을 하는 사람이나 기관은 전체 주식의 상당 부분을 가지고 있는 경우가 많습니다. 실제로 2021년 12월 LX홀딩스의 구본준 회장이 계열 분리를 위해 보유하고 있던 LG 주식 657만 주(4.18%)를 처분하는 블록딜을 단행한다는 소식이 들려오기도 했습니다. 블록딜 소식이 들려오기 이전 주식의 가격은 86,000원대였지만, 7만 원 후반 ~8만 원 초반에 블록딜이 이뤄질 것이라는 소식이 나오며 주가는 6% 넘게 곤두박질치기도 했죠. 하지만 블록딜이 일어난다고 해서 주가가 무조건 떨어지는 것은 아닙니다. 블록딜이 회사의 투자금을 충당하거나 인수합병을 위해 진행되는 특수한 경우에는 호재로 인식되어 주가가 오를 수도 있습니다.

전 세계 증시를 뒤흔든 블록딜

2021년 3월 월가에서는 무려 20조 원이 넘는 주식에 대한 블록딜이 진행되면서 논란이 일었습니다. 3월 말 미국 뉴욕증시 개장 전 모건스탠리를 통해 무려 12조 원에 달하는 주식에 대해 블록딜이 이뤄졌고, 월가 전체로는 약 20조 원에 달하는 주식이 블록딜로 할인가에 팔려 나갔는데요. 특히 중국의 기술 기업과 미국의 미디어 기업 주식이 블록딜의 대상이 되면서 이들 기업의 주가가 큰 폭으로 하락했습니다. 순식간에 연쇄적으로 이어진 블록딜에 많은 투자자들이 의아해 했죠.

월가를 뒤흔든 초대형 블록딜의 배후에는 '아키고스 캐피탈Archegos Capital Management'이라는 패밀리오피스 투자사가 있었습니다. 패밀리오피스란 부유한 가문의 자산을 전문적으로 관리하는 자산운용사를 뜻합니다. 아키고스 캐피탈은 유명 한국계 펀드매니저 '빌 황**Bill Hwang**'이 설립한 패밀리오피스로, 극단적인 레버리지를 일으키는 전략을 취하는 것으로 알려져 있습니다. 레버리지란 가지고 있는 자금을 담보로 많은 돈을 빌려 투자해 높은 수익률을 추구하는 투자기법을 의미하죠.

아키고스 캐피탈의 보유 주식이 블록딜 된 것은 투자 손실이 커져 보유하고 있는 주식을 급하게 팔아야만 하는 '마진콜' 상황에 직면했기 때문인데요. 마진콜은 뒷장에서 설명하겠지만, 증거금이 부족해져 이를 메꿔야 하는 상황을 뜻합니다. 아키고스 캐피탈이 보유한 바이아컴의 주식이 고평가 논란에 휩싸이며 폭락하자, 아키고스 캐피탈은 투자손실이 커져 보유하고 있는 다른 주식을 팔아 증거금을 메꿔야 했습니다. 그래서 아키고스 캐피탈과 거래하던 금융사인 모건스탠리가 아키고스 캐피탈이 가지고 있던 주식에 대한 블록딜에 나섰고, 아키고스 캐피탈이 보유하고 있던 기업들의 주가가 큰 폭으로 떨어졌죠.

블록딜과 공매도의 관계

블록딜과 공매도를 함께 활용해 수익을 올리는 투자사들도 있습니다. 다소 불법의 소지가 있는 투자 방식인데요. 위에서 이야기했듯 블록딜을 진행하면 일반적으로 주가가 하락하게 됩니다. 그런데 앞서 33장에서 주가가 하락할 때 돈을 버는 투자 방식이 있다고 했죠? 바로 '공매도'입니다. 블록딜과 공매도를 연결시키면 어떻게 될까요? A 회사가 B 증권사를 통해 주식 블록딜을 진행하려 한다고 해보겠습니다. B 증권사는 A 회사의 블록딜 소식을 알고 있고, 블록딜이 발생하면 주가가 떨어지는 경향이 있기에 A 회사의 주식을 대거 공매도합니다. 그리고 실제 블록딜이 체결되면 주가가 내려가면서 B 증권사가 이익을 얻게 되는 것이죠.

블록딜로 주식을 매수하는 사람 입장에서는 주식을 다량 매수할 때 주가가 떨어질 수밖에 없으니 이 리스크를 헤지 **hegde**(방어)하기 위해 공매도를 함께 진행하는 것이라고 주장합니다. 하지만 블록딜을 이용한 공매도는 내부거래*의 성격을 띠는 경우가 많기에 최근에는 법적인 제재를 받고 있는 추세인데요. 일반 개인투자자들은 블록딜이 이뤄진다는 소식을 모르고 주식을 사들이지만, 블록딜에 참여하는 기관은 블록딜 사실을 알고 공매도로 큰돈을 벌어들일 수 있기 때문입니다.

---

* 내부거래란 기업의 내부정보를 이용해 이뤄지는 각종 거래를 통칭하는 말로, 내부거래를 통해 부당이득을 챙기는 행위가 종종 발생하기도 합니다.

핵심만 콕콕

- 블록딜이란 주식을 대량으로 보유한 대주주가 미리 주식을 살 사람을 구해 두고, 장외 거래를 통해 주식을 한꺼번에 파는 것을 뜻합니다.
- 일반적으로 블록딜은 시장가격에 비해 싼 가격으로 이뤄지기에, 블록딜이 진행되면 주가는 내리는 경우가 많습니다.
- 블록딜과 공매도를 동시에 이용하면 큰 수익을 올릴 수 있지만, 이런 투자방식은 최근 법적인 제재를 받는 추세입니다.

참고
문헌 | "뉴욕증시 발칵 뒤집은 초대형 블록딜…원인은 마진콜?", 〈한국경제〉, 2021.
03.28.

36

게임스탑 사태로 보는

마진콜과 디레버리징
그리고 숏스퀴즈

마진콜이란 큰 손실이 예상되는 투자자에게 증거금을 더 넣으라고 요청하는 통보입니다.

2021년 미국 증시에선 '게임스탑'이라는 기업의 주식을 둘러싸고 개인과 헤지펀드 사이에 큰 갈등이 발생했습니다. 이 장에서는 게임스탑 사태를 중심으로 마진콜과 디레버리징, 숏스퀴즈 등 어려운 개념들을 쉽게 정리해 보려 합니다.

'게임스탑GameStop' 사태란?

게임스탑은 미국의 오프라인 기반 게임 소매회사였습니다. 게임CD와 콘솔게임이 유행할 때 나름 잘 나가던 회사였지만, 많은 것들이 온라인 기반으로 바뀌고 코로나19로 비대면 트렌드가 확산하면서 주가도 오랫동안 지지부진했죠. 그런데

2020년 유명한 투자자인 라이언 코헨이 이사로 취임한다는 소식에 주가가 폭등했습니다. 개인투자자들은 주식을 대거 사들였고, 그에 반해 헤지펀드들은 주가가 너무 많이 올랐다고 판단해 공매도에 나섰습니다. 개인은 주가가 오르는 쪽에, 헤지펀드는 주가가 내리는 쪽에 베팅을 한 것이죠. 개인투자자들은 펀드들이 공매도에 나선 것을 포착하고 주식을 집중적으로 사들이기 시작했는데요. 결과적으로 게임스탑의 주가는 계속해서 올랐습니다. 그래서 헤지펀드는 막대한 손실을 입게 되었고, '마진콜Margin Call'을 받게 되어 여러 조치를 취해야 하는 상황에 놓이게 되었습니다. 헤지펀드라는 거대 자본이 주가 하락에 베팅했음에도 개인투자자들의 매수로 주가가 올라간 것이죠.

헤지펀드가 요구받은 마진콜이란?

마진콜은 펀드나 선물 같은 상품에서 원금에 타격이 갈 정도로 손실이 예상되는 경우, 증권 거래기관이 투자자에게 증거금을 더 넣으라고 요청하는 통보입니다. 예전에는 전화로 이런 요청이 이뤄졌기 때문에 '콜'이라는 이름이 붙었죠. 쉽게 말하면, 마진콜은 펀드의 원금에 손실이 있을 것 같으니 좀 더 안전하게 증거금을 더 넣으라는 압박입니다.

마진콜은 사실 헤지펀드 등에 단순히 요구하는 법적인 효력이 없는 요청입니다. 하지만 펀드는 신뢰가 중요합니다. 따라서 마진콜을 받으면 대부분 거부하지 못하고 마진콜에 응해야 하죠. 이렇게 펀드가 마진콜에 응하게 되면 증거금을 추가로 내기 위한 현금을 마련해야 합니다.

마진콜을 받은 펀드들의 솔루션은?

마진콜을 받은 펀드들은 몇 가지 방법으로 위기 상황을 극복할 수 있습니다. 첫 번째 방법이 **디레버리징**Deleveraging입니다. 디레버리징은 다른 재산을 처분해서 빚을 갚는 것을 말하는데요. A 헤지펀드가 게임스탑 주식을 공매도했다가 현재 막대한 손실을 입기 직전이라고 가정해 보겠습니다. 당연히 마진콜을 받았고, 따라서 증거금을 추가로 내기 위한 현금이 필요하겠죠. 그래서 A 헤지펀드는 가지고 있던 다른 주식들을 팔아서 현금을 마련하려고 합니다. 이게 바로 디레버리징입니다. 헤지펀드들은 규모가 워낙 크기 때문에 이들이 디레버리징을 하면 시중에 주식 매물이 많이 나오게 됩니다. 갑자기 공급이 많아지니 주가가 내리겠죠? 그래서 디레버리징이 많이 일어날수록 주가는 떨어집니다.

디레버리징 말고도 다른 해법이 있습니다. 바로 **숏스퀴즈**Short Squeeze입니다. 여기서 숏은 공매도를 말하며, 스퀴즈는 '짜내다'는 뜻을 가지고 있습니다. 숏스퀴즈란 공매도한 주식의 가격이 계속 올라 손실이 커질 때, 일부 손해를 감수하고 공매도의 비중을 줄이는 것을 뜻합니다. 만일 주가가 더 오른다면, 나중에 빌려온 주식을 갚기 위해 주식을 비싼 가격에 사야 하니, 그 전에 미리 주식을 사서 손해를 줄이는 것이죠. 숏스퀴즈가 발생하면 급속도로 주식 매수가 이뤄집니다. 이 과정에서 매수량이 갑자기 늘어나면서 해당 주식의 가격이 더 오르게 되죠.[*]

마진콜이 불러오는 나비효과?

게임스탑 사태에서처럼 여러 헤지펀드가 마진콜을 받게 되면 나비효과가 생깁니다. 헤지펀드가 그동안 투자해 뒀던 여러 주식들은 물론이고 각국의 증시도 많은 영향을 받게 되죠. 헤지펀드가 디레버리징을 하면 관련된 주식의 가격이 폭락하고, 숏스퀴즈를 하게 되면 관련 주식의 가격이 상승하게 됩니다. 한마디로 주식시장의 변동성이 어마어마하게 높아집니다. 실제로 게임스탑 사태 이후 주식시장의 변동성지수가 굉장히 높아졌었죠.

---

[*] 숏스퀴즈와 비슷하지만 약간 다른 개념으로 '숏커버링(Short Covering)'이 존재합니다. 숏커버링은 공매도로 수익을 낸 뒤 '이제 공매도는 그만 해야지' 하고 주식을 매수해 빌려준 사람에게 갚는 것을 의미하죠.

핵심만 콕콕

- 마진콜은 펀드나 선물 같은 상품에서 원금에 타격이 갈 정도로 손실이 예상되는 경우, 증권 거래기관이 투자자에게 증거금을 더 넣으라고 요구하는 행위입니다.
- 마진콜을 받은 펀드는 부채비율을 줄이는 디레버리징과 공매도 비율을 줄이는 숏스퀴즈를 통해 대응합니다.
- 규모가 큰 펀드가 마진콜을 받게 되면 주식시장 전반의 변동성이 커지게 됩니다.

참고 문헌 | "'게임스탑 대첩' 완승한 美 '불개미'···헤지펀드 '팔자' 부메랑 맞나", 〈중앙일보〉, 2021.01.28.

"[한상춘의 국제경제 읽기] 게임스톱發 마진콜···韓증시 쓰나미 오나", 〈한국경제〉, 2021.01.31.

"패자의 역습···"공매도 손실에 '마진콜' 매물 쏟아진다"", 〈머니투데이〉, 2021. 01.28.

37 | 허쉬 초콜릿과 선물

> 선물이란 특정한 상품을 미래의 정해진 시점에 정해진 가격으로 거래하기로 하는 계약을 뜻합니다.

선물? Present가 아니고 Futures!

경제 뉴스를 보면 간혹 '선물'이라는 단어가 등장합니다. 생일 또는 기념일에 주고받는 '선물'을 떠올리신 분도 많을 텐데요. 경제에서 **선물거래**Futures**는 특정 상품을 미래의 특정한 날짜에 특정한 가격으로 특정한 수량만큼 거래하겠다는 계약**을 의미합니다. 이때 상품을 사고자 하는 사람을 '매수 포지션'에 있다고 하며, 상품을 팔고자 하는 사람을 '매도 포지션'에 있다고 하죠.

선물거래는 과거 농산물 거래에서부터 발전했기 때문에 농산물을 예시로 들어 설명해 보겠습니다. 어느 겨울 농산물 도

매업자 A 씨는 내년 여름에 출하될 수박을 사들이기로 계약을 맺고 싶어, 수박 농부 B 씨에게 "내년 6월에 수박 100개를 개당 15,000원에 사겠다"고 제안합니다. B 씨는 내년 수박 농사가 어떻게 될지 모르니 알겠다고 했고요. 이렇게 약속을 하고 계약서를 쓰면, 선물거래가 이루어진 것입니다.

선물거래가 왜 존재하는지 이해하려면 어떤 경우에 선물거래를 하는지 알아야 합니다. 방금 예로 든 수박 선물거래에 어떤 내막이 존재했는지 한번 살펴볼까요? 알고 보니 A 씨는 내년 여름에 수박 가격이 오를 것이라 생각해 미리 적당히 싼 가격에 수박을 사 두려고 한 것이었습니다. 그런데 마침 B 씨는 내년 농사가 풍년이라 수박 가격이 지나치게 싸질 것을 걱정하고 있었습니다. A 씨와 B 씨 모두 내년에 혹시나 닥칠지 모르는 위험을 없애고 싶어 미리 수박을 특정 시점에 특정 가격으로 거래하기로 하는 계약을 체결한 것이죠. A 씨는 수박을 15,000원에 사기로 못박아 둠으로써 수박 값이 30,000원으로 오르더라도 15,000원 싼 가격에 수박을 살 수 있고, B 씨는 수박 값이 폭락하더라도 15,000원에 수확한 수박을 팔 수 있으므로 좋습니다. 즉 구매자 입장에서는 기초상품(수박)이 비싸질 것이라 예상할 때, 판매자 입장에서는 기초상품의 가격이 하락할 것이라 예상할 때 선물거래가 성립합니다.

증권시장에서도 선물거래가 굉장히 잘 정착되어 있습니다.

거래 방법이나 단위 등 많은 부분이 표준화되어 있으며, 거래소가 중재하기 때문에 신용위험도 거의 없죠. 현재 증권시장에서 선물거래의 대상이 되는 기초 상품에는 주가지수, 금리, 달러화 같은 금융상품과 농산물, 금속재, 원유 등의 원자재 상품이 있습니다. 전자를 금융선물, 후자를 상품선물이라고 하죠. 선물거래를 하려면 계약 금액의 10~15%를 증거금으로 내야 하는데요. 증권사를 통해 선물거래를 시작하고자 한다면, 통장에 거래 금액의 15%를 증거금(개시 증거금)으로 보유하고 있어야 합니다. 이후 선물거래를 계속하고자 한다면 거래 금액의 10%를 증거금으로 예치해 두어야 하죠.

선물거래와 선도거래

사실 위에서 설명한 A 씨와 B 씨 간의 수박 거래는 선물거래보다 선도거래Forward에 가깝습니다. 선도거래와 선물거래

한입 경제 상식사전

는 비슷한 듯 조금 다른데요. 선도거래와 선물거래 **모두 어떤 물건을 특정한 시점에 특정한 가격으로 팔도록 계약한다는 것은 동일**합니다. 차이점은 보증 기관의 유무인데요. 선도거래의 경우 A씨와 B 씨의 사례처럼 **당사자 간에 직접 거래**가 이뤄집니다. 사실상 사고팔 수 있는 모든 물건에 대해 선도거래가 가능한 셈이죠. 당장 독자 여러분도 친구와 어떤 물건을 두고 선도 계약을 체결할 수 있습니다. 하지만, **선물거래**의 경우 **국가가 정한 일부 물건만을 공인된 거래소에서 거래**할 수 있습니다. 마치 주식과 같이 정해진 시간, 정해진 장소에서 증거금을 납부해야 거래가 가능하죠.

선물거래와 레버리지 효과

선물거래의 큰 특징 중 하나로 **레버리지 효과**라는 것이 있습니다. 레버리지는 '지렛대'라는 의미로, 적은 돈으로 많은 수익을 낼 수 있다는 것입니다. 보통 선물거래를 진행할 때는 거래 금액을 전부 낼 필요 없이 10~15%의 증거금만을 납부하면 됩니다. 만약 5,000만 원 상당의 선물거래를 처음 진행한다면 15%인 750만 원의 증거금만 예치하면 거래가 가능한 것이죠. 이 선물거래에서 기초 상품의 가격이 올라 2,500만 원의 이득을 봤다면, 750만 원만으로 큰 수익을 올린 셈입니다. '선물거래는 한 방'이라고 하는 것도 레버리지 효과가 크기 때문인데요. 하지만, 기초 상품 가격이 예상과 반대로 움직일 경우 그만큼 잃는 금액도 크기 때문에 주의할 필요가 있습니다.

선물거래 시장 사례: 코코아 시장

선물거래와 관련된 대표적인 이슈는 허쉬**Hershey**의 코코아 선물거래입니다. 코코아 최대 생산국인 서아프리카 국가들은 코코아 수요가 늘자 코코아 현물 가격에 프리미엄을 붙였습니다. 그러자 북미 최대 초콜릿인 회사 허쉬가 코코아 원두를 선물시장에서 대량으로 사들였습니다. 그러자 자연히 선물시장에서도 코코아 가격이 폭등했죠. 이렇게 허쉬는 코코아 생산국의 가격 인상에 선물거래로 대응하면서 코코아 매입 비용을 줄일 수 있었습니다.

최근 국내 주식: 외국인들의 선물거래에 주목해야 한다?

2020년 국내 주식시장에서는 외국인의 선물거래가 주목을 받기도 했습니다. 2020년 9월 코스피 선물시장에서 외국인이 1조 원 넘게 선물을 팔았는데요. 주식투자자가 선물을 판다는 것은 미래에 가격이 떨어질 것이라고 예측했다는 의미이기 때문에, 당시 코스피 지수 하락을 점치는 예측이 많이 나왔습니다. 하지만 12월 들어 외국인의 선물 매도세는 가라앉았고 코스피는 다시 상승세를 타기도 했죠. 선물시장을 분석하는 것은 주가지수 예측에 도움을 줄 수 있지만, 주식시장은 선물시장뿐만 아니라 영향을 주는 요소들이 정말 많은 만큼 하나의 지표만 보고 투자를 결정하는 것은 주의해야 합니다.

핵심만 콕콕

- 선물거래란 미래의 특정한 시점에 특정 상품을 정해진 가격으로 매매하기로 하는 계약을 뜻합니다.
- 선물거래와 선도거래는 특정 상품을 정해진 가격에 사고 팔기로 계약한다는 점에서 동일하나, 보증기관의 유무에서 차이점이 있습니다.
- 북미 최대의 초콜릿 회사 허쉬는 선물거래를 활용해 코코아 가격 폭등 사태에서도 안정적으로 코코아를 수급할 수 있었습니다.

참고 문헌

"선물(Futures)이란?", 〈MG새마을금고〉, 2022.03.23 열람.

"선물가격 2년만 최고치…코코아는 왜 무역전쟁의 중심에 섰나", 〈아시아경제〉, 2020.12.01.

"증시 조정기 코스피200선물 내던진 외국인…韓증시 이탈?", 〈한국경제〉, 2020.10.03.

"[채권-오전] 금리 하락…외국인 10년 선물 매수·입찰 부담 감소", 〈연합인포맥스〉, 2020.12.01.

38 | 11. 11 옵션 쇼크와
옵션

옵션이란 미래에 어떤 자산을 특정 가격에 살 수 있는 권리로, 금융상품으로 거래되기도 합니다.

옵션, 미래의 권리를 사고 판다고?

앞선 장에서 특정한 자산을 특정 시점에 특정한 가격으로 거래하기로 계약하는 선물거래에 대해 다뤘습니다. 이 장에서는 실제 자산을 거래하는 것이 아닌, 자산을 사고팔 수 있는 '권리'를 거래하는 '옵션'에 대해 다뤄보려 합니다. 보통 증권시장에서 선물과 옵션은 '파생상품'으로 묶어 불리기도 하는데요. 파생상품이란 주식이나 채권과 같은 현물 증권을 기초자산으로 삼아 만들어 낸 새로운 증권 또는 자산을 의미합니다. 주로 주식이나 채권의 가격 변동으로 인한 위험을 헤지 hedge(방어)하기 위해 활용되죠.

옵션Option이란 특정 자산을 미래에 특정 가격에 사고팔 수 있는 권리를 뜻합니다. 옵션 역시 선물과 마찬가지로 기초 자산의 종류가 매우 다양한데요. 오늘날 금융시장에서는 여러 금융상품에 대한 옵션이 활발하게 거래되고 있습니다. 옵션이 거래소에서 공식적으로 거래되기 시작한 것은 얼마 되지 않았지만, 옵션 거래는 이미 수천 년 전부터 존재했습니다. 옵션에 대한 최초의 역사적 기록은 고대 그리스 시대로 거슬러 올라갑니다. 기원전 6세기 그리스의 도시 밀레투스에 살았던 철학자 탈레스는 자신이 막대한 부를 거머쥘 방법을 알고 있음에도, 자신의 의지로 청빈한 삶을 살고 있다는 것을 보여 주고자 했죠.

탈레스는 천문학에 뛰어난 재능을 가진 철학자였지만, 주변 사람들은 가난한 삶을 사는 그를 조롱하곤 했습니다. 그래서 탈레스는 그가 가진 천문학에 대한 지식과 옵션 거래의 개념을 활용해 이들에게 통쾌한 복수를 계획했죠. 탈레스는 먼저 별자리를 관찰해 이듬해 올리브 농사에 풍년이 들 것을 예측합니다. 그리고 올리브유 압착기를 가지고 있는 사람들에게 일정한 금액의 돈을 주고 언제든 그가 원할 때 압착기를 정해진 가격으로 빌릴 수 있는 권리를 사들이죠. 실제로 이듬해 올리브 농사에는 풍년이 들었고, 탈레스는 올리브 수확 시기가 되자 미리 사둔 권리를 행사해 사전에 정해진 가격으로 도시의 압착기를 모조리 빌려 버렸습니다. 그러자 사람들은 압착기를 구할 수 없어 탈레스에게 비싼 가격으로 압착기를 빌릴 수밖에 없었죠. 이런 탈레스의 일화는 옵션 거래의 특징을 잘 보여줍니다.

탈레스의 일화에서 옵션의 기초 자산은 '올리브유 압착기 대여권'이 됩니다. 탈레스는 풍년이 들 것을 예상하고 이 대여권을 '살 수 있는 권리'를 미리 사둔 것이죠. 이때 대여권을 살 수 있는 권리에 대해 지불한 돈을 '계약금' 또는 '옵션 프리미엄'이라고 합니다. 그런데 옵션은 기초자산을 '살 수 있는' 권리이기 때문에, 특정 시점에 정해진 가격으로 기초자산을 사도 되고, 사지 않아도 됩니다. 만약 올리브유 압착기 1대를 이듬해 10만 원에 대여할 수 있는 대여권에 대한 옵션 계약금이 만 원이라고 가정해 볼까요?

탈레스의 예상대로 올리브 농사에 풍년이 들어 대여권 가격이 11만 원(행사가격 10만 원+계약금 1만 원) 이상이 되었다면 이 권리를 행사해서 대여권을 10만 원에 사는 게(옵션을 행사하는 게) 이득이겠죠. 하지만 올리브 농사에 흉작이 들어 대여권 가격이 11만 원 밑으로 내려간다면 어떻게 될까요? 대여권 가격이 8만 원이 되었다면 굳이 10만 원을 들여 대여권을 살(옵션을 행사할) 필요가 없겠죠. 여기에서 처음 매수자와 매도자가 거래하기로 합의한 10만 원이라는 가격을 옵션의 '행사가격'이라고 부릅니다.

자, 여기까지 다시 한번 정리해 보면, 옵션이란 정해진 상품을 특정한 가격(행사가격)에 사거나 팔 수 있는 권리를 의미합니다. 옵션의 거래가격을 옵션 프리미엄이라고 하죠. 이때, **특정 상품을 살 수 있는 권리를 '콜옵션Call Option', 팔 수 있는 권리를 '풋옵션Put Option'**이라고 합니다. 탈레스는 올리브 압착기 소유자들로부터 대여권에 대한 콜옵션을 산 것이죠.

그런데, 왜 옵션에는 계약금이 있고, 선물에는 계약금이 없을까요? 선물 역시 옵션처럼 미래에 특정 자산을 특정 가격에 사고팔기 위한 계약입니다. 하지만 선물은 '계약'이기 때문에 미래에 반드시 거래가 이루어져야 합니다. 물릴 수 없는 것이죠. 하지만 **옵션은 권리를 사고파는 것이기 때문에, 미래에 권리를 행사하지 않을 수 있습니다.** 옵션 거래에서는 이렇게 안전망이 확보된 대신 그만큼의 프리미엄을 납부하는 것이죠. 프리미엄은 곧 옵션의 가격이라고 볼 수 있으며, 주식을 기초상품으로 하는 옵션의 경우 블랙&숄즈 방정식**Black-Scholes Equation**이라는 계산 공식을 통해 가격을 산출합니다.

옵션의 손익구조

이제 콜옵션 또는 풋옵션을 팔거나 샀을 때 손익구조가 어떻게 되는지 살펴보겠습니다. 콜옵션은 아까 이야기했듯, 미

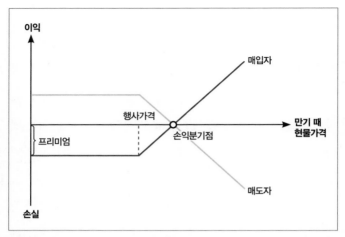

콜옵션의 손익구조

출차: 김인준 · 이영섭, 『국제금융론』, 다산출판사, 2013.

래에 어떤 가격에 상품을 '살 수 있는' 권리입니다. A라는 사람이 1년 뒤 주식 1주를 10만 원에 살 수 있는 콜옵션을 B라는 사람으로부터 샀다고 가정해 보죠. A는 B에게 콜옵션을 사면서 프리미엄으로 1만 원을 줬습니다. 그리고 1년 후 주식 가격이 20만 원으로 올랐다면, A는 콜옵션을 행사해 20만 원인 주식을 10만 원에 살 것입니다. 이전에 납부한 1만 원의 프리미엄까지 고려하면 A는 총 9만 원의 이익을 봤으며, 반대로 B는 총 9만 원 손해를 봤죠. 반대로 주식 가격이 5만 원으로 내렸다면, A는 그냥 콜옵션을 행사하지 않을 것입니다. 그러면 A는 프리미엄으로 낸 1만 원을 손해본 것이고, B는 1만 원을 얻은 것으로 끝이 납니다.

정리하자면, **콜옵션에서는 상품 가격이 오르면 산 사람은 그만큼 이익을 보고, 판 사람은 그만큼 손해**를 봅니다. 반대로 **가격이 내리면 산 사람은 프리미엄 가격만큼만 손해, 판 사람은 프리미엄 가격만큼만 이익**입니다. 결국 콜옵션의 손익분기점은 옵션의 '**행사가격＋프리미엄**'이 되겠죠.

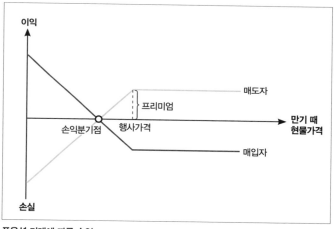

풋옵션 거래에 따른 손익   출처: 김인준 · 이영섭, 『국제금융론』, 다산출판사, 2013.

풋옵션은 콜옵션과 반대로 미래에 어떤 가격에 상품을 '팔 수 있는' 권리입니다. 역시 앞의 예시와 같이 A와 B가 있다고 가정합시다. A는 B에게 1년 뒤 주식을 10만 원에 팔 수 있는 풋옵션을 프리미엄 1만 원에 샀습니다. 1년 후 주식 가격이 20만 원이 되면, A는 10만 원에 주식을 팔면 손해이기 때문에 풋옵션을 행사하지 않습니다. 그러면 A는 프리미엄 1만 원만큼

		가격 상승	가격 하락
콜옵션	산 사람	차익만큼 이익	프리미엄만큼 손해
	판 사람	차익만큼 손해	프리미엄만큼 이익
풋옵션	산 사람	프리미엄만큼 손해	차익만큼 이익
	판 사람	프리미엄만큼 이익	차익만큼 손해

손해, B는 1만 원 이익입니다. 반대로 주식 가격이 5만 원으로 떨어진다면, A는 풋옵션을 행사해 주식을 10만 원에 팔 것입니다. 그러면 A는 프리미엄을 제외한 4만 원 이익, B는 4만 원 손해입니다. 이렇듯 풋옵션에서는 상품 가격이 내리면 산 사람은 그만큼 이익을 보고, 판 사람은 그만큼 손해를 봅니다. 반대로 가격이 오르면 산 사람은 프리미엄만큼 손해, 판 사람은 프리미엄만큼 이익을 봅니다. 결국 풋옵션의 손익분기점은 '옵션의 행사가격−프리미엄'이 되겠죠.

옵션이 무서운 이유

'옵션'은 굉장히 다양한 쓰임을 가지고 있습니다. 주식과 같은 위험자산의 미래 위험을 헤지hedge(방어)하는 데 활용되기도 하죠. 하지만 동시에 옵션은 굉장히 위험한 투자자산으로 인식되기도 합니다. 종종 옵션 만기일이 가까워 오면 주가도 크게 요동치는 모습을 볼 수 있는데요. 옵션이 위험한 이유는 위의 옵션 손익구조 그래프를 보면 알 수 있습니다. 콜옵션과 풋옵션을 매입한 사람들은 최대 손실이 옵션 프리미엄만큼입니다. 만기 시점에 기초자산을 사지 않거나 팔지 않으면 프리미엄만큼만 손해를 보는 것이죠. 하지만 **콜옵션과 풋옵션을 매도한 사람들은 최대 손실이 훨씬 큽니다.** 콜옵션은 기초 자산 가격이 행사 가격 이상으로 올라가면 최대 손실이 무한대까지 갈 수 있고, 풋옵션은 기초자산 가격이 행사 가격 이하로 내려갈 경우 무한대까지는 아니지만, 엄청난 손실을 입을 수 있습니다.

옵션의 위험성을 보여 주는 대표적인 사건이 바로 2010년의 '**11. 11 옵션쇼크**'인데요. 우리나라 주식시장의 경우 옵션 만기일은 매달 둘째 주 목요일입니다. 11일이 바로 당시 11월의 둘째 주 목요일로, 11월의 옵션 만기일이었던 것이죠. 옵션 만기일은 옵션 투자자들의 희비가 엇갈리는 순간입니다. 만기일 당일 기초자산의 가격이 행사가격보다 낮은지, 높은지에 따라 손해를 보는지, 이익을 보는지가 갈리기 때문입니다. 그런데 옵션 만기일인 2010년 11월 11일, 주식시장 마감 직전 도이치뱅크 홍콩법인이 무려 2조 4,400억 원에 달하는 주식 매도 물량을 내놓으면서 순식간에 코스피지수가 53포인트 넘게 하락했습니다. 당연히 풋옵션 매도자들은 엄청난 손해를 봤

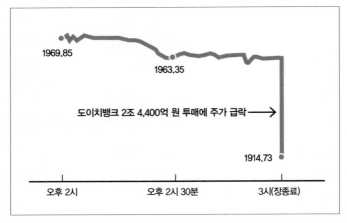

1969.85

1963.35

도이치뱅크 2조 4,400억 원 투매에 주가 급락 ──➤

1914.73

오후 2시   오후 2시 30분   3시(장종료)

2010년 11월 11일 옵션쇼크 당시 코스피   (단위: 원)

죠. 당시 한 중견 투자회사는 약 900억 원에 달하는 손실을 기록하기도 했습니다.

　어떻게 이런 일이 가능했을까요? 보통 만기 직전에 현물 가격보다 행사가가 낮은 풋옵션은 가격이 많이 떨어집니다. 가령, 만기 직전 코스피 지수가 2,000인데, 풋옵션의 행사가가 1,500이라면 대부분의 사람들은 이 풋옵션이 행사되지 않을 것이라고 예상하겠죠. 2,000원짜리 물건을 1,500원에 팔고 싶은 사람은 아무도 없을 테니 말입니다. 하지만 갑자기 만기를 1초 앞두고 코스피 지수가 2,000포인트에서 1,300포인트로 급락하면 어떻게 될까요? 행사가 1,500포인트짜리 풋옵션을 가지고 있는 사람은 1,300원짜리 물건을 1,500원에 팔 수 있기에 이익을 낼 수 있게 되는데요. 실제로 2010년 11월 11일 당시장 마감 직전 코스피 지수가 급락했고, 행사가가 급락 직전 현물 가격보다 매우 낮은 풋옵션을 사들인 사람은 무려 499배에 달하는 수익을 올릴 수 있었다고 하죠.

알고 보니 이 사건은 도이치뱅크 홍콩법인의 계획된 작전이었는데요. 이들은 풋옵션으로 부당한 수익을 올리기 위해 계획적으로 장 마감 직전 주식을 대량 매도했고, 실제로 코스피 지수가 급락하며 마감 전 풋옵션을 사들인 도이치뱅크는 수백 억 원대의 이익을 얻을 수 있었습니다. 도이치뱅크는 이후 검찰 수사를 받게 되었죠. 이렇듯 옵션은 만기 당시 기초자산의 흐름에 의해 손익이 크게 변동할 수 있기에, 매우 위험한 투자수단으로 취급되기도 합니다.

옵션 이모저모

우리가 일상생활에서 접하는 옵션은 '스톡옵션'이 대표적입니다. 스톡옵션은 회사 주식을 미래의 특정 시점에 싼 가격에 살 수 있는 권리를 가리키는데, 주로 **성장성이 있는 회사에서 사원들의 동기부여를 위해 지급**하는 경우가 많습니다. 실제로 네이버나 카카오 같은 IT 기업들은 인재 영입을 위해 스톡옵션을 종종 지급하곤 하죠. 스톡옵션은 주식을 '살 수 있는 권리'를 주는 것이기에 콜옵션에 해당하겠죠?

옵션은 권리의 행사시점에 따라 종류가 다양한데요. 만기일에만 권리를 행사할 수 있는 옵션을 유러피언옵션, 만기일 이전에도 권리 행사를 할 수 있는 옵션을 아메리칸옵션이라고 부릅니다.

핵심만 콕콕

- 옵션이란 특정 자산을 미래 정해진 시점에 특정 가격에 사고 팔 수 있는 권리를 뜻합니다.
- 특정 상품을 살 수 있는 권리를 '콜옵션', 팔 수 있는 권리를 '풋옵션'이라고 합니다.
- 옵션은 기초 상품의 위험을 헤지하기 위한 수단으로 활용됩니다. 다만, 옵션 상품은 기초 상품의 가격 변동에 따라 손익 변동이 커 위험성이 높습니다.

참고 문헌
"[알기쉬운 선물이야기] 옵션거래의 기원", 〈부산일보〉, 2009.01.13.
"한국 증시 뒤흔든 11·11 옵션쇼크 5년", 사건의 재구성, 〈머니투데이〉, 2015.11.25.
"카카오뱅크 · 토스, 파격 조건 내걸고 상반기 '디지털 인재' 확보 경쟁", 〈한국경제〉, 2021.01.25.

39 | 기업의 상태를 보여 주는
재무제표

재무제표란 기업의 재무상태를 보여 주는 여러 장
부를 의미합니다.

주식투자에 관심이 있는 분이라면 재무제표를 읽어야 투기
가 아니라 투자가 된다는 말을 많이 들으셨을 거 같습니다. 하
지만 재무제표를 처음 보시는 분들은 너무 많은 항목들 때문
에 읽기도 전에 포기하는 경우가 많습니다. 그래서 2장에 걸쳐
재무제표에 대한 기초적인 소개와 주식투자에 있어 재무제표
를 읽는 법을 가볍게 소개하는 시간을 가져 보려고 합니다. 꼭
주식 때문이 아니더라도 재무제표는 읽을 줄 알면 좋겠죠?

재무제표의 기본

재무제표는 **기업의 재무 상태를 보여 주는 여러 장부**를 의

미하며, 크게 5가지로 구분됩니다. 재무제표에는 **재무상태표, 손익계산서, 현금흐름표, 자본변동표, 주석**이 있는데 오늘은 3대 재무제표인 재무상태표, 손익계산서, 현금흐름표에 대해 조금 자세히 알아보겠습니다.

그 전에, 기업들의 재무제표를 어디서 보는지 알아야겠죠? **금융감독원의 전자공시시스템인 DART**에서 코스피와 코스닥에 상장된 기업들의 재무제표를 볼 수 있습니다. 회사에 따라 차이는 있지만 이들이 매년 작성한 사업보고서와 함께 반기별, 분기별 보고서를 볼 수 있습니다.

사업 보고서에서는 연결재무제표를 봐야 합니다. 연결재무제표는 자회사와 모회사의 재무 정보가 모두 포함된 재무제표입니다. 연결재무제표에서는 같은 계열의 회사 간 내부거래를 구분할 수 있다는 장점이 있어, 요즘은 대부분의 경우 연결재무제표를 보는 것을 기본으로 하는 추세입니다.

기업의 재산 상태를 나타내는 재무상태표

재무상태표는 기업이 자산을 얼마나 갖고 있고, 빚은 얼마나 지고 있는지 등을 보여주는 문서입니다. 한마디로, **기업의 재산 상태를 한눈에 볼 수 있는 것**이죠. 재무상태표는 자산과 부채, 자본이라는 3가지 축으로 구성되어 있으며 자산=부채＋자본이라는 공식이 성립합니다.

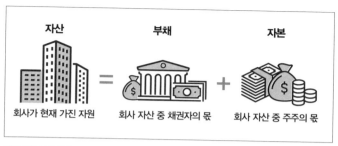

자산	부채	자본
회사가 현재 가진 자원	회사 자산 중 채권자의 몫	회사 자산 중 주주의 몫

재무상태표의 구조

자산 = 기업이 현재 가지고 있는 자원

- **유동자산:** 현금, 매출채권, 아직 팔지 못한 재고 등 마음만 먹으면 빠르게 처분할 수 있는 항목들이 포함됩니다.
- **고정자산:** 비유동자산이라고도 불리며 건물, 토지, 기계장비, 특허권 등 쉽게 처분할 수 없는 항목들이 포함되죠.

부채 = 외부로부터 빌려서 조달한 재원

- **유동부채:** 1년 이내에 갚아야 하는 외상이나 빚을 의미합니다.
- **고정부채:** 1년 이후에 갚아도 되는 외상이나 빚을 의미합니다.

자본 = 주주가 직접 조달한 자금으로, 기업 고유의 재산

- **자기자본:** 창업자나 주주들이 기업에 투자한 원금입니다. 일반적으로 자본금이 많다고 할 때 자본금은 자기자본을 의미합니다.
- **이익잉여금:** 영업활동을 통해 발생한 이익입니다.
- **자본잉여금:** 주식을 감자하거나 자회사를 인수합병한 차익 등이 포함됩니다.

기업이 돈을 얼마나 벌었는지 알 수 있는 손익계산서

손익계산서에는 일정 기간 동안 기업이 벌어들인 총수입과 매출원가나 세금 등 돈을 벌기 위해서 사용된 비용, 그리고 수입에서 비용을 뺀 수익이 얼마인지 나와 있습니다. 그래서 기업의 실적을 알려면 손익계산서를 보면 됩니다.

- **매출총이익:** 기업이 일정 기간 동안 물건이나 서비스를 팔아 벌어들인 매출에서 비용에 해당하는 매출원가를 빼서 구할 수 있습니다.
- **영업이익:** 영업활동에서 얻은 이익이며, 매출총이익에서 인건비와 광고비 같은 판매관리비를 뺀 금액입니다.
- **당기순이익:** 일정 기간 동안 기업이 얻은 수익을 의미하며, 영업이익에서 영업외수익은 더하고, 영업외비용과 법인세를 빼면 구할 수 있습니다.

기업이 돈을 어디서 얻고, 어디다 쓰는지 알 수 있는 현금흐름표

현금흐름표에는 기업이 돈을 어디에서 가져오며, 어디에 사용하는지 나타나 있습니다. 한마디로 기업의 종합적인 거래 내역인데, 그 항목이 크게 크게 정해져 있다고 보시면 되겠습니다. 현금흐름표는 크게 영업, 투자, 재무 활동에서의 현금흐름으로 구분됩니다.

- **영업활동 현금흐름:** 기업이 제품이나 서비스를 판매해 발생한 현금의 유입과 유출을 의미합니다. 영업활동을 통해 현금이 들어와야 좋겠죠?
- **투자활동 현금흐름:** 기업이 신사업이나 사업 확장에 투자하는 활동에 관한 현금흐름을 나타냅니다. 돈을 좀 쓰더라도 적극적으로 사업 확장에 투자하는지 알 수 있는 대목이겠죠?
- **재무활동 현금흐름:** 기업이 자본을 조달할 때 발생하는 현금흐름을 보여줍니다. 주식을 증자하거나 감자할 때, 배당금을 지급할 때 재무활동 현금흐름이 발생합니다.

재무제표, 이것만 기억하자!

아주 간단하게만 살펴봐도 재무제표의 종류도 다양하고, 각 재무제표 안에도 여러 항목이 존재하는 것을 알 수 있습니다. 그중에서도 오늘 기억해야 할 것은 각 재무제표의 용도, 그리고 대략적인 항목의 의미입니다. 예를 들어, 당기순이익은 기업이 돈을 얼마나 벌었는지 나타내는 손익계산서의 항목이며, 실제로 해당 기간 동안 기업이 벌어들인 수익을 의미한다는 것 정도만 알고 계셔도 충분합니다! 다음 장에서는 각 재무제표의 항목을 이용해 실제로 주식투자에 필요한 정보를 얻어 내는 방법에 대해 살펴보겠습니다.

참고문헌 | "'돈 버는 투자자는 재무제표를 읽는다! 기업의 성적표 '재무제표' 제대로 읽기'", 〈한화생명 블로그〉, 2017.05.10.
"[경제기사야 놀자~] 재무제표란 무엇이고 왜 중요한가요?", 〈조선비즈〉, 2013. 04.26.

40 | 재무제표에서 기업을 읽는 법

이번 장에서는 앞서 알아본 재무제표를 어떻게 읽어야 하는지, 어떤 부분에 주목해야 하는지를 주식투자자의 관점에서 가볍게 짚어 드리려고 합니다. 바로 들어가 볼까요?

잠깐! 재무제표를 읽기 전에!

이번 장에서는 주식투자를 위해 재무제표를 읽으시는 분들이 명심해야 할 기본적인 사항들을 몇 가지 짚어 드리려고 합니다. 가장 중요한 포인트는 '상대성'입니다. 기업이 속한 업종마다, 시기마다, 그리고 투자자 개인마다 투자의 기준은 굉장히 다릅니다. 어떤 지표가 10이라고 해서 무조건 '투자해야 한다' '말아야 한다'로 나눌 수 없다는 사실을 기억하셔야 합니다. 여러 사례를 참고해 자신만의 기준을 만들면 좋겠죠?

참고를 위해 유명한 투자자들은 재무제표를 어떻게 보는지 말씀드리도록 하겠습니다. 저평가된 주식만 사는 걸로 유명한

한입 경제 상식사전

가치투자자 워런 버핏은 **ROE(자기자본이익률)**라는 지표를 굉장히 중요하게 생각합니다. ROE란 당기순이익을 자본총액으로 나눈 지표로, 기업이 자본을 활용해 얼마의 이익을 냈는지 보여주는 지표입니다. 얼마나 사업을 잘했는지가 나타나죠. 주식 전문가 피터 린치는 **PEG(주가순이익성장비율) 같은 비율에 자신만의 기준을 부여해 투자를 결정**한다고 합니다. PEG는 주가를 EPS(주당순이익)로 나눈 PER(주가수익비율)을 다시 EPS 증가율로 나눈 지표인데요. 피터 린치는 PEG가 0.5보다 낮으면 주가가 저평가, 1.5보다 높으면 고평가됐다고 봤죠. 유명한 투자자들도 각자 중요하게 생각하는 지표와 기준은 서로 다르며, 지표뿐만 아니라 시장 상황과 여러 이슈를 종합적으로 보라고 조언하기도 합니다.

또한 재무제표를 볼 때 가장 최근의 재무제표만 보는 것보다 과거의 재무제표들도 함께 보면서 흐름을 짚어가는 습관을 들이면 좋습니다. 과거 재무제표를 봐야 기업의 성장세도 눈에 들어오고, 시장의 성장과 기업의 성장을 비교할 수 있기 때문입니다. 여기에 더해 재무제표의 주석 부분도 잘 참고하면 좋은데요. 여러 항목들을 자세히 설명하고 있기 때문에 기업의 내면을 상세히 들여다볼 수 있습니다.

재무상태표에서는 뭘 봐야 할까?

재무상태표에서 크게 눈여겨봐야 할 항목들은 아래와 같습니다.

- **유동자산:** 유동자산이란 현금, 예금, 주식 등의 유가증권을 뜻하는데요. 특히 기업이 현금성 자산을 얼마나 가지고 있는지 잘 봐야합니다. 현금을 어느 정도 넉넉히 보유한 회사라면 급작스러운 위기에 대처할 수 있는 능력이 있다는 뜻이니까요. 하지만 현금을 너무 과도하게 가지고 있다면 신사업에 투자하거나 배당을 잘 하지 않았다는 뜻이기 때문에 주의해야 합니다.
- **부채 비율:** 기업에 빚이 얼마나 있는지도 중요합니다. 부채 비율은 부채를 자본으로 나누어 구할 수 있습니다. 빚이 많더라도 그만큼 회사가 성장하고 있다면 문제가 되지 않겠지만, 성장이 뒷받침되지 않는데 빚이 많다면 조금 위험하겠죠?
- **자산 성장률:** 이전 재무제표와 비교해 기업의 자산이 얼마나 증가했는지도 봐야 합니다. 자산이 늘어난다는 것은 그만큼 기업이 성장하고 있다는 뜻입니다.

가장 중요하게 봐야 할 손익계산서

손익계산서는 주식투자 시 알아야 할 정보를 가장 많이 담고 있는 재무제표 중 하나로 평가받는데요. 아래와 같은 내용을 눈여겨보시는 걸 추천해 드립니다.

- **매출액:** 기업이 제품이나 서비스를 얼마나 팔아서 돈을 벌었는지 나타내는 가장 날 것의 지표입니다. 직관적인 지표인 만큼 눈여겨보시길 바랍니다.

- **당기순이익:** 기업이 이익을 얼마나 냈는지를 보여 줍니다. 모든 비용과 법인세까지 뺀 금액이라 순수하게 기업의 이익을 나타내며, 앞으로 살펴볼 여러 항목들에도 포함되는 굉장히 중요한 지표입니다.
- **ROE:** Return On Equity의 약자로, 당기순이익을 자본총액으로 나눈 지표입니다. 즉 기업이 갖고 있는 자본을 활용해 어느 정도의 수익을 냈는지 보여주는 수익성 지표이죠. ROE가 높을수록 투자 대비 돈을 잘 버는 회사라는 뜻입니다.
- **PER:** Price Earning Ratio의 약자로, 시가총액을 당기순이익으로 나눈 지표입니다. 즉, 기업의 주가가 지금 기업이 벌어들이는 수익에 비해 얼마나 고평가 또는 저평가되어 있는지를 나타내는 지표입니다.
- **영업이익률:** 영업이익/매출액으로 구할 수 있습니다. 회사가 얼마나 효과적으로 수익을 내는지, 같은 양의 물건을 팔아도 얼마나 장사를 잘했는지를 나타냅니다.

현금흐름표에서 봐야 할 내용들

현금흐름표는 기업이 돈을 어디 썼는지, 지금 기업이 어디에 집중하고 있는지를 볼 수 있는 재무제표입니다.

- **배당금:** 기업이 배당금을 얼마나 지급했는지 볼 수 있습니다. 배당금에 관심이 있으신 분들이라면 눈여겨 봐야겠죠?
- **자사주 매입:** 워렌 버핏의 말을 인용하면, 자사주를 매입하는 회사는 그만큼 현금 여유가 있으며 앞으로의 실적에도 자신이 있는 것이라고 합니다. 장기적으로 경쟁 우위를 가진 회사가 자사주를 매입하는 경우가 많다는 것인데요. 우리나라의 경우 자사주를 매

입하는 기업은 그리 많지 않지만, 미국은 회사가 돈을 잘 벌면 자사주를 사들여 주가를 부양하는 경우가 많습니다.
- **영업활동 현금흐름:** 회사의 영업활동을 통해 움직인 현금을 나타내는 항목인데요. 당기순이익과 영업활동으로 들어온 현금 간에 큰 차이가 있다면 분식회계의 가능성이 있어 주의해야 합니다.

지금까지 재무제표를 읽고 기업의 상태를 진단하는 방법을 배웠습니다. 재무제표를 읽는 법은 정해져 있지만, 투자 여부를 판단하는 것은 온전히 개인의 몫입니다. 여러 기업의 사례를 접해 보고 스스로의 기준을 만들면 좋겠죠?

참고 문헌 | "'돈 버는 투자자는 재무제표를 읽는다! 기업의 성적표 '재무제표' 제대로 읽기'", 〈한화생명 블로그〉, 2017.05.10.

PART 3

가상
자산

2020년 코로나19로 세계 각국이 엄청나게 많은 돈을 풀면서 주식과 부동산으로 투자금이 몰려들었습니다. 마찬가지로 가상자산 투자도 늘어나면서 가상자산은 주요한 투자처로 떠오르게 되었습니다. 가상자산이 주목을 받게 되면서 여러 기술들도 뜨거운 감자로 떠올랐습니다.

이번 파트에서는 가상자산의 기본이 되는 블록체인 기술이란 무엇인지, 대표적인 암호화폐로 꼽히는 비트코인과 이더리움이란 무엇인지 살펴보려고 합니다. 2022년엔 테라–루나 사태, 세계적인 가상통화 거래소 FTX 파산 등을 계기로 가상자산 시장 규제 움직임이 시작됐는데요. 우리나라는 가산자산을 어떻게 규제하고 있는지 특금법, 트래블룰 등을 중심으로 짚어보는 내용도 담았습니다.

다가오는 미래에 우리의 금융 생활은 가상자산과 떼놓을 수 없을 것입니다. 이미 가상자산은 세상을 급격하게 바꿔 놓고 있습니다. '가상자산' 파트를 통해 가상자산에 대한 기본적인 지식을 쌓아 두면, 세상의 변화를 파악하는 데 수월하겠죠?

41

암호화폐를 탄생시킨 기술
블록체인

블록체인은 데이터를 저장한 블록을 사슬 형태로 만들어 분산해 저장하고 처리하는 기술입니다.

카카오나 네이버, 그리고 넷마블이나 컴투스 같은 IT 회사들이 공통적으로 진출한 사업이 무엇인지 아시나요? 바로 '블록체인' 사업입니다. 블록체인이 무엇이길래 여러 대기업이 많은 투자를 진행하는 걸까요? 인터넷을 혁신할 것이라는 기대를 받고 세상에 등장한 기술, 블록체인에 대해 알아보겠습니다.

블록체인이란?

2008년, 익명의 개발자는 정부나 은행이 개입하지 않아도 개인이 빠르고 안전하게 거래할 수 있는 화폐를 만드는 시스템을 구현하는 논문을 발표했습니다. 이 논문을 기반으로 우리가 아는 비트코인이 만들어졌고, 블록체인이라는 기술이 대중에게 알려지게 되었습니다.

블록체인은 데이터를 담은 블록block**을 사슬 형태로 연결하여 분산원장으로 만드는 기술**입니다. 데이터가 기록된 블록을 시간 순서대로 쌓고, 이 블록을 여러 사람들이 공유함으로써 정보의 신뢰성을 보장해주는 기술인데요. 단어 하나하나를 뜯어보면 조금 더 쉽게 블록체인을 이해할 수 있습니다.

먼저 **블록**을 살펴보겠습니다. 아래의 그림처럼 **정해진 시간마다 하나의 블록**이 만들어집니다. 만들어진 블록에는 이전 블록의 모든 내용이 하나의 암호로 변환(이전해시)되어 저장되고 정해진 시간 동안 일어난 모든 거래들이 암호화(루트해시)되어 더해집니다. 그럼 한 블록에는 **이전 블록의 내용과 이번 블록에서 일어난 모든 거래**가 담기겠죠?

이렇게 블록이 계속 만들어지면서 사슬 형태의 원장(거래 내역이 모두 기록되어 있는 기록장)이 만들어집니다. 그런데 이 원장

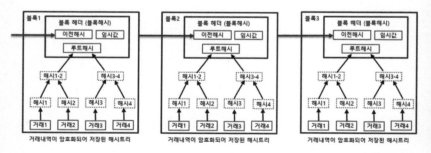

출처 : (주)해시넷

한입 경제 상식사전

을 누구 한 명이 가지고 있는 것이 아니라 **블록체인 네트워크에 참여하는 모든 사람이 각자 하나씩** 들고 있습니다. 그래서 '분산'원장이라고 부르는 것이죠.

각자의 장부에 거래 내용이 기록되기 때문에 각 블록마다 일어난 거래는 **네트워크 참여자들이 다수결을 통해 진짜인지 검증할 수 있습니다.** 다수결을 넘지 못한 거래는 거짓으로 판명되어 다음 블록이 만들어질 때 반영되지 않고 탈락합니다.

예를 들어 100명이 참여한 블록체인 네트워크에 'A가 B에게 천 원을 송금했다'는 내용을 기록한다고 생각해 볼까요? 먼저 A가 천 원을 가지고 있다는 사실이 블록체인에 기록이 되어 있고, 천 원을 B에게 보내는 거래가 유효한 거래라고 가정 하겠습니다. 그러면 51명이 넘는 사람들이 가진 분산원장에 'A가 B에게 천 원을 송금했다'는 사실이 기록되어야 합니다. 원장에 거래 기록이 기록된 사람의 수가 그렇지 않은 사람의 수보다 많기 때문에 이 거래는 사실로 증명되는 것입니다. 그리고 다음 블록에는 사실로 증명된 거래들만 담기게 됩니다.

블록체인의 장점

탈중앙화

만약 A가 B에게 천 원을 송금하면, 은행은 이 거래 사실을 바로 확인하고 인증할 수 있습니다. 그러나 블록체인은 은행

과 같은 **중앙관리자 없이도 신뢰성 있는 검증이 이뤄지게 하**
는 기술입니다. 그래서 블록체인에서는 은행 같은 중앙관리자
가 없습니다. 대신 네트워크에 참여한 사람들이 다수결로 이
거래를 기록하고 검증하죠. 이와 같은 블록체인의 특성을 '**탈**
중앙화'라고 합니다.

투명성

블록체인 네트워크에 참여한 모두는 네트워크상에서 어떤
거래가 일어났는지 확인이 가능합니다. 뿐만 아니라 이전에
일어났던 거래들도 모두 볼 수 있죠. 내가 가진 블록을 확인했
을 때 다른 사람이 가진 블록과 똑같다면, 내가 알고 있는 모
든 정보가 다른 사람의 정보와 같다는 뜻이기 때문입니다. 만
약 내 블록과 다른 사람의 블록이 다르다면, 둘 중 한 사람이
알고 있는 정보는 거짓입니다.

보안성

블록체인은 높은 보안성을 가지고 있습니다. 누군가 지금
장부에 거짓 거래를 올리거나 임의로 조작을 하게 되면 **내가**
가진 장부와 다른 사람들이 들고 있는 장부의 내용이 달라집
니다. 그러면 조작된 장부는 효력을 잃습니다. 블록체인에서
거래 내용을 조작하려면 참여자 과반수 이상의 기록을 조작해

야 하는데, 이를 위해서는 너무 많은 연산 능력이 필요해 현재 컴퓨터 기술로는 불가능합니다. 그래서 블록체인은 주로 데이터 보관이나 인증 등 보안이 필요한 곳에 사용되죠.

블록체인의 단점

블록체인은 데이터가 쌓일수록, 그리고 네트워크 참여자가 늘어날수록 처리해야 할 연산량이 많아집니다. 데이터가 많아지고 네트워크 참여자가 늘어나면 해킹이 어려워지기 때문에 블록체인은 더욱 안전해집니다. 하지만 연산량이 많아지면 참여자들이 내야 하는 수수료가 높아지고, 처리 속도도 느려집니다. 그래서 블록체인 업계에서는 네트워크가 커지더라도 효율성이 낮아지지 않도록 하는 알고리즘을 개발하기 위해 여러 시도가 이루어지고 있습니다.

핵심만 콕콕

- 블록체인은 탈중앙화를 목표로 데이터를 분산해서 처리하며, 사슬 형태로 나열해 변조가 불가능하도록 만든 기술입니다.
- 블록체인은 '탈중앙화' '투명성' '보안성'이 장점이지만, 네트워크가 커질수록 처리할 연산량이 늘어난다는 단점이 있습니다.

참고문헌 | 김헌수·권혁준, 「보험 산업의 블록체인 활용: 점검 및 대응」, 『보험연구원 연구보고서 2018』 24호, 보험연구원, 2018.

42

암호화폐의 조상님
비트코인

비트코인은 세계 최초로 만들어진 암호화폐입니다.

암호화폐 가격이 출렁인다는 뉴스를 보면 비트코인 가격에 대한 얘기가 꼭 포함되는 걸 볼 수 있습니다. 세계 최초로 만들어진 암호화폐인 비트코인은 현재 여러 암호화폐들의 기준이 되고 있는데요. 이번 장에서는 암호화폐 세계의 조상님이자, 현재 가장 큰 규모를 자랑하는 비트코인에 대해 설명해 드리겠습니다.

All About 비트코인

비트코인은 사실 고유명사로, **블록체인 기술로 만들어진 최초의 암호화폐**입니다. 화폐 단위로는 BTC를 사용하죠. 비트코인은 2009년에 '나카모토 사토시'라는 가명을 쓴 개발자에 의해 처음 개발되었으며 아직까지 암호화폐 시가총액 1위를 차지하고 있는 가장 규모가 큰 암호화폐입니다.

비트코인의 원리를 이해하기 위해서는 이전 장에서 설명한 블록체인에 대한 이해가 필수인데요. 비트코인은 물리적인 실체가 없습니다. 대신 **블록체인을 이용한 분산원장에서의 거래로 정의되는 암호화폐**입니다. 비트코인은 일정시기마다 주어진 문제를 풀면 획득할 수 있는데요. 이렇게 문제를 풀어 비트코인을 얻는 것을 '채굴'이라고 합니다. 채굴된 코인을 거래하면 분산원장에 데이터가 쌓이고, 비트코인에 가치가 부여되는 것이죠.

비트코인은 가장 처음 개발된 암호화폐이기 때문에 **1세대 암호화폐**라고 불립니다. 비트코인은 다른 암호화폐와 달리 화폐(결제)의 기능만을 수행할 수 있습니다. 또한 비트코인은 가장 발행량이 많고 시가총액이 크기 때문에 다른 암호화폐들의 기축통화 역할을 하며 아직까지도 암호화폐의 중심 역할을 수행하고 있습니다.

비트코인 가격이 오르는 이유?

최근 많은 사람들이 비트코인과 같은 암호화폐를 좋은 투자처로 인식하고 있는데요. 비트코인 같은 암호화폐의 가격이 오르는 이유는 정말 많지만, 대표적인 몇 가지만 살펴보겠습니다.

첫 번째는 **금리 인하와 유동성 증가** 같은 경제적인 상황입니다. 코로나19 이후 많은 국가들이 경제를 살리고자 시중에 어마어마한 돈을 풀었고, 시중에 풀린 돈이 많아지자 부동산이나 주식, 암호화폐에 투자하는 투자자가 크게 늘어났습니다. 투자 수요가 늘어나니 자연스럽게 암호화폐의 가격 역시 오른 것이죠.

두 번째는 **늘어난 비트코인의 사용처**입니다. 엘 살바도르는 비트코인을 법정화폐로 도입하기도 했고, 많은 기업들이 실험적으로 비트코인으로 결제를 할 수 있는 제도를 도입했습니다. 단순히 상징적인 화폐였던 비트코인이 점점 실생활에 쓰이는 경우가 늘어나면서 비트코인의 가치가 오르기 시작했습니다.

마지막으로는 **금융계의 변화된 인식**입니다. 몇 년 전에는 금융권에서 비트코인을 단순 투자자산 정도로만 분류했습니다. 그러나 JP모건 같은 투자은행과 일론 머스크 등 여러 기업가들이 비트코인에는 투자자산 이상의 가치가 있다고 평가하면서 비트코인의 긍정적인 측면이 많이 부각되었습니다.

비트코인은 개발될 때부터 총 발행량이 2,100만 BTC로 정해져 있는 암호화폐입니다. 비트코인이 사용되는 곳이 많아지더라도 이 세상에 존재하는 비트코인은 한정적입니다. 그만큼 비트코인의 가치는 높아지는 것이죠. 따라서 일각에서는 비트코인의 가격은 오를 수밖에 없다고 주장하기도 합니다.

비트코인 가격이 내리는 이유?

그렇다면 비트코인 가격이 내리는 이유는 무엇일까요? 첫 번째 비트코인 가격을 하락시키는 요인은 **정부의 규제 정책**입니다. 암호화폐에 투자하는 투자자가 많이 몰렸음에도 과거에는 명확한 과세 기준이나 규제가 부족해 많은 논란이 있었는데요. 국내에서는 특금법*으로 암호화폐를 정의하고, 이후 암호화폐 투자로 벌어들인 돈에 대해 세금을 부과하겠다는 정책이 발표되며 비트코인 가격에 영향을 주기도 했습니다.

두 번째 주요 요인은 **국제 사회의 암호화폐 관련 정책**입니다. 중국 정부는 암호화폐 채굴에 너무나 많은 전력이 소비된다는 이유로 암호화폐 채굴을 규제하기 시작했습니다. 또한 미국 증권거래위원회가 비트코인을 주식처럼 사고팔 수 있도록 한 상장지수펀드(ETF)의 승인을 거부했던 것 역시 악재로 작용했었죠. 비트코인의 채굴과 사용 등에 대한 국제 사회의

---

* 특금법은 '특정 금융거래정보의 보고 및 이용 등에 관한 법률'을 줄여 부르는 말로, 국제 자금 세탁방지기구(FATF, Financial Action Task Force)의 기준을 이행하기 위해 만들어진 법입니다. 특금법 개정안에서 우리나라 최초로 가상자산이라는 용어를 공식화하고 가상자산사업자를 정의하는 등 가상자산을 법의 테두리 안으로 들어오도록 했습니다. 더 자세한 내용은 50장을 참고하세요!

규제가 심화될수록 비트코인의 가격도 떨어지게 됩니다.

비트코인 가격은 어디로?

많은 전문가들이 비트코인 가격이 다시 폭락할 것이라고 예상하기도 하고, 반대로 비트코인에는 파괴적인 잠재력이 있어 장기적으로 가격이 크게 오르리라 예상하기도 합니다. 전망이 어떻든, 여러 금융사와 투자자가 비트코인을 매력적인 투자상품으로 주목하고 있는 상황입니다. 과연 비트코인은 많은 사람들의 기대처럼 디지털 '금'이 될 수 있을까요? 그리고 비트코인 가격의 끝은 어디일까요?

핵심만 콕콕

- 비트코인은 2009년 만들어진 최초의 암호화폐입니다.
- 많은 투자자들이 비트코인을 비롯한 암호화폐를 매력적인 투자처로 인식하고 투자에 나서고 있습니다.
- 그럼에도 암호화폐는 여러 요인으로 가격이 오르기도, 내리기도 하며 위험성이 높은 투자처로 인식됩니다.

참고 문헌   "비트코인이란 무엇인가", 〈KDI 경제정보센터〉, 2014.01.23.
"비트코인에 관심 생기셨나요?…쉽게 보는 10문 10답 [코인노트]", 〈매일경제〉, 2021.05.30.

43 | 비트코인의 뒤를 잇는 2대장
이더리움

이더리움은 스마트 계약 기능을 구현하기 위해 만들어진 블록체인 플랫폼입니다.

앞선 장에서 최초로 만들어진, 그리고 시가총액이 가장 큰 암호화폐는 비트코인이라고 했는데요. 비트코인의 뒤를 잇는 암호화폐의 2대장은 바로 이더리움입니다. 비트코인과 달리 이더리움은 만들어질 때 특별한 기능 하나를 염두에 두고 개발되었습니다. 바로 스마트 계약인데요. 이더리움, 조금 더 자세히 살펴보시죠.

이더리움이란?

이더리움Ethereum은 블록체인을 기반으로 스마트 계약 기능을 구현하기 위한 분산 컴퓨팅 플랫폼입니다. 쉽게 얘기하면 처음 만들어질 때부터 스마트 계약**Smart Contract**이라는 기능을 구현하기 위해 만들어진 블록체인이죠. 흔히 이더리움을 암호화폐, 코인으로 알고 있는데요. 엄밀하게는 이더리움은 블록체인 플랫폼의 이름이고, 이더리움 내에서 발행되는 암호화폐의 이름은 이더**ETH**입니다. 다만 편의를 위해서 블록체인과 코인 모두를 이더리움이라고 부르죠.

이더리움은 비탈릭 부테린**Vitalik Buterin**이라는 개발자가 2015년 출시했습니다. 이전에 출시되었던 비트코인은 아주 간단한 스크립트 언어로 코딩되어 있어 단순히 송금이나 거래 등 화폐의 기능만 수행할 수 있었습니다. 하지만 비탈릭 부테린은 암호화폐에 기존 화폐의 기능을 뛰어넘는 블록체인이라서 가능한 무언가가 있어야 한다고 생각했습니다. 그래서 '스마트 계약'이라는 복잡한 기능을 제대로 구현할 수 있는 블록체인인 이더리움을 개발했죠. 비트코인이 가장 최초의 암호화폐라는 상징성을 가지고 있다면, **이더리움은 블록체인의 활용에 초점**을 맞췄다고 할 수 있습니다.

다양하게 활용되는 이더리움

스마트 계약은 이더리움의 존재 목적이자, 이더리움이 다양한 분야에 활용될 수 있게 하는 기반 기술입니다. 스마트 계약이란 특정 조건을 충족하는 경우, 관리자나 중개자 없이 자

동으로 체결되는 계약을 말합니다. 예를 들어 어떤 사람이 특정한 웹사이트에 회원가입을 하면 자동으로 토큰을 1개씩 지급하도록 스마트 계약을 만들 수 있습니다. 스마트 계약의 내용과 조건은 모두 블록체인에 기록됩니다. 이렇게 스마트 계약이 한번 블록체인에 기록되고 나면 수정이 불가능한데요. 스마트 계약은 계약 조건의 증명과 체결이 모두 블록체인에서 이루어지기 때문에 계약을 신뢰할 수 있고, 거래 내역이 투명하게 관리된다는 장점이 있습니다.

이더리움을 통해 만들어진 다양한 스마트 계약을 이용해서 블록체인 기반의 애플리케이션을 만들 수 있습니다. **블록체인을 기반으로 한 앱은 디앱**DApp이라고 부르며, 탈중앙화 분산 애플리케이션이라고 부르기도 합니다. 이더리움 기반의 디앱이라면 디앱에서 만들어지는 데이터나 기록 등이 모두 이더리움 블록체인에 기록됩니다. 일반적인 앱의 경우 앱 내의 데이터가 개발사의 서버에 저장되고, 앱 내 모든 활동이 개발사의 통제 아래에서 이루어지는데요. 반면 디앱은 블록체인과 스마트 계약을 기반으로 탈중앙화된 방식으로 활동이 이루어진다는 차이점이 있습니다.

디앱에서의 통신, 거래, 데이터 기록 등은 전부 스마트 계약을 이용해서 일어납니다. 예를 들어 디앱에서 코인을 거래한다면, 중간자 없이 판매자와 구매자 간 스마트 계약을 체결하는 것이죠. 이런 방식으로 금융거래를 지원하는 서비스가 늘어나면서 디파이**DeFi**(탈중앙화 금융)라는 분야가 생겨나기도 했습니다.

이더리움의 업데이트는 진행 중

이더**ETH**를 거래하거나 스마트 계약을 체결할 때 이더리움 블록체인에서는 가스**GAS**라는 수수료를 지급해야 합니다. 그런데 이더리움 블록체인을 사용하는 곳이 많아지면서 이 수수료가 점점 더 비싸지고 있죠. 이더리움 생태계가 더 커지기 위해서는 점점 늘어나는 수수료를 줄여야 합니다. 그래서 이더리움 재단에서는 이더리움 2.0이라는 업그레이드된 이더리움을 출시해 수수료를 줄여 가고 있습니다.

이더리움 2.0은 가스비를 줄이기 위해 PoS**Proof of Stake**(지분증명) 방식으로 전환했습니다. 예전의 이더리움은 비트코인처럼 채굴자들이 코인을 채굴하면 발행되는 방식이었는데요. 이렇게 채굴자들이 고사양 컴퓨터를 이용해 코인을 채굴하는 방식을 PoW**Proof of Work**(작업증명)이라고 합니다.

하지만 이더리움 2.0이 선택한 PoS 방식에서는 **이미 이더리움을 가지고 있는 사람들에게 이자 형태로 추가 코인을 지급하는 방식**으로 코인이 발행됩니다. 이더리움 소유자들이 전체 이더리움 중 가지고 있는 지분에 따라 새로운 코인을 발행받는 것이죠. PoS 방식에서는 코인을 채굴하기 위해 막대한 컴퓨터 연산이 필요하지 않기에 블록체인 규모가 증가하더라도 필요한 연산 자원이 증가하지 않습니다. 따라서 이더리움 생태계가 커지더라도, 가스비는 그만큼 늘어나지 않는 구조이죠.

이더리움 재단은 2022년 9월 더 머지**The Merge** 업데이트를 진행해 PoS(지분증명) 방식을 도입했습니다. 이후 2023년 4월 샤펠라 업그레이드를 완료해 PoS 방식에 필요한 부가기능을 덧붙였죠. 이더리움 재단은 '이더리움 2.0 로드맵'에 따라 블록체인의 가장 중요한 3가지 가치인 확장성, 탈중앙화, 보안성을 더욱 강화해 나갈 계획입니다.

핵심만 콕콕

- 이더리움은 2015년, 스마트 계약 기능을 구현하기 위해 만들어진 블록체인 플랫폼입니다.
- 이더리움 블록체인 내에서 발행되는 암호화폐 이더는 비트코인에 이어 시가총액 2위인 암호화폐입니다.
- 이더리움의 핵심 기능인 스마트 계약은 계약 내용과 조건, 체결이 모두 블록체인에 의해 자동으로 진행되는 기술입니다.

참고 문헌
"이더리움이란 무엇인가요?", 〈ethereum.org〉, 2022.03.05.
"[한서희·백설화의 올어바웃NFT] "스마트콘트랙트부터 이해하자"", 〈IT조선〉, 2022.02.18.
"비탈릭 부테린 "이더리움 2.0 개발, 절반까지 왔다"", 〈디지털투데이〉, 2022. 01.05.

44 | 1달러 = 1코인?
스테이블 코인

> 스테이블 코인은 매 순간 가치가 변동하는 일반적인 암호화폐와 달리, 가치가 고정되어 있는 암호화폐입니다.

페이스북이 야심차게 추진하던 스테이블 코인 프로젝트, 디엠Diem 프로젝트에 대해 들어 보셨나요? 페이스북은 과거 비자VISA, 페이팔 등 글로벌 금융사 및 핀테크 기업과 손을 잡고 스테이블 코인Stable Coin을 출시하려고 시도했는데요. 각국 정부와 은행의 극심한 반대에 부딪혔고 결국 그동안 연구한 스테이블 코인 기술을 매각하기로 결정했습니다. 페이스북이 야심차게 추진했지만 결국 실패한 스테이블 코인, 궁금하지 않나요?

스테이블 코인이란?

우리가 흔히 알고 있는 일반적인 암호화폐는 주식처럼 그때그때 가격이 달라집니다. 변동성이 큰 암호화폐는 하룻밤 사이에도 몇 %씩 가격이 바뀌기도 하죠. 이런 암호화폐들은 결제 수단으로 활용하기 힘듭니다. 예를 들어, 어제 2비트코인으로 치킨을 시켜 먹었는데 오늘은 치킨 한 마리가 1비트코인이 된다면 억울하겠죠? 이렇게 변동성이 큰 암호화폐를 지불수단으로 활용하게 되면, 여러 문제가 생길 수 있습니다.

암호화폐가 단순 투자상품으로 인식되는 것을 넘어 화폐로 인정받기 위해서는 실제 결제에도 사용되는 등 일상 생활에서 활용돼야 합니다. 그래서 등장한 개념이 **스테이블 코인**입니다. 스테이블 코인은 **기존 화폐나 실물자산에 가격을 연동한 암호화폐**입니다. 예를 들어 1,000원＝1코인, 금 1돈＝1코인 같이 코인의 가치를 특정한 실물자산에 고정해 두는 것이죠. 이렇게 되면 스테이블 코인 가치의 변동성이 작아집니다. 이렇게 실제 자산 등과 연동해 가치 변동을 최소화한 암호화폐가 바로 스테이블 코인입니다.

스테이블 코인이 주목 받는 이유?

아직까지 암호화폐는 투자 상품의 성격이 짙습니다. "실제로 암호화폐가 어디 쓰일까요?"라는 질문에 마땅한 답변이 떠

오르시나요? 쉽게 대답하기 힘든 질문입니다. 몇 년 전부터 암호화폐를 진짜 화폐처럼 결제에 사용해 보려는 시도가 많았는데요. 이런 시도와 함께 스테이블 코인이 더욱 높은 관심을 받고 있습니다.

스테이블 코인은 다른 암호화폐와 달리 **가치가 쉽게 변하지 않기 때문에 결제 수단으로 비교적 더 안전하게 사용이 가능**합니다. 1달러=1코인인 스테이블 코인을 사용하면 판매자나 구매자가 딱히 손해볼 일은 없습니다. 달러의 가치는 급격하게 변하지 않기 때문에 1코인의 가치도 급격히 변하지 않을 것이기 때문이죠. 게다가 1달러=1코인인 스테이블 코인을 사용하면 기존의 결제수단에 쉽게 스테이블 코인을 연동할 수 있습니다. 우리가 쌓여 있던 마일리지 100point를 100원으로 사용하듯, 보유하고 있는 1코인을 1달러로 사용할 수 있으니 말입니다.

유명한 스테이블 코인?

가장 유명한 스테이블 코인은 **테더코인**USDT입니다. 한때 비트코인과 이더리움에 이어 시가총액 3위를 기록하기도 했던 테더코인은 **미국 달러와 연동**되어 1달러=1USDT의 가치를 가지며, 세계 최초로 등장한 스테이블 코인입니다. 테더코인을 운용하는 테더사는 이론적으로 시중에 유통되는 1테더코인당 1달러를 예치해 두며, 테더 사에 1달러를 납입하면 1테더를 발행해 줍니다. 테더코인은 암호화폐를 거래할 때 달러를 일부 대체하는 기능을 하기도 하죠.

테더코인 외에도 바이낸스**BNB**, 다이**Dai** 같은 스테이블 코인이 존재하며, 페이스북이 발행을 준비했던 디엠**Diem**도 유명한 스테이블 코인 중 하나입니다.

스테이블 코인의 단점은?

스테이블 코인의 가장 큰 단점은 아직 불완전하며, 신뢰도가 확보되지 않았다는 점입니다. 일부 스테이블 코인에 대해서는 자금 세탁 우려와 보안 문제가 꾸준히 거론되기도 합니다. 또한 여전히 각국 정부와 은행은 민간 주도로 발행되는 스테이블 코인을 규제하려는 입장을 유지하고 있죠. 이외에도 스테이블 코인은 가치 변동이 적어 일반 암호화폐에 비해 투자가치가 낮다는 단점도 있습니다.

핵심만 콕콕

- 스테이블 코인은 실물 자산 등에 가치가 연동되어, 고정된 가치를 가지는 암호화폐입니다.
- 스테이블 코인의 고정된 가치를 이용해 스테이블 코인을 화폐 대신 이용하려는 많은 시도가 이루어졌습니다.
- 각국 정부와 은행은 민간이 발행한 스테이블 코인에 대해 부정적인 입장이며, 규제하려는 움직임을 보이고 있습니다.

참고 문헌 | "[코인 용어사전] 스테이블코인", 〈코인데스크코리아〉, 2021.10.03.
"가격 무조건 1달러…'스테이블코인' 왜 살까", 〈매일경제〉, 2021.09.27.

45 | 알트코인이란 무엇일까?

코로나19 이후 주식투자보다 암호화폐 투자가 더 큰 인기를 끌었습니다. 그런데 여러분은 투자하신 코인들에 대해 얼마나 알고 계시나요? 오늘은 비트코인을 제외한 코인을 말하는 알트코인 중에서 유명한 친구들을 간단하게 소개해 드리겠습니다.

비트코인을 제외한 모든 코인 = 알트코인

알트코인은 Alternative Coin을 줄여 부르는 말로, 비트코인을 제외한 다른 모든 코인을 통칭해 알트코인이라고 부릅니다. 시가총액을 기준으로 전체 암호화폐 중 비트코인이 차지하는 비중이 50%에 달하며 나머지를 알트코인들이 차지하고 있죠. 비트코인이 생겨난 이후 비트코인의 코드를 참고해 정말 다양한 종류의 알트코인이 생겨났습니다. 그리고 비트코인에 비해 가격 변동성이 심한 알트코인은 투자자들의 주목을 받고 있습니다.

이더리움^{ETH}과 이더리움클래식^{ETC}

이더리움**Ethereum**은 비트코인 이후 2세대 블록체인을 활용해 탄생한 코인입니다. 비트코인이 1세대라면, 이더리움을 기반으로 2세대 코인들이 많이 등장했죠. 이더리움은 2014년 만들어졌는데, 2016년에 해커들이 이더리움 블록체인을 해킹한 사건이 있었습니다. 이후 해킹 이전으로 블록체인 복구하기 위해 일부 이더리움 개발자는 아예 새로운 블록체인을 만들었습니다. 이렇게 블록체인을 업데이트할 때 이전과는 아예 다른 망을 새로 만드는 것을 하드포크라고 합니다. 새롭게 생긴 버전2 이더리움이 현재 이더리움 코인이며, 예전의 버전1 이더리움이 남아 있는 것이 이더리움클래식**ETC, Ethereum Classic**입니다.

테더코인^{USDT}

테더**Tether**코인은 일반적인 암호화폐와는 많이 다른 특이한 코인입니다. 일반적인 암호화폐는 채굴 과정을 통해 획득되며 가치가 자주 변동한다는 특징이 있는데요. 테더코인은 스테이블 코인의 일종으로, 1달러=1테더라는 고정된 가치를 가집니다. 이 특징 덕분에 테더코인은 다른 코인을 구매하는 데 화폐처럼 사용되며, 테더코인으로 다른 코인을 사는 시장을 테더마켓이라고 부릅니다. 테더마켓은 우리나라보다 해외에서 많이 활성화되어 있습니다. 테더코인은 거래소 간 코인 가격의 차액을 이용한 마진거래에 주로 이용되기도 하죠. 테더코인은 화폐처럼 사용된다는 특징 덕분에 암호화폐가 법제화되면 실제로 화폐로 쓰일 것이라는 전망이 있습니다.

리플XRP*

리플Ripple은 리플이라는 결제 회사가 만든 결제 시스템이며, 그 안에서 사용되는 화폐를 리플XRP 또는 리플코인이라고 부릅니다. 비트코인을 송금하려면 10여 분이 걸리는 데 비해, 리플은 자체적인 결제 방식을 활용해 2~4초 정도만에 송금이 가능하다는 특징이 있습니다. 자체적인 거래 시스템을 사용하기 때문에 리플의 가격은 다른 코인들과 반대로 움직이는 경우도 잦았습니다. 리플은 예전에는 비트코인, 이더리움과 함께 코인 3대장이라는 별명을 가지고 있었으나 요즘은 그 명성이 예전 같지 않습니다.

2020년 12월 미국 증권거래위원회는 리플이 미등록 불법 증권이라며 소송을 제기했습니다. 그러나 2023년 7월 리플은 증권이 아니라 상품이라는 법원의 판결이 나왔죠. 만약 리플이 증권이라면 까다로운 증권법의 규제를 적용받게 되는데요. 리플이 증권으로 분류되는지 상품으로 분류되는지에 따라 다

---

* 리플코인이 거래소에서 거래될 때 사용되는 코드가 XRP입니다.

른 가상자산들의 성격도 규정되기 때문에 이 판결은 가상자산 업계의 큰 관심을 받았습니다. 리플이 증권이 아니라는 판결은 금융권이 가상자산을 정의하는 초석이 됐고, 가상자산이 증권법의 규제를 받지 않아도 된다는 의미를 담고 있어 가상자산 시장에 활력을 불어넣었습니다.

라이트코인LTC

라이트코인Litecoin은 비트코인을 조금 더 가볍게 만든 버전의 코인입니다. 비트코인을 기반으로 만들어졌지만 비트코인의 단점을 개선한 코인이죠. 비트코인은 10분마다 장부가 갱신되며 총 2,100만 개로 총량이 결정되어 있습니다. 이에 비해 라이트코인은 2.5분마다 장부가 갱신되며 총 8,400만 개의 총량이 결정되어 있습니다. 라이트코인은 개발될 때부터 "비트코인이 디지털 금이라면, 라이트코인은 디지털 은이 되겠다"는 목표를 가지고 개발되었습니다. 비트코인보다 빠르고, 양도 많으며 수수료도 훨씬 저렴하지만 아직 점유율은 그리 높지 않은 상황입니다.

바이낸스코인BNB

바이낸스코인Binance Coin은 세계 최대의 암호화폐 거래소인 바이낸스가 발행하는 코인입니다. 바이낸스코인은 바이낸스

거래소 내에서 수수료, 거래 할인 등에 쓰이는데요. 특이한 것은 분기마다 바이낸스 거래소에서는 바이낸스코인의 일부를 재구매해 소각한다는 것입니다. 그래서 바이낸스코인의 희소성이 유지되고, 가치가 높아집니다. 바이낸스코인은 거래소 내에서의 다양한 기능과 희소성을 무기로 다른 코인과 경쟁하고 있습니다.

참고
문헌

"[IT강의실] 알트코인(Altcoin)이란 무엇인가?", 〈IT동아〉, 2021.06.14.
"알트코인, 2022년엔 더 강해진다[비트코인 A to Z]", 〈매거진한경〉, 2022. 01.03.

46 | 2022년, 가상자산 시장을 뒤흔든 위기

2022년 가상자산 시장은 혼란의 연속이었습니다. 테라-루나의 폭락과 세계적인 가상자산 거래소 FTX의 파산, 우리나라 위믹스 코인의 상장폐지까지 악재들이 가득했는데요. 일련의 사태로 가상자산에 대한 시장의 신뢰가 무너지고, 주요 가상화폐의 가격까지 급락하는 사태가 벌어졌습니다.

테라-루나 사태

2022년 5월 국내 스테이블 코인의 대표 주자였던 테라USD**UST**의 폭락 소식이 들려왔습니다. 테라USD는 한때 스테이블 코인의 혁신으로 불리며 시장의 많은 관심을 받았습니다. 하지만 안전장치가 없는 알고리즘으로 인해 한번 가격이 폭락하기 시작하자 걷잡을 수 없이 무너지며 암호화폐 시장 전체를 뒤흔들었죠. 업계에서는 테라-루나 사태로 인해 암호화폐 시장에 겨울이 왔다고 평가하기도 합니다. 대체 스테이블 코인과 테라-루나 사태가 뭐길래 암호화폐 시장에 폭풍을 몰고 왔을까요?

> - **테라USD(UST):** 테라폼랩스라는 회사가 만든 무담보 스테이블 코인입니다. 1UST=1달러로 가치를 유지합니다.
> - **루나(LUNA):** 테라 생태계를 유지하기 위해, 테라USD의 가치를 1달러로 유지하는데 사용되는 토큰입니다. 일반적인 가상자산이라고 생각하시면 됩니다.

무담보 스테이블 코인은 말 그대로 아무것도 담보로 삼지 않는 스테이블 코인입니다. 담보가 없는 대신, 코인의 수요와 공급을 조절해서 1코인의 가치를 고정하죠. 1달러를 기준으로 하는 무담보 스테이블 코인을 예로 들겠습니다.

> - 1코인이 1달러보다 가격(가치)이 낮은 경우 → 코인을 소각해서 공급을 줄임 → 코인 가격이 1달러까지 상승
> - 1코인이 1달러보다 가격(가치)이 높은 경우 → 코인을 더 발행해서 공급을 늘림 → 코인 가격이 1달러까지 하락

이렇듯 무담보 스테이블 코인을 발행하는 회사는 코인의 공급량을 조절해 코인 가격을 1달러로 유지하고자 합니다. 그런데, 애초에 이 코인을 사려는 사람이 없으면 어떤 일이 생길까요? 1코인이 1달러보다 가격이 낮은 경우, 코인 공급을 줄여 코인의 가치를 높여도 사려는 사람이 없으면 가격이 제대로 올라가지 않게 됩니다. 회사가 코인의 공급량을 조절해도, 원

하는 만큼 코인 가격이 움직이지 않는 것이죠. 즉 무담보 스테이블 코인은 이 코인을 사고팔려는 사람(=수요)이 많도록 신뢰를 유지해야 합니다. 신뢰가 무너지고 코인의 인기가 없어지는 순간 가치를 고정해둘 수 없기 때문입니다.

테라USD는 대표적인 무담보 스테이블 코인입니다. 그리고 테라USD가 폭락한 이유도 신뢰가 무너졌기 때문이죠. 테라USD는 유망한 스테이블 코인으로 많은 주목을 받았습니다. 그리고 테라 생태계에 사용되는 가상자산 루나는 글로벌 가상화폐 시가총액 8위까지 오를 정도로 인기 있는 가상자산이었습니다. 그러나 2022년 5월 초, 스테이블 코인인 테라USD의 가격이 폭락했고, 루나의 가격 역시 함께 폭락했습니다. 주목받던 스테이블 코인과 시가총액 8위까지 찍었던 메이저 가상자산의 폭락은 가상자산 시장에 큰 충격을 안겨줬는데요. 테라USD와 루나에 투자한 많은 투자자들도 피해를 봤죠.

일각에서는 테라USD와 루나의 폭락은 이미 예견되었던 일이었다고 분석합니다. 테라USD와 루나가 상호작용하는 알고리즘은 지속되기 힘들었다는 것인데요. 구체적으로, 테라USD는 알고리즘을 이용해 테라USD의 수요와 공급을 조절해서 가치를 유지합니다. 원리는 다음과 같습니다.

- 테라USD의 가격이 1달러보다 낮은 경우 → 테라USD의 공급량을 줄여 가격을 1달러까지 높인다.
- 테라USD의 가격이 1달러보다 높은 경우 → 테라USD의 공급량을 늘려 가격을 1달러까지 낮춘다.

이때, 테라USD**UST**의 공급량을 조절하는 시스템을 '테라 프로토콜**Terra Protocol**'이라고 부릅니다. 테라 프로토콜의 핵심은 '테라USD와 루나를 서로 교환해 시중의 테라USD 공급량을 조절한다'는 것인데요. 1UST는 1달러어치의 N개의 루나**LUNA**와 교환이 가능하도록 설정한 것입니다.

예를 들어, 1LUNA가 현재 0.5달러라고 하겠습니다. 그럼 1달러어치의 루나는 2LUNA겠죠? 그럼 우리는 시스템에 1UST를 반납하고, 2LUNA를 얻을 수 있습니다. 반대로 시스템에 2LUNA를 반납하면, 1UST를 받을 수 있죠. 핵심은 1UST와 1달러어치의 루나를 언제나, 얼마든지 교환할 수 있다는 것입니다. 테라 프로토콜을 활용하면, 우리는 무위험 차익거래를 할 수 있습니다. 1UST의 가격이 1달러에서 벗어나는 경우, 교환을 통해 아무런 위험 없이 돈을 벌 수 있다는 뜻인데요. 이 교환으로 인해 시중에 나와 있는 테라USD의 공급량이 자연스럽게 조정됩니다. 아래 두 경우를 살펴보겠습니다.

1) 1UST < 1달러일 때 (1UST를 0.6달러라고 가정)

현재 우리가 가지고 있는 1UST는 0.6달러입니다. 그런데 테라 프로토콜을 사용하면, 1UST를 1달러어치의 루나로 바꿀 수 있다고 했죠? 1UST를 1달러어치의 루나로 바꾸고, 바꾼 루나를 팔면 1달러를 받을 수 있습니다. 즉 0.6달러 가치를 가진 UST를 테라 프로토콜로 루나로 바꾸기만 했는데, 0.4달러 수익을 낸 것입니다. 이때, 1UST를 루나로 바꾸었으니, 시중에 풀린 테라USD의 공급량은 줄어듭니다.

2) 1UST > 1달러일 때 (1UST를 1.4달러라고 가정)

이 경우 가지고 있는 루나(LUNA) 1달러어치를 테라로 교환합니다. 그럼 1UST를 얻을 수 있겠죠? 그리고 이 1UST를 팔면 1.4달러를 얻을 수 있습니다. 1달러어치 루나를 테라USD로 교환하고, 이를 팔아 1.4달러를 얻은 것입니다. 단순 교환으로 0.4달러 수익을 낸 것입니다. 이때, 루나를 테라USD로 바꾸었으니, 시중에 풀린 테라USD의 공급량은 늘어납니다.

이처럼 1UST의 가치가 1달러에서 벗어나게 되면, 테라USD나 루나를 보유한 투자자들은 가지고 있는 코인을 교환해 수익을 내고자 합니다. 이렇게 너도나도 테라USD와 루나를 교환해 수익을 내고자 하니, 자연스럽게 테라USD의 공급량이 조절되면서 가격이 1달러로 유지되는 것입니다.

앵커 프로토콜

그런데 앞서 무담보 스테이블 코인은 코인 자체의 인기와 신뢰도가 굉장히 중요하다고 말씀드렸습니다. 아무리 차익거래가 가능하다 하더라도, 어느 순간 사람들이 테라USD와 루나에 관심이 없다면 거래량이 줄어들 것이고, 원하는 만큼 공급량 조절이 안 되면 테라USD의 가치를 1달러로 유지하는 것은 불가능하죠. 그래서 테라 생태계를 유지하기 위해서는, 사람들이 지속적으로 테라USD를 필요하게 만드는 장치가 필요합니다.

테라폼랩스는 테라USD에 사람들이 지속적으로 관심을 가질 수 있도록, 앵커 프로토콜**Anchor Protocol**을 만들었습니다. 앵커 프로토콜의 핵심은 '시스템에 테라USD를 저축하면, 연 19.5%라는 높은 수익률을 제공한다'는 것입니다. 테라USD를 보유한 사람들이 저축을 통해 연 19.5%라는 어마어마한 수익률을 기록할 수 있게 하는 거죠. 앵커 프로토콜 덕분에 테라USD는 많은 관심을 받으며 인기와 신뢰를 얻을 수 있었습니다. 그러나 앵커 프로토콜은 구조적으로 지속되기 어려웠는데요. 앵커 프로토콜이 고수익률을 보장해주는 방식을 살펴보면 답을 알 수 있습니다. 앵커 프로토콜의 알고리즘은 다음과 같습니다.

1) 앵커 프로토콜에서 테라USD를 빌리는 대출자(Borrower)

대출자는 앵커 프로토콜 시스템에 다른 가상자산을 담보로 제공하고 테라USD를 빌립니다. 그리고 연 11~16%의 이자를 내죠. 앵커 프로토콜 시스템은 담보로 가지고 있는 다른 가상자산을 이용해 자체적으로 투자를 진행해 별도의 수익을 냅니다.

2) 앵커 프로토콜에 테라USD를 저축하는 예치자(Depositor)

예치자는 시스템에 테라USD를 저축합니다. 그리고 대출자가 낸 11~16%의 이자, 앵커 프로토콜이 자체적인 투자로 불린 수익, 그리고 테라폼랩스가 자체 자금으로 지원해주는 돈을 합쳐 19.5%라는 높은 이자수익을 받죠. 예치자는 저축만 해둬도 매년 저축액의 19.5%를 수익으로 얻을 수 있기 때문에, 지속적으로 테라USD와 루나에 관심을 가지게 됩니다.

그러나 19.5%라는 이자율은 너무 높습니다. 대출자가 납부한 이자와 앵커 프로토콜이 자체적인 투자로 낸 수익을 합쳐도, 예치자 모두에게 19.5%의 수익률을 돌려주기에는 한계가 있습니다. 결국 예치자에게 높은 이자를 주려면 더 많은 대출자가 돈을 빌려가고, 높은 이자를 내야 하죠. 이는 앵커 프로토콜이 다단계라고 불리는 이유이기도 합니다. 계속 새로운 대출자가 나와야 시스템이 유지가 되는 것이죠.

스테이블 코인 시장에는 '커브 파이낸스'라는 거대한 DeFi(탈중앙화 금융) 플랫폼이 있습니다. 그리고 커프 파이낸스에는 3Pool이라는 이름으로 묶인 3개의 메이저 스테이블 코인(DAI, USDC, USDT)이 있습니다. 그런데 테라USD는 아직 이 3Pool에는 이름을 올리지 못하고 있었는데요. 테라USD는 자신까지 포함해 4Pool을 만들고자 도전에 나섰죠.

테라USD를 지원하는 재단인 루나파운데이션가드**LFG**는 대량의 테라USD를 인출해 4Pool에 테라USD를 편입시키는 데 사용하고자 했습니다. 그런데 이렇게 대량의 테라USD가 인출된 틈을 타, 익명의 공격자가 3억5천만UST에 달하는 대량의 테라USD를 동시에 인출했습니다. 안 그래도 루나파운데이션가드가 테라USD를 대량 인출해 유동성이 부족한 상황에서, 공격자가 대량의 테라USD를 매도하자 순식간에 테라USD의 가격이 1달러보다 낮아지기 시작했습니다. 테라USD의 가격이 순식간에 떨어지자, 투자자들은 공포에 질려 너도나도 앵커 프로토콜에 예치해뒀던 테라USD를 인출해 매도하기 시작했죠. 뱅크런이 일어난 것입니다.

갑자기 시중에 엄청난 매도 물량이 나오자 테라USD의 가격은 더욱 폭락했습니다. 테라USD 가격이 폭락하자, 사람들은 차익거래를 위해 테라USD를 루나로 마구 교환해 팔기 시작했죠. 테라USD의 가격이 1달러보다 낮을 때 루나로 교환하면 차익을 얻도록 설계됐기 때문입니다. 실제로 테라USD 폭락이 시작된 이후 루나는 1분마다 수억 개가 교환되었습니다. 이론적으로는 교환이 일어나면 테라USD의 공급량이 줄어들면서 가격이 다시 오르는 것이 맞지만, 앵커 프로토콜에서 대규모 인출이 이루어진 것을 알고 있는 투자자들은 시스템이 제대로 유지되지 못할 것을 걱정했습니다. 테라 생태계가 무너질 수도 있다는 공포감은 테라USD의 가격이 다시 오르는 것을 방해했고, 결국 루나가 테라USD 가격을 조절하지 못하는 상황이 오며 루나 가격은 테라USD와 함께 폭락했죠.

테라USD와 루나의 가격이 동시에 하락하는 악순환이 발생하면서 테라 생태계는 사람들의 신뢰를 잃어 갔고, 결국 무너졌습니다. 테라USD는 1달러 가치를 유지하지 못하게 되었고, 한순간에 테라USD와 루나는 휴지 조각이 되어버렸습니다.

테라USD를 지원하기 위해 만들어진 재단인 루나파운데이션가드LTG는 앵커 프로토콜 운영을 위한 지급준비금(높은 이자율을 유지하기 위한 지원금)으로 비트코인을 대량 보유하고 있었습니다. 그런데 많은 사람들이 루나를 판매하자, 루나의 가격이 폭락했습니다. 루나파운데이션가드는 루나 매도 물량을 다시 사들여 소각하는 등 루나의 가치를 지켜야 하는 상황에 놓였고, 대량의 비트코인을 팔아 자금을 마련할 것이라는 우려가 나왔는데요. 시중에 비트코인 매물이 대량 등장할 것을 우려해 비트코인 가격이 하락하게 되었고, 비트코인 하락은 곧 가상자산 시장 전체에 악영향을 주었습니다.

이후 테라USD와 루나는 대부분의 가상자산 거래소에서 거래가 정지됐습니다. 테라-루나 사태가 발생하자 각국 금융 당국은 스테이블 코인에 투자하는 것을 경고하는 한편, 스테이블 코인을 본격적으로 규제하려는 움직임을 보이기도 했습니다. 또한 투자자들은 변동성이 높은 가상자산 투자의 위험성을 체감하고, 안전자산을 선호하는 쪽으로 투자 방향을 돌리기도 했죠. 이에 위험자산으로 분류되는 주식 시장에서 하락세가 감지되기도 했습니다.

스테이블 코인이 정해진 가치를 유지하는 기반에는 '신뢰'가 있습니다. 어떤 방법으로 가치를 유지하든 투자자들과의 신뢰가 있어야 제대로 가치를 유지할 수 있죠. 그러나 한 번 신뢰가 깨지면 그동안 쌓아둔 모든 시스템이 무너지고 시장에 어마어마한 충격을 줄 수 있습니다. 이번 테라-루나 사태로 전 세계가 이를 깨달았죠.

FTX 파산 사태

2022년 11월 12일 글로벌 암호화폐 거래소 FTX가 유동성 위기에 빠져 미국 델라웨어주 법원에 파산을 신청했습니다. 한때 세계 3위까지 올랐던 거래소가 한순간에 몰락해버린 것입니다. 말 그대로 망해버린 FTX, 어쩌다가 갑자기 이런 사건이 벌어진 것일까요?

11월 2일, 암호화폐 전문 언론 코인데스크는 FTX 그룹의 계열사 알라메다 리서치**Alameda Research**가 FTX 거래소에서 자체 발행한 암호화폐인 FTT의 상당량을 비유동적 상태로 보유하고 있다고 발표했습니다. 원래 어떤 자산이든 많은 투자자들에 의해 활발히 거래되는 게 좋은데요. 비유동적 상태라는 것은 투자자들이 FTT를 대량으로 매도하며 FTX(거래소)에

FTT가 쌓여 있는 상태를 의미합니다. 한 마디로 FTT를 사려는 사람이 없는 거죠. 그러면 어느 순간 FTT의 가격은 폭락할 수밖에 없습니다.

이를 지켜보던 세계 1위 가상자산 거래소 바이낸스**Binance** 대표 창펑자오**Changpeng Zhao**는 11월 7일 트윗을 통해 '바이낸스 역시 보유하고 있는 FTT를 매도할 것'이라고 밝혔습니다. 사실상 FTT를 붕괴시키겠다는 선언이었는데요. 바이낸스와 FTX는 거래소 시장의 패권을 두고 경쟁하던 관계였죠.

바이낸스의 FTT 대량 매도로 11월 8일 FTT의 가격은 25달러에서 15달러대까지 폭락했습니다. FTX는 보유하고 있던 FTT 가격 폭락으로 위기를 맞았습니다. 자산의 대부분이 FTT로 이뤄져 있었기에, FTT가 휴지 조각이 될 경우 그야말로 회사가 망할 수 있는 상황이었죠. 하지만 그때 한 줄기 빛처럼 바이낸스가 FTX를 인수하겠다는 소식이 들려왔고, 이 발표 이후 FTT는 19달러까지 상승했습니다.

하지만 하루 뒤인 11월 9일, 바이낸스는 FTX를 인수하지 않겠다고 발표했습니다. 실사를 진행한 결과 도무지 인수할 만한 상태가 아니었다는 거죠. 더 이상 FTX가 투자자들을 보호해줄 수 없다는 것을 안 투자자들은 FTX에서 돈을 마구 빼내기 시작했습니다. 결국 FTX는 계속되는 출금 요청을 이겨내지 못하고 출금 중단을 선언했죠. 뱅크런**bankrun**과 유사한 코인런coinrun이 발생한 것입니다.

11월 11일 FTX는 미국 델라웨어주 법원에 파산법 11조에 따른 파산보호를 신청했으며, 뱅크먼-프리드 CEO는 사임했습니다. FTT의 가치는 폭락했고, 바이낸스는 13일 FTT의 입금을 중단해 버렸죠. FTT가 상장돼 있던 코인원, 코빗, 고팍스 같은 국내 코인 거래소 3곳 역시 뒤이어 FTT 입금을 중단했습니다. 더욱 황당한 것은 11월 12일 갑자기 FTX 거래소에서 총 6억 6,200만 달러(약 8,700억 원)에 달하는 코인이 유출됐다는 사실입니다. FTX는 거래소의 지갑이 해킹을 당한 것으로 보고 있죠.

코인 거래소들의 비즈니스 모델은 본질적으로 거래 수수료입니다. 다양한 코인 및 기타 상품들의 거래를 중개하고 중개 수수료를 확보해 돈을 벌죠. 하지만 이런 수수료 모델은 한계가 분명합니다. FTX도 다른 거래소와 마찬가지로 중개 수수료에서 한발 더 나아간, 새로운 수익모델을 만들고자 했습니다.

FTX 거래소 설립자 샘 뱅크먼-프리드는 거래소 설립 전 암호화폐 개발 업체인 알라메다 리서치를 만들었습니다. 그 후 FTX를 설립했고, 알라메다 리서치를 통해 FTX의 자체 코인인 FTT를 발행했죠. 알라메다 리서치는 FTX가 발행한 FTT를 매입한 다음 이를 담보로 투자나 대출을 받아 다시 FTT를 추가로 매입했습니다. 이런 과정을 통해 FTT 가격이 상승하면서 알라메다 리서치의 자산 가치가 점점 커지기 시작했는데요. 자체 발행한 FTT를 담보로 큰돈을 빌려(높은 레버리지를 일으켜) 사업을 키운 것입니다.

FTX는 이렇게 확보한 자금으로 적극적인 인수·합병에 나섰습니다. 파산 전까지 134개의 계열사를 확보했죠. 이후 계열사의 기술력을 이용해 탈중앙화된 거래 플랫폼인 솔라나를 개발하는 등 도전을 이어 나갔습니다. FTX는 또한 MLB, NFL 등의 스포츠 스타를 홍보대사로 내세우고 프로 스포츠팀과 스폰서 계약을 체결하는 등 공격적인 마케팅에 나섰죠.

아직 가상자산은 주식이나 채권처럼 투자자들 사이에서 공유되는 일관된 가치 평가 방법이 없습니다. 그래서 '비트코인이 새로운 안전자산으로 기능한다' '스테이블 코인이 화폐의 거래적 기능을 충족시킬 것이다'와 같이 코인이 제시하는 '스토리'가 코인 가격 안정성을 결정합니다.

하지만 FTX의 핵심이었던 FTT는 비트코인, 스테이블 코인 등과 달리 가치 유지를 위한 수단이 하나도 존재하지 않았습니다. 과장을 조금 보태면 FTT는 그저 FTX의 자금을 더 끌어모으기 위한 담보로만 사용됐죠. 설득력 있는 사업 비전과 스토리가 없었기에 가치는 하락할 수밖에 없었고, 결국 발행사인 FTX는 파산이라는 결말을 맞았습니다. FTX는 한때 거래액 기준 세계 3위까지 진입하면서 승승장구했습니다. 하지만 FTT라는 사상누각 위에 지어진 FTX는 바이낸스 대표의 트윗

한방에 그대로 무너지고 말았죠.

FTX 파산 사건의 여파로 글로벌 코인 거래소 크립토닷컴 Crypto.com의 뱅크런의 가능성이 제기되기도 했습니다. FTX 가 파산한 후 크립토닷컴은 거래소의 투명성 및 유동성에 대한 증빙을 요구받았는데요. 크립토닷컴은 준비금 액수는 공개 했지만 부채에 대한 공개를 거부했습니다. 한편 웹3 프로토콜 옥스스코프0xSxope에 따르면 크립토닷컴이 준비금을 공개하기 전 다른 거래소로부터 대규모 자금을 이체한 사실이 드러났는데요. 준비금을 공개하면서 부채는 공개하지 않은 점, 준비금 공개 직전에 대규모 자금 이동이 있었다는 점은 투자자들에게 의심받기 충분했습니다. 투자자들은 크립토닷컴에 보관했던 스테이블 코인 인출을 시작했죠. 결국 크립토닷컴이 발행한 크로노스CRO 가격 역시 FTT 못지않게 큰 폭으로 하락했습니다. FTX 사태와 똑같은 양상이 크립토닷컴에서도 펼쳐졌던 것입니다.

FTX의 파산은 코인시장을 태풍처럼 휩쓸었습니다. 파산보호 신청 이후 FTX가 주도해 만든 플랫폼 솔라나와 연계된 코인들이 급락했는데요. 직접 손실을 입었거나 불안감을 느낀 투자자들이 다른 거래소에서 매입했던 코인을 매도하기 시작하면서 코인 업계 전반에 위기감이 팽배했습니다. 한국 투자자들 또한 FTX 파산 사태에서 자유롭지 못했습니다. 금융당국과 가상자산 업계는 최소 1만여 명의 투자자, 20억 원가량의 국내 자금이 FTX와 알라메다 리서치에 묶여 있을 것으로 추정했습니다.

일각에서는 FTX 사태를 코인판 '리먼 브라더스' 사태라고 부르기도 합니다. 리먼 브라더스 사태는 앞서 살펴본 것과 같이, 2008년 리먼 브라더스를 시작으로 미국의 주요 은행들이 줄줄이 부도난 사건입니다. 2000년대 초·중반 은행들은 부동산을 담보로 중·저 신용자들에게 많은 돈을 빌려줬습니다. 당시 부동산 가격이 계속 상승하고 있었기에 은행들은 이들이 돈을 갚지 못하더라도 담보로 잡은 부동산을 팔아서 메꾸면 된다고 생각했죠. 은행들은 여기에 그치지 않고 부동산 담보 대출을 기초 자산으로 삼아 수많은 파생상품을 만들어 팔았습니다. 그러다 2008년 부동산 가격이 폭락하며 담보 대출은 물론, 파생상품까지 한꺼번에 부도가 났고, 은행들은 막대한 손실을 봤습니다. 이 소식을 접한 예금주와 투자자들은 은행에서 급하게 돈을 인출하기 시작했지만 결국 은행들은 지급불능 상태에 빠지며 파산하게 됩니다.

FTX는 자체적으로 발행한 FTT를 담보 삼아 큰돈을 빌렸고, 이 돈을 재투자해 사업을 확장했습니다. 그러다 FTT의 가치가 폭락하자 FTX에서 암호화폐를 샀던 투자자들이 줄줄이 현금을 인출하기 시작했고, 결국 FTX는 지급 불능 상태에 빠지고 말았습니다. 2008년 금융위기 당시 파산했던 리먼 브라더스의 상황과 매우 유사하죠.

위믹스 상장폐지 사태

FTX 사태 이후인 2022년 11월 말 국내 4대 가상자산 거래소가 블록체인 게임을 대표하던 가상자산 위믹스를 상장폐지했습니다. 결정 직후 위메이드와 자회사(위메이드맥스, 위메이드플레이) 모두 주가가 하한가를 기록했는데요. 위믹스는 상장폐지 직전에 비해 가격이 80% 가까이 떨어졌고, 시가총액은 5,300억 원대에서 1,100억 원대로 수직 낙하했죠. 위믹스 상장폐지의 이유는 위믹스의 계획된 유통량과 실제 유통량이 달랐기 때문입니다. 위메이드가 왜 위믹스 코인에 이토록 진심이었을까요? 위메이드는 위믹스 유통량을 왜, 어떻게 계획과 다르게 운영한 걸까요?

위메이드는 기본적으로 게임 회사입니다. 하지만 넥슨, 엔씨소프트 등과는 노선이 조금 다른데요. 위메이드는 메타버스, 블록체인 같은 차세대 기술에 일찍부터 관심을 두고 사업을 추진해 왔습니다. 메타버스는 2022년 초까지만 해도 굉장히 인기가 높았던 키워드입니다. 하지만 2022년 말부터 회의론이 차츰 고개를 들었는데요. 핵심은 메타버스가 게임과 다를 게 없다는 비판입니다. 업계에서 가장 메타버스와 근접한 서비스라고 평가받는 로블록스도 여전히 '게임'으로 분류되죠. 물론 메타(구 페이스북)는 게임과 메타버스의 차이점을 '시각'에서 찾고, VR 기기를 개발하고 있긴 합니다.

위메이드 장현국 대표는 메타버스는 3가지 핵심 요소를 갖춰야 한다고 정의합니다. '현실과는 다른 아이덴티티를 제공하며' '재미있어야 하고' '경제성 있어야 한다'는 것이죠. 그런데 앞의 두 가지 조건은 게임에도 해당합니다. 하지만 기존 게임의 경제 시스템은 현실과 밀접한 연관이 없습니다. 현금으로 게임 내 재화를 사는 정도에 그치죠. 게임과 메타버스의 차이를 경제적 측면에서 찾아야 한다는 게 위메이드가 정의하는 메타버스의 핵심입니다.

잠시 가상자산(코인) 얘기로 넘어가 보겠습니다. 코인이 지금보다 더 인기가 많아지려면, 실생활에 쓰임새가 있어야 한다는 얘기는 한 번쯤 들어보셨을 겁니다. 현재 대부분의 코인은 실제 화폐의 기능은 수행하지 못하는 단순 투자 상품에 불과합니다. 그래서 많은 회사가 코인을 활용할 수 있는 분야를 찾기 위해 노력하고 있죠. 위메이드가 찾은 해답은 코인이 메타버스와 현실의 경제 시스템을 연결하는 매개체 역할을 맡는 것입니다.

위메이드가 정의한 메타버스는 게임과 크게 다르지 않습니다. 게임 내 경제와 실제 경제가 연결된다는 점만 다르죠. 이 연결을 위해 블록체인과 가상자산을 활용하는 것입니다. 게임에 관심이 있다면 아이템베이 같은 사이트를 한 번쯤 들어보셨을 겁니다. 게임 내 재화를 개인과 개인이 현금으로 거래하는 불법 사이트인데요. 불법이긴 해도 현금으로 게임 내 재화를 거래할 수 있으니 실제 경제와 게임이 연결된 것 아닐까요? 하지만 여전히 게임 아이템은 게임 내에 존재한다는 점이 걸림돌입니다. 게임 내에서만 거래될 수 있고, 법적으로 아이템은 게임 회사에 종속된 상태죠.

그러나 게임 아이템 NFT를 발행하고, 이를 블록체인에 올리면 얘기가 조금 달라집니다. 게임 아이템이 NFT로 발행되는 순간, 이 아이템은 게임 밖에서도 NFT 형태로 존재하게 됩니다. 경제적으로도, 법적으로도 이 NFT는 게임 회사에 종속된 것이 아닌, NFT의 소유자가 가진 재화가 됩니다. 쉽게 말해 게임 속 아이템을 현실의 자산으로 만드는 것이죠.

블록체인과 NFT를 통해 게임 아이템이 게임 밖으로 나오게 되면 시장이 커집니다. 원래 A 게임 안에서 통용되는 아이템은 A 게임을 플레이하는 유저들 사이에서만 거래됩니다. 그러나 A 게임 아이템으로 발행된 NFT는 B 게임을 플레이하는 유저도 살 수 있고, B 게임을 플레이하는 유저는 다시 이 NFT를 되팔아 B 게임 아이템으로 발행된 NFT를 구매할 수 있죠. 기존에는 게임마다 존재했던 아이템 시장이 하나로 합쳐지는 것입니다.

위메이드 장현국 대표는 이 경제 시스템을 Inter-Game Economy라고 부릅니다. 그는 이 경제 생태계야말로 기존 게임과는 다른 메타버스라고 생각한다고 밝혔죠. 전 세계적으로 게임은 굉장히 다양하고, 게임에서 발생하는 매출 규모도 어마어마합니다. 각 게임마다 존재하던 경제 생태계를 하나로 합치면 거대한 시장이 만들어지겠죠. 장 대표는 위메이드가 각 게임의 경제 생태계를 연결하는 가교 구실을 하길 원한다고 밝혔습니다. 이를 위해 위메이드는 각 게임이 올라탈 수 있는 블록체인 플랫폼을 만들고, 가상자산 생태계를 만들어 왔습니다. 이 플랫폼에서 사용되는 코인 중 하나가 바로 '위믹스'죠.

위믹스 WEMIX는 위메이드가 만들어가는 블록체인 플랫폼의 핵심 코인입니다. 위메이드의 블록체인 플랫폼은 디지털 지갑, NFT 마켓 플레이스, 게임 아이템 거래소 등의 서비스를 제공하는데요. 위믹스는 이 플랫폼 내에서 화폐 역할을 하는 토큰입니다. 그런데 2022년 11월 국내 4대 거래소는 위믹스를 국내 거래소에서 상장폐지하기로 했는데요. 위메이드가 위믹스를 발행하며 작성한 백서에 나와 있는 유통량 계획과 실제로 유통된 물량에 차이가 있었기 때문입니다.

2022년 10월 27일, 국내 5대 거래소(업비트, 빗썸, 코인원, 코빗, 고팍스)로 이루어진 협의체 디지털자산거래소공동협의체

DAXA는 위믹스를 투자 유의 종목으로 지정합니다. 위믹스의 기존 유통 계획보다 실제 유통량이 더 많다는 의혹이 있었고, 이를 문제 삼은 것입니다. 코인의 유통량이 많다는 것은 곧 공급이 많다는 것입니다. 공급이 많으면 그만큼 가격은 내려가는 게 일반적인데요. 유통량이 많아 코인의 가격이 하락하면, 계획된 유통량을 보고 위믹스에 투자한 투자자들은 억울하게 피해를 보게 됩니다.

그렇다면 위메이드의 속사정은 무엇이었을까요? 위메이드는 디파이**DeFi** 플랫폼 위믹스파이를 출시했는데요. 위믹스파이라는 플랫폼이 제대로 돌아가려면 플랫폼 안에서 자금이 원활하게 돌아야 합니다. 그러니 초기에 마중물 역할을 할 자금이 많이 필요했던 것입니다. 게다가 위메이드는 위믹스달러(WEMIX달러)라는 스테이블 코인을 발행하고 이를 블록체인 플랫폼의 기축통화로 활용할 계획도 가지고 있었습니다. 위믹스달러는 USDC(1달러에 가치가 고정된 스테이블 코인)를 담보로 발행하는 스테이블 코인인데요. 위믹스달러를 1개 발행하려면 1USDC가 필요하다는 뜻입니다. 위믹스달러를 많이 발행하려면, 위메이드가 그만큼의 USDC를 사들여 보유하고 있어야 하죠.

위와 같은 이유로 자금이 많이 필요했던 위메이드는 코코아파이낸스라는 디파이 플랫폼에서 위믹스를 담보로 KSD

라는 토큰을 대출했습니다. 위메이드는 대출한 KSD 토큰을 USDC 코인으로 교환해야 했죠. 그래서 여러 복잡한 거래를 통해 KSD 토큰으로 2,700만 달러어치 USDC 코인을 사들입니다. 이 복잡한 거래는 블록체인 장부에 그대로 기록이 남아 있습니다.

그런데 위메이드가 코코아파이낸스에 담보로 맡긴 위믹스 코인은 계획된 유통량과 별개로, 위메이드가 추가로 발행한 물량이었습니다. 위메이드는 담보로 맡긴 위믹스 코인이 거래소에 직접 유통되는 것이 아니기에 유통량 산정에 포함하지 않았다고 설명했습니다. 하지만 추가로 발행된 위믹스가 담보로 잡혀 있다는 소식을 들은 투자자들은 위믹스 코인의 가격이 폭락해 담보 비율이 낮아지면 코코아파이낸스에 담보로 맡긴 위믹스도 언제든 거래소에 유통될 수 있다고 비판했죠. 그 많은 물량이 시장에 풀리면 위믹스 가격은 더 떨어질 것이 분명했기 때문입니다.

위메이드는 투자 유의 종목 해제를 위해 보완책을 발표합니다. 위믹스재단이 보유한 모든 물량을 신뢰할 수 있는 제3의 커스터디(수탁관리) 업체에 맡기고, 향후 위믹스의 예상 유통량을 정기적으로 점검해 변경이 필요한 경우 사유와 함께 미리 변동 물량을 공지하겠다고 밝혔죠. 그러자 11월 10일, 위메이드의 보완책과 소명자료를 받은 DAXA는 자료를 더 면밀히

검토할 시간이 필요하다며 위메이드의 유의 종목 지정 기간을 일주일 연장했습니다. 위메이드는 추가 코인 발행으로 잃어버린 투자자들의 신뢰를 회복하기 위해 코코아파이낸스로부터 빌린 모든 대출을 상환했다고 밝혔죠. 유통량이 달랐던 근본적인 원인을 해결한 것입니다. 그런데 11월 18일, DAXA는 한 차례 더 유의 종목 지정 기간을 일주일 연장합니다. DAXA는 위메이드가 제출한 소명자료에 일부 오류가 있었고, 오류가 얼마나 중대한 사항인지 파악하는 한편 오류를 면밀하게 파악하기 위해 연기했다고 밝혔습니다.

그리고 11월 24일 DAXA는 12월 8일부터 국내 4대 거래소에서 위믹스 거래 지원을 종료(상장폐지)한다고 알렸습니다. DAXA는 초과 유통된 위믹스 물량이 계획 대비 굉장히 많은 양이며, 위메이드가 소명자료 제출 과정에서 여러 차례 자료를 정정한 점을 미루어 봤을 때 위믹스 프로젝트의 신뢰를 회복하기 어려울 거라 판단했다고 설명했습니다. 위메이드 장현국 대표는 즉각 각 거래소를 대상으로 상장폐지 결정이 무효라는 가처분 신청을 제기합니다. 하지만 12월 7일 법원은 가처분 신청을 기각했습니다. 결국 12월 8일 국내 4대 거래소에서 위믹스의 거래가 중지되고 말았죠. 재판부는 위메이드가 지난 10월 탈중앙화금융서비스인 위믹스파이에 유동성을 공급하기 위해 위믹스 400만 개를 발행하고, 암호화폐 대출 업체 코코아파이낸스에 위믹스 6,400만 개를 대출 담보로 맡긴 것 모두 유통량 계획을 위반한 것이라고 판단했습니다. 거래 종료가 결정되자 위믹스의 가격은 폭락했습니다.

위메이드는 글로벌 시장 진출에 힘을 쏟고 있는데요. 국내 시장에서의 상장폐지가 사업 계획에 차질을 주지 않을 것이라고 밝혔습니다. 장현국 대표는 위믹스 온보딩 게임을 향후 30~40개까지 늘리고, 예정된 게임 출시 모두 일정에 맞게 진행하겠다고 밝혔습니다. 또 위믹스는 해외 거래소에 상장을 추진 중이며, 상장이 완료되면 적절한 시점에 바로 안내하겠다고도 덧붙였죠. 한편 위메이드는 DAXA의 회원 거래소인 업비트를 강하게 비난했는데요. "업비트와 대결하겠다" "업비트가 갑질했다" 같은 강한 표현도 서슴지 않았습니다. 위메이드는 5대 거래소 중 유일하게 업비트에만 위믹스 유통 계획을 제공했기 때문에, 업비트가 위믹스의 상장폐지를 주도한 것이라고 판단했다고 밝혔죠. 이후 2023년 2월, 국내 3위 거래소인 코인원이 유통량 문제가 해결됐다며 위믹스를 재상장하기도 했습니다.

위메이드 사태는 FTX 파산 사태에 이어 국내 암호화폐 투자자들에게 충격을 안겨준 사건이었습니다. 업계에서 나름 신뢰받고 있던 대형 게임사마저 암호화폐 발행에 있어 원칙을 지키지 않고 있다는 것이 드러났기 때문인데요. 위메이드 사

태로 암호화폐 시장에도 주식시장과 비슷한 수준의 엄격한 관
리와 감독이 필요하다는 여론이 높아졌습니다.

47 | 중앙은행이 만드는 디지털화폐
CBDC

CBDC는 중앙은행이 주체가 되어 발행하는 디지털화폐를 의미합니다.

디지털화폐에는 다양한 종류가 있습니다. 비트코인으로 대표되는 암호화폐가 대표적인데요. 최근에는 CBDC**Central Bank Digital Currency**라는 디지털화폐가 화제입니다. 한국은행이 상용화 이야기를 꺼내며 단연 화두로 떠올랐죠. CBDC의 개념과 암호화폐와의 차이점, 그리고 CBDC 도입 현황을 알아볼까요?

CBDC가 뭐야?

CBDC는 중앙은행이 발행하는 디지털화폐를 뜻합니다. 소액결제용과 거액결제용 2가지 종류로 구분되고, 안정적이며

한입 경제 상식사전

투명한 거래가 가능하다는 것이 장점인데요. 한국뿐만 아니라 전 세계적으로 상용화 여부가 화제입니다.

CBDC의 발행 목적은 실물 명목 화폐를 대체하거나 보완하기 위함입니다. 물론, 지금도 우리는 현금 없이 온라인 뱅킹이나 카드를 사용하여 송금 및 결제를 할 수 있는데요. 시중 은행과 카드사 등 민간 금융사가 현금 보관과 지급을 대행해 주는 덕분입니다. CBDC는 이런 금융사의 중개가 필요 없다는 점이 지금 시스템과 가장 큰 차이점인데요. 은행 계좌에 돈을 맡기는 대신 개인 고유의 블록체인 지갑에 넣어뒀다가 지갑 간 전송으로 돈을 주고받을 수 있게 하는 거죠.

CBDC는 이용 목적에 따라 일반 거래에 사용되는 소액결제용 CBDC와 은행 등 금융기관 간 거래에 사용되는 거액결제용 CBDC로 구분합니다. 소액결제용 CBDC는 현금의 수요가 줄어드는 국가를 중심으로 연구됩니다. 결제 시스템을 안정화하는 것이 목표죠. 반면 거액결제용 CBDC는 효율적인 결제 시스템을 보유한 선진국의 관심사인데요. 결제 과정을 간소화하고, 빠르고 저렴한 결제 시스템을 구축할 수 있는지 살펴보는 것입니다.

CBDC는 국가 공인 자산으로 가격 변동이 적고, 가치도 안정적이기 때문에 안전한 자산이 될 수 있습니다. 화폐 발행 비용도 절약할 수 있으며 빠르고 쉬운 거래도 가능합니다. 국가가 통제하기도 쉬워 거래의 투명성과 안정성도 어느 정도 보장되죠. 전 세계적으로는 중국과 미국이 CBDC 개발에 가장 활발하게 나섰습니다. 특히 중국은 기축통화인 달러에 대항하기 위해 CBDC 발행에 강력한 의지를 보이는데요. 중국이 디지털 위안화를 공식적으로 상용화해 전 세계 CBDC 주도권을 잡으려 하자, 미국도 중국을 견제하기 위해 개발에 뛰어들었습니다.

CBDC의 문제점

하지만 다양한 장점 뒤에는 당연히 몇 가지 문제점도 도사리고 있습니다. CBDC가 사생활을 침해하고 자유주의 경제 시스템을 해치는 금융시장의 빅브라더가 될 수 있다는 지적이 핵심인데요. 개인정보 보호가 어렵고, 발행 주체가 임의로 발행량을 조절할 수 있는 데다, 기존 은행의 역할이 축소될 수 있다는 점도 문제로 꼽히죠.

CBDC는 디지털로 거래되기 때문에 설계 방식에 따라 거래 기록이 남고 추적도 가능합니다. 자금세탁, 불법 거래 등 특수한 상황에서 거래 내역을 추적하려고 한다면 기술적으로 익명성을 제한할 수 있는데요. 악용을 막기 위한 목적으로만 사용한다고는 하지만 이론적으로는 모든 거래를 추적할 수도 있죠. 하지만 이렇게 사용 기록이 남는다면 소비자가 CBDC

사용을 주저할 수도 있습니다. 상용화 전에 정부 추적에 관한 사회적 합의가 꼭 필요해 보이는 이유입니다.

CBDC는 발행 주체인 한국은행이 이자와 사용 용도, 보유 한도, 사용 지역과 시간 등을 모두 임의로 설정할 수 있습니다. 심지어는 정부의 정책 목표에 맞는 특정한 특성을 가진 형태로도 발행이 가능한데요. 어느 정도의 통제나 조절은 있겠지만, 사실상 화폐 발행, 유통과 관련된 모든 통제 권한을 한국은행이 갖게 되는 것과 다름없습니다.

CBDC의 상용화가 은행의 금융중개기능 및 금융안정성에 부정적 영향을 끼칠 수 있다는 우려의 목소리도 들려옵니다. CBDC가 더 빠르고, 더 쉽고, 더 저렴한 거래를 제공하기에 은행의 역할이 축소된다는 거죠. 또한 은행 총자금의 60% 이상을 차지하는 저축 예금이 CBDC로 유입되면 은행의 자금 유동성도 문제가 될 수 있습니다.

기존 암호화폐와 다른 점은?

CBDC는 물리적인 형태가 없는 디지털화폐라는 점에서 최근 떠오른 암호화폐가 자연스레 연상될 수밖에 없습니다. 다만, 둘은 디지털화폐라는 공통점 외엔 많은 것이 다른, 사실상 완전 별개의 자산입니다.

둘 다 블록체인 기술에 기반하지만 세부적인 구현 방식이 다릅니다. CBDC는 기본적으로 중앙은행이 계좌 및 관련 정보를 보관하고 관리하는 단일원장 방식을 사용하는데요. 더불어 권한을 신뢰할 수 있는 일부 참여자에게만 거래 검증 및 원장 관리 권한을 제공하는 허가형 분산원장 방식을 사용합니다. 반면 암호화폐는 누구나 거래 검증 및 원장 기록에 참여할 수 있는 비허가형 분산원장 방식을 사용합니다. CBDC는 중앙은행만 통제가 가능하지만 암호화폐는 누구나 접근이 가능한 거죠.

암호화폐와 CBDC의 가장 큰 차이점은 안정성과 안전성입니다. 민간에서 발행하는 암호화폐와 달리 중앙은행이 발행하는 CBDC는 중앙은행이 보증하므로 안정성이 높고 가치 변동이 거의 없습니다. 반면 암호화폐는 거래 추적이 어려워 불법적인 용도에 활용될 위험성이 있고 가격 변동성이 큽니다. 그러므로 CBDC는 법정 통화로 사용할 수 있지만 암호화폐는 주로 투자 수단으로 활용됩니다.

암호화폐의 주요 특성 중 하나인 탈중앙화 여부에서도 차이가 있는데요. 탈중앙화는 블록체인 기술 자체의 특징으로 중개인 없이 금융거래가 가능한 시스템을 뜻합니다. 보통의 금융거래는 은행이라는 중앙 관리자가 개인 간의 거래를 증명하는 역할을 합니다. 하지만 중앙관리자가 없는 블록체인은 개인 간의 거래를 증명하기 위해 네트워크에 참여한 사람 모두에게 거래를 오픈합니다. 모두가 거래를 확인하고 기록해서 거래를 검증하죠. 반면 CBDC는 중앙 관리자인 은행이 모든 것을 통제합니다. 은행은 모든 통화에 고유 번호를 부여하고 고유 번호의 모든 이동을 기록합니다.

한국은행의 CBDC 연구

한국은행은 CBDC 상용화에 적극적인 모습입니다. 카카오와 함께 모의실험을 진행했고, 최근 금융기관과 모의 실험의 시스템을 연계한 실험도 진행했습니다. 여기에 더해 삼성전자와 양해각서MOU를 맺고 CBDC 기술 연구에 박차를 가하고 있습니다.

한국은행은 카카오의 블록체인 자회사인 그라운드 X와 협업해 CBDC 모의실험을 진행했습니다. 카카오는 네이버와 SK, 카카오의 치열한 3파전에서 최종 연구용역 사업자로 선발되었는데요. 해당 모의실험은 한국은행의 CBDC 연구 중 최종 단계로 가상의 환경에서의 CBDC 활용 및 안정성 테스트가 실시됐습니다. CBDC 제조, 발행, 유통, 환수, 폐기 등 일련의 업무 처리 시스템 구현과 국가 간 CBDC 전송을 포함한 송금 기능과 대금 결제 기능 테스트 등이 포함되죠.

한국은행은 위의 실험으로 구축한 CBDC 모의시스템을 금융기관과 연계한 새로운 실험도 실시했습니다. 총 15개의 금융기관이 자발적으로 실험에 참여했는데요. CBDC의 기본 기능과 관련된 64개의 주요 기능이 금융기관과 연계한 상태에서도 정상적으로 동작한다는 사실을 확인했습니다. 앞으로도 한국은행은 연계실험을 계속할 예정입니다.

또 한국은행은 삼성전자와 오프라인 CBDC기술연구 협력을 위한 업무협약(MOU)을 체결했습니다. 삼성전자는 이미 한국은행의 CBDC 모의실험 연구 2단계 사업에 참여했는데요. 당시에는 송금인과 수취인의 거래 기기가 모두 인터넷 통신망에 연결되지 않더라도 NFC 기술을 통해 기기간 송금과 결제가 가능하게 하는 오프라인 CBDC 기술을 개발했죠. 한국은행과 삼성전자는 해당 기술을 기반으로 오프라인 결제의 보안 위협 최소화와 안정적인 오프라인 결제 환경 조성을 위한 연구를 진행할 예정입니다.

- CBDC는 중앙은행이나 정부가 중심이 되어 만든 디지털화폐입니다.
- 가치 변동이 심하고 보증기관이 없는 일반 암호화폐와 달리, CBDC는 중앙은행이 보증하며 가치 변동을 조절할 수 있습니다.
- 현재 중국과 미국을 필두로 세계 각국이 자체적인 CBDC를 발행하기 위한 연구에 착수한 상태입니다.

참고
문헌

"CBDC의 시대가 온다? 미국, 첫 입장 내놨다", 〈이코노믹리뷰〉, 2022.03.10.

"한국은행 "디지털화폐 발행 성공"…돈 대체도 가능할까", 〈조선일보〉, 2022.01.25.

"디지털 달러·디지털 유로…미·중·EU, CBDC 속도 낸다", 〈조선일보〉, 2022.03.03.

48 | 핀테크 종합 세트
디지털 지갑

> 디지털 지갑은 암호화폐는 물론 각종 인증서와 자산관리 등 금융 기능을 종합적으로 이용할 수 있는 핀테크 서비스입니다.

네이버나 카카오에서 신분증이나 각종 인증서를 담아 두고 사용하고 계시는 분 많으시죠? 이렇게 하나의 플랫폼에서 여러 금융 서비스를 누릴 수 있게 된 것은 바로 디지털 지갑 덕분입니다. 다양한 기능 덕분에 핀테크 종합 세트라고 불리는 디지털 지갑, 함께 알아 볼까요?

디지털 지갑의 변천사

디지털 지갑에 대해 들어 보신 적 있으신가요? 디지털 지갑은 원래 암호화폐를 거래하는 데 사용되는 서비스였습니다. 우리가 암호화폐를 거래할 때, 사실은 실제 암호화폐는 거래소에 그대로 남아 있습니다. 대신 우리가 암호화폐를 샀다면 소유권을 주장할 수 있는 키**Key**를 받게 되고, 이 키를 이용해 어느 정도의 암호화폐를 소유하고 있는지를 증명할 수 있습니다. 디지털 지갑은 **암호화폐 소유권을 증명해 줄 키를 관리하는 도구**입니다. 실제로 카카오의 디지털 지갑 클립**Klip**은 처음에 암호 화폐 보관, 송금을 지원하는 디지털 지갑 서비스로 시작했습니다.

하지만 발전을 거듭해 오면서 지금의 디지털 지갑은 정의가 조금 달라졌습니다. 단순히 암호화폐 거래를 다루던 지갑을 넘어, 디지털 지갑은 **각종 핀테크 서비스를 모두 담아 내는 올인원All-in-One 핀테크 서비스**가 되었습니다. 디지털 지갑에는 우리가 지갑에 담아 두는 모든 것을 대체할 수 있는 기능들이 구현되어 있죠. 신분증, 각종 증명서, 자격증, 공동인증서부터 결제와 송금, 포인트 적립 그리고 암호화폐 거래까지 디지털 지갑을 통해 우리가 사용하는 대부분의 금융 서비스를 누릴 수 있습니다. 말 그대로 디지털 지갑은 핀테크 서비스의 결정체가 된 것이죠.

디지털 지갑의 대표 주자, 네이버와 카카오

네이버는 'Na.'라는 이름으로 디지털 지갑을 서비스하고 있습니다. 네이버의 서랍에는 인증서부터 각종 자격증, 교환권 등을 보관할 수 있으며 결제나 송금, 포인트 적립 등의 기능 역시 만나볼 수 있습니다. 게다가 네이버페이와의 연동을 통해 송금, 자산관리 같은 은행 업무도 처리할 수 있죠. 네이버는 디지털 지갑에서 여러 기능을 제공하며 두 가지 노림수를 가지고 있습니다. 첫 번째, 유저들이 디지털 지갑을 커머스에서 열도록 하겠다는 것입니다. 결제와 포인트 적립으로 더욱 편하게 쇼핑하도록 하고, 나아가 소비자 데이터를 수집해 커머스 사업을 더욱 강화하겠다는 전략이죠. 두 번째는 각종 인증서와 자격증 등을 모아 두고 관리하며 유저들이 계속 네이버를 사용하게 묶어 두는 락인**Lock-in** 전략을 구사하는 것입니다.

카카오는 '카카오톡 지갑'이라는 이름의 서비스를 제공하고 있는데요. 네이버와 유사하게 인증서와 증명서는 물론 송금이나 결제, 자산관리까지 다양한 기능을 보유하고 있습니다. 또한 카카오 지갑에서는 이모티콘과 같이 내가 구독하고 있는 각종 서비스까지 관리할 수 있으며, 카카오톡 멀티프로필을 사용할 수 있기도 합니다.

CBDC와 디지털 지갑의 시너지

이전 장에서 설명드렸던 CBDC는 정부나 중앙은행이 발행하는 국가의 공식적인 디지털화폐를 말합니다. 아직 많은 국가들이 CBDC를 개발하기 위해 연구에 한창인데요. 앞으로 CBDC 개발이 완료되고 상용화가 된다면, 이 디지털화폐를 보관하고 사용하는 것을 도와주는 디지털 지갑 역시 필수가 될 것입니다. 우리나라도 CBDC 개발을 위해 모의실험을 진행하고 있는데요. 여기에 가상자산 디지털 지갑 클립을 개발한 카카오의 자회사 그라운드X는 물론 삼성전자 등 디지털 지갑을 운영하고 있는 기업들이 참여해 CBDC와 함께 사용될 디지털 지갑을 만들기 위해 노력하고 있습니다. 길게 보면 현금 없는 세상이 올 것이라는 전망까지 나오는 요즘, 디지털 지갑을 두고 플랫폼 간 경쟁은 더욱 치열해질 전망입니다.

핵심만 콕콕

- 디지털 지갑은 원래 가상자산 거래를 편리하게 만들기 위해 개발되었으나, 여러 금융 기능이 추가되며 종합 핀테크 서비스로 발전했습니다.
- 국내에서는 네이버의 Na.와 카카오의 카카오톡 지갑이 대표적인 디지털 지갑 서비스입니다.
- 디지털 지갑은 이후 CBDC가 상용화될 때 핵심적인 서비스로 기능할 것으로 전망됩니다.

참고 문헌

"안전한 암호화폐 지갑이란?(feat. 비트베리 해킹)", 〈코인데스크코리아〉, 2020.07.20.
"네이버·카카오, 이번엔 '디지털 지갑' 전쟁", 〈아시아경제〉, 2021.08.11.

49 | 블록체인의 환골탈태
하드포크

> 하드포크란 특정 블록체인의 기존 문법을 무시하고, 완전히 다른 규칙으로 블록체인을 업데이트하는 것입니다.

2023년 4월, 이더리움이 또 한 차례 업그레이드를 진행하면서 하드포크**Hard Fork**라는 단어가 많은 주목을 받았습니다. 하드포크는 암호화폐의 기반이 되는 블록체인 시스템의 전면적인 업데이트를 뜻하는데요. 이번 장에서는 하드포크에 대해서 조금 더 자세하게 알아보겠습니다.

하드포크: 다 갈아엎어 버리는 업데이트

하드포크란 블록체인을 지금까지와는 아예 다른 규칙으로 업데이트하는 것을 의미합니다. 마이크로소프트의 운영체제인 윈도우를 쓰다가 애플의 운영체제인 iOS로 갈아타는 것과 비슷하게, 기존의 문법을 전부 무시하고 아예 새롭게 시작하는 것이죠. 당연히 하드포크 이후의 블록체인은 이전의 블록체인과는 아예 별개의 새로운 네트워크로, 기존의 블록체인과 호환되지 않습니다.

하드포크는 **기존의 블록체인에 문제가 있을 때 이를 개선하거나 변화시키기 위해서 시행**됩니다. 하드포크를 하려면 **해당 블록체인의 참여자와 개발자 등이 모여 합의**를 거쳐야 합니다. 블록체인은 탈중앙화가 특징이라 누구 한 명이 권력을 잡고 "우리 업데이트 합니다" 하고 선언할 수 없으니 합의를 하는 것이죠. 이 과정에서 합의가 원만하다면 기존 참여자들이 다 같이 새 블록체인으로 새 출발을 하고, 합의가 안 되면 새 암호화폐가 생기며 기존 vs 신흥 블록체인으로 유저가 나뉘기도 합니다.

소프트포크도 있나요?

하드포크만큼은 극단적이지 않은 업데이트인 **소프트포크**도 있습니다. 소프트포크는 하드포크보다는 **부드럽게, 이전의 블록체인과 호환이 가능하게 하는 블록체인 업데이트**를 말하는데요. 유저는 이전의 블록체인을 사용할지, 새로운 블록체인을 사용할지 선택을 할 수 있습니다. 유저의 선택권을 존중해 주기 때문에 좋아 보이지만, 소프트포크는 이전과 이후의 규칙이 상충하면 안 되기 때문에 할 수 있는 업데이트가 제한적이라는 단점이 있습니다. 그래서 소프트포크는 보통 새 규칙을 추가할 때 주로 시행됩니다.

하드포크의 귀재, 이더리움

이더리움 재단은 지금까지 10번 넘는 하드포크를 진행했습니다. 가장 최근에 진행된 유명한 하드포크는 2023년 4월 진행된 상하이 하드포크입니다.[*] 이더리움이 이렇게 자주 하드포크를 진행하는 이유는 이들의 목표, '이더리움 2.0'에 다가서기 위해서입니다.

이더리움 2.0은 이더리움 재단이 목표로 하는 이더리움 생태계의 모습을 뜻하는데요. 이더리움 2.0의 핵심은 채굴이 아닌 지분증명방식PoS 방식으로 블록체인의 합의 구조를 바꾸는 것입니다. 지금은 어려운 수학 문제를 푼 사람이 암호화폐를 채굴하는 방식으로 블록체인에서 코인이 발행됩니다. 하지만 지분증명방식PoS에서는 암호화폐를 가진 양에 비례해 기존 암호화폐 보유자들에게 이자처럼 추가 코인이 주어집니다. 이러면 채굴이 필요 없어지기 때문에 전기 소모도 줄어들고 친환경적인 블록체인 운영이 가능해지죠.

상하이 하드포크의 핵심 내용은 '스테이킹(예치)된 가상자산

---

[*] 참고로 하드포크의 이름은 하드포크의 합의와 논의를 진행한 도시의 이름을 가져옵니다.

을 인출할 수 있다'는 것입니다. 이더리움은 앞서 설명했듯 PoS 방식으로 전환하면서, 예치해 둔 자산만큼 이더리움을 발행받을 수 있습니다. 하지만 상하이 하드포크 이전에는 예치해 둔 자산을 마음대로 인출할 수 없었죠. 이더리움 재단은 이를 개선하기 위해 상하이 하드포크를 진행해 예치해 둔 자산을 마음대로 인출할 수 있게 했습니다. 상하이 하드포크 덕분에 더욱 많은 투자자가 부담 없이 이더리움을 예치할 수 있게 됐죠. 앞으로도 이더리움 재단은 하드포크를 꾸준히 진행하며 이더리움 생태계를 발전시켜 나갈 것입니다.

핵심만 콕콕

- 하드포크는 블록체인을 지금까지와는 완전히 다른 문법으로 업데이트하는 것입니다.
- 이더리움은 지분증명방식으로 블록체인의 구조를 변경하기 위해 앞으로도 몇 번의 하드포크를 진행할 예정입니다.
- 하드포크보다는 덜 극단적으로, 이전의 규칙은 그대로 유지하며 새로운 규칙을 추가하는 소프트포크 업데이트도 있습니다.

참고 문헌

"8월 이더리움 급등 끌어낸 '하드포크'…다른 코인에도 호재될까", 〈매일경제〉, 2021.08.22.

"[코린이톡] 블록체인 업그레이드, '포크'로 한다…소프트포크와 하드포크", 〈TechM〉, 2021.08.01.

50

국내 최초 가상자산 관련법
특금법 개정안

특금법은 금융자산의 자금세탁을 막기 위한 법안으로, 가상자산을 규제한 최초의 법안입니다.

가상자산에 투자하는 투자자가 많아지면서, 덩달아 가상자산과 관련된 법안도 만들어지고 있습니다. 아무것도 정해지지 않았던 가상자산 업계에서, 가장 처음 가상자산을 법적으로 정의하고 제도권 안으로 들어오게 한 '특금법'에 대해 알아보겠습니다.

특금법의 원래 모습은?

특금법은 '특정 금융거래정보의 보고 및 이용 등에 관한 법률'을 줄여 부르는 말로, 국제 자금세탁방지기구**FATF, The Financial Action Task Force**의 기준을 이행하기 위해 만들어진 법입

한입 경제 상식사전

니다. 즉 특금법은 **금융자산 세탁을 방지하기 위한 법률**이죠. 원래 특금법은 가상자산에 적용되는 법은 아니었습니다. 하지만 비트코인과 같은 가상자산의 거래가 활성화되면서, 가상자산을 제도권으로 편입해야 한다는 목소리가 높아졌는데요. 2018년, 금융자산으로 분류되지 않는 가상자산이 자금세탁에 활용되는 것을 방지하기 위해 특금법에 **가상자산 관련 규제를 추가해야 할 필요성이** 제기되었습니다.

그래서 나온 것이 '특금법 개정안'입니다. 특금법 개정안에서는 **가상자산이라는 용어를 공식화**하고, **가상자산사업자를 정의**했습니다. 그리고 가상자산사업자가 영업을 이어가려면 2021년 9월 24일까지 금융감독원에 신고를 하도록 했죠. 특금법 개정안을 통해 **금융자산으로 인정받지 못하던 가상자산이 제도권으로 들어오게 된 것**입니다.

가상자산 규제가 담긴 특금법 개정안 살펴보기

특금법 개정안에서는 가상자산거래소들의 사업 신고를 의무화했습니다. 가상자산거래소들은 사업 신고를 통과하기 위해 아래와 같은 요건을 충족해야 합니다.

개인정보관리체계ISMS 인증

거래소는 ISMS라는 정보보호관리체계를 의무적으로 갖춰야 영업을 이어 나갈 수 있게 되었습니다. 2022년 12월 말 기준 국내 거래소 43곳이 ISMS 인증을 받은 것으로 알려져 있습니다.

> **ISMS:** 한국인터넷진흥원이 운영하는 제도로, 기관이 인증 기준에 적합한 정보자산 보호체계를 보유하고 있음을 인증받을 수 있는 제도입니다.

실명확인 계좌 연동

원화 거래를 지원하는 가상자산거래소는 은행과 제휴를 맺고 실명 확인이 가능한 계좌를 연동해야 합니다. 실명확인 계좌가 연동되지 않은 거래소는 투자자가 원화를 지불해 코인을 사거나 팔 수 없으며, 비트코인으로 다른 코인을 사는 등 코인 간 거래만 가능합니다. 2023년 8월 기준 국내에서는 업비트, 빗썸, 코인원, 코빗, 고팍스 5개 거래소만 실명확인 계좌를 연동하는 데 성공했습니다.

깐깐해진 관리·감독

가상자산거래소는 금융분석원이 지정한 특정 유형의 거래가 발생할 때, 이를 모두 보고해야 할 의무가 생겼습니다. 또한 거래 내용 추적이 불가능한 다크코인을 거래할 수 없게 되었죠. 이후 특금법 개정안 시행령이 추가되며 가상자산거래소의 임직원이 본인이 속한 거래소를 통해 **내부 거래를 하지 못하게 하는** 규제도 생겼습니다.

가상자산거래소, 5대 체제가 굳어진 이유

특금법 개정안에 담긴 가상자산거래소의 조건 중 많은 가상자산거래소가 넘지 못한 벽이 **실명확인 계좌 연동**입니다. 실명계좌를 연동하지 못한 거래소는 코인끼리의 거래만 지원하는 코인마켓밖에 운영할 수 없습니다. 원화와 코인을 거래하는 원화마켓은 운영하지 못하는 것이죠. 실명계좌 연동은 거래소가 자체적으로는 할 수 없고, **은행과 제휴를 통해서만 가능**합니다. 은행 입장에서는 가상자산거래소와 제휴를 하면 고객들의 계좌 개설이 증가해 이득일 것 같지만 **트래블룰**이라는 규정 때문에 은행은 가상자산거래소에게 실명확인 계좌를 발급해 주기 어렵습니다.

트래블룰이란 **금융기관이 자금을 주고받을 때, 송금인의 정보를 자금을 받는 금융기관에 정해진 양식에 맞게 보내야 한다는 규정**입니다. 그런데 2021년만 하더라도 가상자산거래소는 **기술적으로 트래블룰을 구현하지 못했습니다.** 만약 자금세탁 문제가 생기는 경우, 트래블룰을 지키지 못한 은행은 어마어마한 벌금을 물어야 하기 때문에 은행들은 거래소에 실명확인 계좌를 발급해줄 때 망설일 수밖에 없습니다. 결국 신뢰도 높은 국내 빅4 거래소(업비트, 빗썸, 코인원, 코빗)들만 실명확인 계좌 연동에 성공했고, 이후 고팍스가 전북은행과 실명계좌 연동 계약을 맺어 5대 거래소 체제가 굳어졌습니다.

가상자산거래소들은 2022년 3월 25일부터 은행처럼 트래블룰을 적용받기 시작했습니다. 따라서 가상자산거래소들은 2022년 3월 이전에 트래블룰을 지킬 수 있도록 기술적인 준비를 마쳐야 했죠. 국내 가상자산 거래소들은 독자적으로 트래블룰 솔루션을 구축하기도 하고(업비트), 힘을 합쳐 솔루션을 도입(빗썸, 코인원, 코빗)하기도 했습니다. 그러나 트래블룰을 적용하기 시작하고 곳곳에서 크고 작은 잡음이 나왔는데요. 다음 장에서 트래블룰에 대해 자세히 알아보겠습니다.

핵심만 콕콕

- 특금법은 자금세탁을 방지하기 위해 만들어진 법안으로, 개정안을 통해 가상자산에 대한 규제도 포함하게 되었습니다.
- 특금법 개정안에서는 가상자산사업자(거래소)에 대해 사업 신고를 의무화하고 신고를 위한 필수 조건을 정했습니다.
- 자금세탁 방지를 위한 특금법 개정안 외에도 가상자산 투자자 보호를 위한 법안이 다수 발의된 상태입니다.

참고 문헌   "은행-코인거래소, 실명 계약부터 투자까지… 두터워진 '공생 관계'", 〈조선비즈〉, 2022.03.28.

51 | 가상자산 거래소가 넘어야 할 산
트래블룰

> 트래블룰이란 가상자산을 주고받을 때 중개자인 가상자산 거래소가 송금자와 수신자의 정보를 모두 알고 있어야 한다는 규칙입니다.

특금법 개정안의 통과로 가상자산이 법의 테두리 안으로 들어오면서 각종 규제가 생겨나고 있습니다. 그중에는 가상자산을 이용한 자금 세탁을 방지하기 위한 규제도 있습니다. 바로 '트래블룰Travel Rule'입니다. 그런데 기존 은행들도 적용을 받고 있는 트래블룰은 가상자산과 궁합이 잘 안 맞는다고 하는데요. 어떤 문제점이 있는지, 트래블룰에 대해 자세히 알아보겠습니다.

트래블룰에 대하여

트래블룰은 '자금이동규칙'이라고도 불리며, 돈이 오고갈 때 해당 거래를 중개하는 중개자가 송금자와 수신자 모두의 정보를 알고 있어야 한다는 규칙입니다. 은행을 예로 들면, A라는 사람이 B라는 사람에게 돈을 보낼 때 은행은 A와 B에 대한 정보를 모두 알고 있어야 하는 거죠. 트래블룰은 자금세탁방지 국제기구**FATF**에 의해 전 세계 모든 은행들에 적용되는 규칙입니다. 그러나 이제는 가상자산 거래소에도 트래블룰이 적용되고 있으며, 우리나라는 2022년 3월부터 본격적으로 가상자산 거래소에 트래블룰을 적용했습니다.

가상자산과 트래블룰의 궁합은… Bad?

블록체인 기술의 어려움

블록체인을 기반으로 거래되는 가상자산의 경우, 가상자산을 받는 수신자의 정보를 얻는 데 어려움이 있습니다. 대부분의 가상자산 거래는 '가상자산 지갑'을 사용해서 이루어지는데요. 가상자산 지갑만 봐서는 수신자의 이름 같은 정보를 알 수 없습니다. 블록체인에서는 거래 시 수신자의 성명이나 계좌번호가 필요 없기 때문이죠. 송금자의 가상자산 거래소와 수신자의 가상자산 거래소가 협력해서 송금자와 수신자의 정보를 서로 교환할 수 있지만, 이는 모든 가상자산 거래소가 서로 협력할 때만 가능한 얘기입니다.

개인 간 거래는 추적 불가

가상자산 거래소를 통하지 않고 개인과 개인 사이에서 일어나는 가상자산 거래는 송금자와 수신자의 정보를 얻을 방법이 없습니다. 아직까지는 개인 간 가상자산 거래를 통해 돈을 주고받은 기록을 남기지 않으려는 경우, 이를 추적할 수 있는 마땅한 방법이 존재하지 않죠.

공통된 표준의 부재

세상에 존재하는 모든 가상자산 거래에 트래블룰을 적용하려면 모든 거래소에 공통적으로 적용되는 표준을 만들고, 각 거래소가 서로 정보를 원활히 주고받을 수 있는 환경이 조성돼야 합니다. 하지만 현재 모든 거래소에 공통적인 표준을 강제할 정도로 큰 가상자산 협회는 존재하지 않으며, 시장을 주도할 만큼 압도적으로 큰 가상자산 거래소가 존재하는 상황도 아닙니다. 따라서 모든 가상자산 거래소에게 적용할 표준을 만들기는 쉽지 않은 상황입니다.

국내 가상자산 거래소들의 트래블룰 준비

국내 가상자산 거래소(업비트, 빗썸, 코인원, 코빗)들은 연합을 꾸려 트래블룰을 적용할 준비를 시작했습니다. 트래블룰을 도입하려면 가상자산 거래소 간에 송금자, 수신자 정보의 교환이 이뤄져야 하니, 다 함께 트래블룰 솔루션을 개발하자는 취지였죠. 그러나 이후 업비트는 연합에서 떨어져 나와 독자적인 트래블룰 솔루션을 준비하게 되었고, 국내에는 크게 업비트가 독자개발한 베리파이바스프**Verify VASP**와 빗썸·코인원·코빗이 합작 개발한 코드**CODE**가 생겨나게 되었습니다.

2022년 3월 25일, 국내에서는 베리파이바스프와 코드라는 2개의 솔루션을 중심으로 트래블룰이 적용되었습니다. 그런데 베리파이바스프를 사용하는 거래소들과 코드를 사용하는 거래소들이 송금자와 수신자 정보를 통일된 양식으로 주고받을 수 없게 되는 문제가 생겼습니다. 따라서 일부 가상자산 거래소 간 송금이 중단되는 사태가 발생했죠. 다행히 트래블룰 적용 2달 후인 2022년 5월 배리파이바스프와 코드가 연동되며 불편함은 줄어들었습니다.

트래블룰 여전히 갈 길 멀다!

트래블룰이 도입된 지 1년이 훨씬 넘었지만 아직 갈 길은 멉니다. 당장 세계 각국이 도입한 트래블룰의 내용이 서로 다르기 때문인데요. 전 세계의 트래블룰이 어느 정도 통일돼야 해외 거래소를 통한 금융 범죄를 막을 수 있습니다. 또한 현재는 100만 원 이상의 거래에 대해서만 트래블룰이 적용되는데요. 트래블룰이 적용되는 금액 한도를 조정해 트래블룰 규제를 피해 가려는 거래를 최대한 줄일 필요도 있습니다. 이렇듯 여전히 트래블룰은 더욱 엄밀하게 발전해야 하지만, 아직 트래블룰을 더욱 구체화하고 발전시키려는 움직임은 잘 보이지 않는 상황입니다. 금융당국과 가상자산 업계가 함께 협력해 더욱 탄탄한 트래블룰 지침을 마련할 필요가 있습니다.

핵심만 콕콕

- 트래블룰은 가상자산을 이용한 자금세탁을 방지하기 위해 만들어진 규칙으로, 트래블룰에 따르면 송금자와 수신자의 정보를 가상자산 거래소가 수집해야 합니다.
- 우리나라는 2022년 3월부터 트래블룰이 시행되었으며, 업비트의 베리파이바스프와 빗썸·코인원·코빗이 합작 개발한 코드라는 트래블룰 솔루션이 있습니다.
- 트래블룰 시행 초기에는 거래소마다 트래블룰을 적용하는 방식이 달라 거래소 간 송금이 중단되는 등 많은 혼란이 있었습니다.

참고 문헌

"트래블룰 초읽기…코드, VV 연동은?", 〈이코노믹리뷰〉, 2022.03.23.
"트래블룰 시행됐지만 곳곳에서 잡음… 소비자 혼란 우려", 〈조선비즈〉, 2022.03.26.

한입 퀴즈

1 다음 중 환율(원/달러 환율)이 오르면 발생하는 현상으로 적절하지 않은 것은 무엇일까요?

① 수출이 더 잘 된다.

② 수입 물가가 비싸진다.

③ 원화 가치가 높아진다.

2 국제유가의 기준이 되는 원유에는 WTI(서부텍사스중질유), 브렌트유, 두바이유가 있는데요. 이 중 가장 품질이 우수하고, 거래량이 많아 국제유가의 기준으로 자주 사용되는 것은 무엇일까요?

① WTI   ② 브렌트유   ③ 두바이유

3 물가가 지속적으로 오르는 현상을 의미하는 경제 용어는 무엇일까요?

① 인플레이션   ② 디플레이션   ③ 디스인플레이션

4 다음 중 환경과 사회, 그리고 기업 지배구조를 중요시하는 새로운 기업 경영 트렌드를 가리키는 개념은 무엇일까요?

① CSV   ② CSR   ③ ESG

5 전체 수출액에서 수입액을 뺀 것으로, 한 나라의 무역 성적을 보여주는 경제 지표는 무엇일까요?

① 외환보유고   ② 전 산업생산   ③ 경상수지

6 국내에 거주하는 사람들에 의해 새롭게 생산된 가치를 모두 합한 것으로, 한 나라의 경제 수준을 보여주는 지표는 무엇일까요?

① GNI   ② GDP   ③ GNP

7 (주)바이트가 1년 만기 채권을 할인발행해 90만 원을 조달하고자 할 때, 바이트의 채권 금리가 10%라면 바이트는 액면가가 얼마짜리 채권을 발행해야 할까요? (단, 이 채권은 만기 때까지 별도의 액면이자는 지급하지 않습니다.)

① 81만 원   ② 99만 원   ③ 100만 원

8 만기까지 1년이 남은 액면가 110만 원짜리 국채가 지금 100만 원에 거래됐다면, 이 국채의 수익률(금리)은 몇 퍼센트일까요? (단, 이 채권은 만기 때까지 별도의 액면이자를 지급하지 않습니다.)

① 11%　　　　② 10%　　　　③ 9%

9 우리나라의 중앙은행은 '한국은행'인데요. 그렇다면 미국의 중앙은행 역할을 하는 기관의 이름은 무엇일까요?

① 연방준비제도(Fed)

② 뱅크오브아메리카(BofA)

③ 리먼 브라더스

10 다음 중 기준금리를 올리면 발생하는 현상으로 적절치 않은 것은 무엇일까요?

① 대출금리가 올라간다.

② 시중에 더 많은 돈이 풀린다.

③ 경기가 가라앉고, 물가가 내려간다.

11 '가늘게 하다'라는 뜻을 가진 용어로, 중앙은행이 경기부양을 위해 사들이는 자산의 규모를 축소하는 정책을 가리키는 말은?

① 테이퍼링　　　② 리오프닝　　　③ 숏스퀴즈

12 은행과 증권사, 자산운용사 등 여러 금융회사들을 지배하는 최상위 회사는 무엇일까요?

① 금융지주사　　② 산업은행　　③ 투자은행

13 다양한 투자 기법을 활용해 무조건적이고 절대적인 수익 극대화를 추구하는 펀드를 무엇이라고 부를까요?

① ETF　　　　② 헤지펀드　　③ 인덱스펀드

14 다음 중 '회사의 자본금을 댔다'는 증표로 발행되는 증권은 무엇일까요?

① 주식　　　　② 채권　　　　③ 옵션

15 배당기준일이 지난 후 주가가 떨어지는 현상을 가리키는 용어는 무엇일까요?

① 배당락　　　② 내리락　　　③ 추세하락

16 다음 중 기술기업들과 벤처기업들이 다수 포진해 있는 미국의 주식 시장은 무엇일까요?

① 뉴욕증권거래소

② 나스닥

③ 아메리카증권거래소

17 다음 중 주식시장에 상장된 기업들의 주식을 모은 금융상품으로, 분산투자를 편리하게 해주는 펀드는 무엇일까요?

① 헤지펀드　　② ETF　　③ 곱버스

18 기업들이 주식시장에 상장하기 위해 실적과 재무상태 등 다양한 정보를 공개하는 과정을 가리키는 용어는 무엇일까요?

① IPO　　② ESG　　③ EPS

19 코로나19 이후 미국에선 커뮤니티에서 유행한 주식이 높은 인기를 얻는 현상이 관찰됐는데요. 이렇게 커뮤니티에서 유행한 주식을 가리키는 말은 무엇일까요?

① 밈주식　　② 가치주　　③ 성장주

20 다음 중 액면분할에 대한 설명으로 적절하지 않은 것은 무엇일까요?

① 주식 1주의 액면가가 낮아진다.

② 주가가 싸져 더 많은 사람들이 살 수 있다.

③ 기존 주주들은 무조건적으로 손해를 보게 된다.

21 회사가 자금 조달을 위해 주식을 새로 발행해 판매하는 행위를 가리키는 말은 무엇일까요?

① 유상증자   ② 무상증자

③ 무상감자   ④ 유상감자

22 어떤 기업이 심각한 잘못을 저질러 아예 주식시장에서 쫓겨나는 것을 가리키는 말은 무엇일까요?

① 상장폐지   ② 상장중지   ③ 거래정지

23 2008 금융위기 이후 자동차와 화학, 정유 기업들의 주가가 크게 오르며 코스피 지수 역시 다시 회복할 수 있었는데요. 이때의 주식시장 호황을 부르는 말은 무엇일까요?

① 3저 호황   ② 차·화·정 랠리   ③ 닷컴버블

24 데이터를 담은 블록을 사슬형태로 연결해 분산원장(장부)를 만듦으로써 정보의 보안성과 신뢰성을 높여주는 기술은 무엇일까요?

① 체인링크   ② 체인룰   ③ 블록체인

25 가상화폐 '2대장'으로 불리는 '스마트 계약'을 위해 탄생한 가상화폐의 이름은 무엇일까요?

① 비트코인　　② 이더리움　　③ 테더코인

26 다음 중 달러나 금 같은 실물 자산에 가치를 연동시켜, 일반적인 암호화폐에 비해 가격이 안정적인 가상화폐는 무엇일까요?

① 이더리움　　② 스테이블 코인　　③ 리플

27 다음 중 민간기업이 아닌, 중앙은행이 발행하는 디지털화폐를 가리키는 용어는 무엇일까요?

① CBDC　　② 알트코인　　③ 디지털지갑

28 기존 블록체인의 문법을 완전히 새로운 규칙으로 업데이트하는 것을 뭐라고 부를까요?

① 소프트포크　　② 하드포크　　③ 뉴포크

29 우리나라에서 가상자산을 법의 테두리 안으로 처음 포함
시킨 법률의 이름은 무엇일까요?

① 구글갑질방지법

② 특금법 개정안

③ 금융소비자보호법

30 돈이 오고 가는 거래가 발생할 때, 자금세탁을 방지하기
위해 해당 거래의 중개자가 송금자와 수신자의 정보를 모
두 알고 있어야 하도록 규정한 규칙은 무엇일까요?

① 트래블룰

② 개인정보관리체계(ISMS)

③ 하드포크

한입 퀴즈 정답 ─────────

1. ③   2. ①   3. ①   4. ③   5. ③   6. ②   7. ③

8. ②   9. ①   10. ②   11. ①   12. ①   13. ②   14. ①

15. ①   16. ②   17. ②   18. ①   19. ①   20. ③

21. ①   22. ①   23. ②   24. ③   25. ②   26. ②

27. ①   28. ②   29. ②   30. ①